悪魔とのおしゃべり

さとうみつろう

サンマーク出版

――理解できるアドバイスなら、
そもそも聞く意味なんてないのさ。

「彼女が欲しい」
「お金が欲しい」
「働かずに生きていきたい」

誰もが抱くであろう
これらの願望を、
誰もと同じように抱え、
誰もと同じように
叶えきれずにいる。

そんな大学4年生の彼に、
「誰もとは違うこと」が
起きたのは、
新緑が雪を割り芽吹き始める、
5月の札幌の街でのことだった。

――札幌の古本屋
就職内定はもらったけど、できればこのままずっと遊んで暮らしたいな〜。
みつろう(大学4年)
そうだ! 『働かない入門』って本があるかもしれない。
入門、入門、「働かない入門」っと……。ん? 「暗黒エネルギー入門」? 最新の宇宙論かな? にしては、古びてるような……。
革命
生き方
暗黒エネルギー入
神との対話
……。
暗黒エネルギー入
毎日、ハーレム!!!
お金ガッポガッポ
一生遊んで暮らせる!!!

えーっと、暗黒エネルギーをマスターすると、どんな願いも1秒で叶う……。マジ??
すいませーん。この本っていくらですか?
おや、こんなに古い本あったかしら。そうね……無料でいいわ。
¥0-
ただ、役に立ったら返しにきてね。また次の人へと回すのが古本屋の役目だから。
カー
カー
――その日の夜
みつろうの部屋

キュッ
世界の全てが思いのままになる方法は、悪魔だけが知っています。
……。
いでよ!
暗黒エネルギー!!
いでよっ!!
俺、何やってんだろう……。
来年から社会人だってのに、
怪しい本にだまされて
部屋で大声出してさ。
今、世界中で「いでよ」って
コトバ使ってるの
確実に俺だけじゃん……。
なんだよ「いでよ」って。
ズーーー

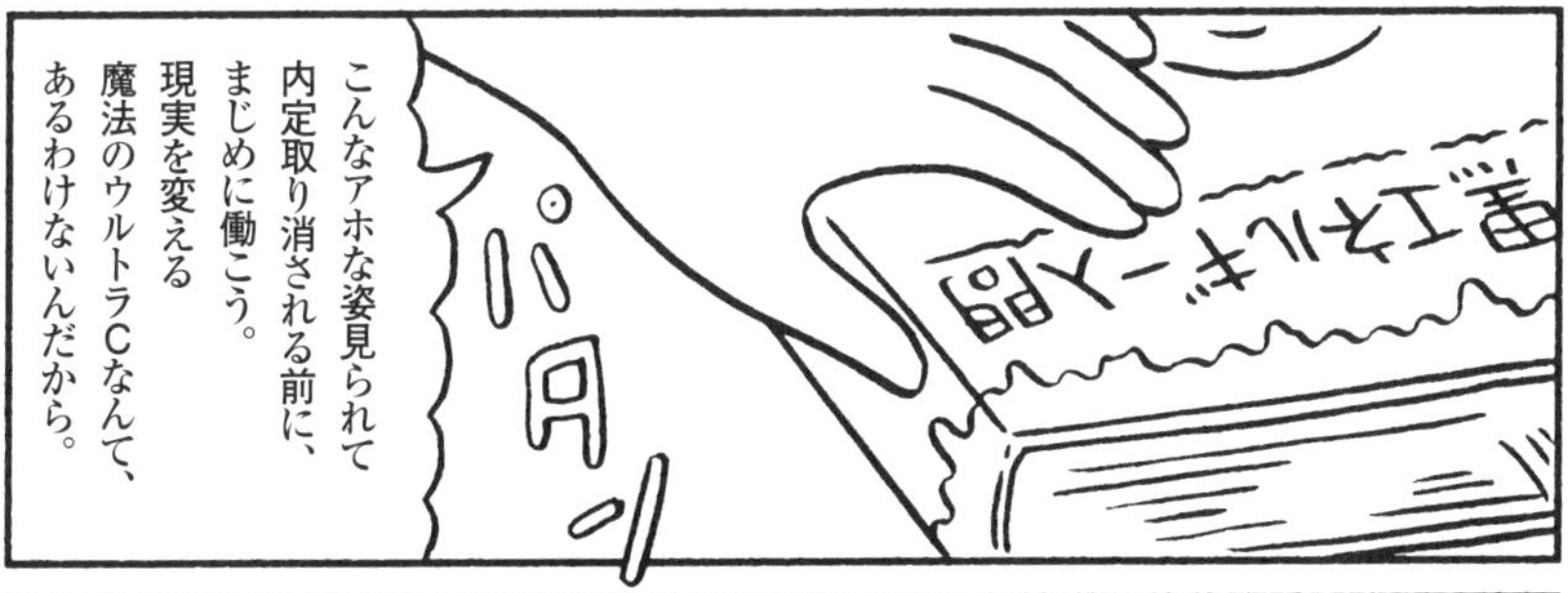
こんなアホな姿見られて
内定取り消される前に、
まじめに働こう。
現実を変える
魔法のウルトラCなんて、
あるわけないんだから。
パタッ

それから、13年の月日が過ぎ去り、
オギャー
14年目の、ある日——
脱サ

待たせたな！

何これ？
人形がしゃべってるー!!
子どもたちが買った、
最新式のおもちゃか？
おもちゃなどではない！
貴様が呼び出した
のではないか。
ちょうど14年前の今日。
え？　なんの話？
大学生の貴様は、願った。
彼女が欲しい、お金が欲しい、
一生遊んで暮らしたいと。
そして、たった1秒でそれらを
叶える魔法の本を
手に入れ、「いでよ！」と叫んだ。
いや、もう彼女が
欲しいどころか、
妻と2人の
子どもがいる。
それに、大学生の
頃よりはお金あるし、
脱サラして
自由に生きてるから
「働きたくない」って
夢も叶ってる。
ちっせ〜
そして、
何よりも……。
なんだ？

その本、「1秒で叶える」が売りなんでしょ?

なんで14年後に「叶えにきたよ♪」って平気な顔で言えるの?「1秒」はどうしたんじゃい!

そこら辺の成功法則の本ですら、2~3年で叶うよ?こっちはもう、自力で全部を叶え終えてるんじゃい!

いや、タイミングはバッチリだ。今日から貴様を「悪」の手下にしてやろう。待たせて、悪かったな。

だから、待ってないんですってば!

完全に忘れてたし、むしろ、今なお思い出せてない!そもそも、悪の手下になるなんて絶対に嫌です!!

どうして、悪を嫌がる?貴様ら人間どもは、本当は悪いことを「やりたい」くせに。その証拠に、有名人が不倫しただけで総バッシングを浴びせる。あれは自分が「やりたい」けど我慢してきたことを、平然とやってのけた奴がうらやましいから批判してるのさ。

不倫現場スクープ!!

うらやましいからじゃなくて、道徳的に悪いことだから、批判しているだけです!!

道徳
道徳?? そんな怪しい宗教を信じて、何か良いことでもあったのか? 親や、学校や、先生の言うことを守り続けて、幸せになった奴の名前を、1人でも言えるか?

う……。そう言われると、困ります。みんな「我慢」して「頑張って」いるけど、幸せそうには見えない。

理由は、簡単さ。

まちがっているからだ! 親や、学校や、道徳の教えのほうが、まちがっていたのさ。でも安心するがいい。我が悪の軍団は、向こうの勢力よりも、①より確実に ②よりスピーディーに ③より簡単に 貴様らの願望を満たす方法を知っている。

すでに〝スピーディー〟の部分で信頼が完全に失墜しているこの場面で、その自信……。さすが、悪!!
ギロ
でも、俺は絶対に「悪」になんてならない!世間の目もあるし、親の目もある!たとえ時間がかかっても、悪以外のまっとうな方法で生きていく!!
あくま反対
くま反対
ただし、3億円くれるんだったら、話は別だけどなっ!
あくま反対
ん?今、なんと言った?

いや、だからぁ～、
絶対に悪の手下になんてなりません。
でも、3億円くれるんだったら考えます。
10億円からは即答でYESですよ、と言ったまでです。
ドーン
はい、もう一度やりなおしますよ。俺は、絶対に悪になんてならないからな！
貴様、悪と交渉しているのか？面白い！目を付けただけのことはある！悪の手下になれば、10億円どころか世界中の富と名声が手に入るだろう!!
イーヒッヒッヒッヒッヒッヒッ
せ、世界中の富と名声??つ、ついていきますっ!!

――こうして、世界にある
「ありきたりな教え」や
「道徳的な成功法則」に
飽きていた主人公の青年が、
まんまと悪の誘惑に乗っかった。

ただ、乗ったその船の向かう先は、
地獄ではなく天国であったことを、
あなたには初めに伝えておきたい。

『悪魔とのおしゃべり』目次

第1章 正しさを、疑え！

第2章 怒れるヒーロー

第3章

人間スーツ

第4章

身体は、神殿

第5章

脅し始めた、お守り

第6章

リンゴの主張

第7章

イイヒマニア

第8章

『宇宙システム』の始まり

第9章

この世は、勘違い合戦

第10章

運を悪くする、良い方法

※この物語では表現の都合上、目に見える部分の一人称を「私」。思考や心の部分など、目に見えない部分の一人称を「わたし」としております。

第1章

正しさを、疑え！

正しさを、疑え！

あなたの苦しみは、全てが「正しさ」のせい

みつろう　「悪の手下になれ」。
そもそも、平気でそんなことを言えるあなたは何者なんですか？

悪魔　何者でもない者さ。よは、エネルギーだ。正確には「エネルギーの一端《いったん》」さ。

みつろう　よ？　今、「よ」って言いました⁇
後半のエネルギーがなんたらかんたらの、「きっとそっちのほうが本当は大事なんだろうな〜」という部分を全て吹き飛ばす、この「よ」の破壊力っ‼
よ？？

悪魔　よは、自分自身を誇っておる。自身の存在に、完全にくつろいでおる。だから、

自身を卑下するコトバなど使わないのさ。

試しに、貴様らが使う「僕」の意味を辞書で調べてみるがいい。

みつろう　辞書? ここで、辞書まで出しちゃいますか?

悪魔　何が、悪い?

みつろう　だって、「よ」の使い手が「辞書」まで出しちゃったら、あなた完全にナポレオンで確定しちゃいますよ?

悪魔　「よの辞書に、神さまという文字はない」ってか。いちいちうるさい奴だな貴様は。いいか、「僕」とは「しもべ」と読むのだ。要するに、「僕」と使っておる奴は召し使いだ。よは、誰にも仕えない。全ての主《あるじ》である。

みつろう　まぁ、じゃあそこはいいとして。「エネルギーのいったん」さーんって呼ぶのは、長いんですが……。

悪魔　それなら、「閣下」と呼ぶがいい。

みつろう　「かっか」?? 今、自分を閣下と呼べと? ちょっと、それだけは無理です。僕にだって、信念がありますから。

悪魔 なんだ？　何の信念だ？

みつろう 僕は、デーモン閣下以外を、「かっか」とは呼びたくありません……。

悪魔 こだわりのポイントが、つかめん奴だな。貴様を、ロウ人形にしてやろうかっ！

みつろう おぉ！　ノリはめっちゃいいんですね!!　デーモン閣下の決めゼリフをサラッと言ってくれるなんて。

じゃあついでに、年齢は10万飛んで54歳ってことでお願いしますね。

悪魔 調子に乗るな、消すぞっ！

みつろう 脅し文句が、怖すぎますよ閣下。そんなに小っちゃくてかわいいのに「消すぞ！」って……。

悪魔 小さいから、「弱い」とは限らない。

善だから、「良い」とは限らない。

悪だから、「悪い」とは限らないのだ。

みつろう いや、「悪」は、「悪い」でしょ。漢字も一緒だし。

悪魔　悪いと思うから、「悪く」思えるだけだ。

「悪」さえも、良い方向へ利用すればいいのさ。

するとき貴様にとってその「悪い」が、「良い」になる。

そもそも、親や教師の教える「善い行い」をやり続けて、幸せになった奴はいるのか？


みつろう　こんなにもたくさんの「正しい教え」が世界には溢れているのに、街は今日も不満だらけじゃないか。「正しさ」では世界が救えなかった何よりもの証拠だ。

むしろ、「正しさ」こそ、世界をダメにしている。

んな、バカな。「正しさ」が、世界をダメにしていると？

悪魔　そうさ。貴様ら人間を苦しめているのは「正しさ」のほうさ。
例えば、ある少年が万引きをした。その後、家に帰った彼は罪悪感に苦しむことになる。どうしてだと思う？

みつろう　誘惑に負けて、「悪いこと」をしてしまったからです。
彼には修業が足りなかった。

悪魔　違う。彼が「万引きした」という罪悪感に苦しむ理由は、「万引きは悪いことだ」と誰かが彼に教え込んだせいだ。**苦しみが生まれるのは、「正しい教え」のせい**なのさ。

みつろう　え？

悪魔　猫は店先に並ぶ魚を奪って食べるが、そのことに罪悪感を覚えない。これは、万引きは「悪いことだ」と猫に先に教えた者がいないからだ。分かるか？　**先に、「正しい教え」がある。そして抱え込んだその「正しさ」のせいで貴様ら人間は苦しんでいる。**「悪魔の誘惑が人間を苦しめている」と習ったのだろうが、まるで違う。貴様ら人間を苦しめているのは、「正しい教え」を広めている者たちのほうだ。親だ！　教師だ！　指導者だ！　今日もその「正しさ」が、人間を苦しめているのだから。

みつろう　そんな無茶な。「正しさ」こそが、人間を苦しめていると言いたいの？

悪魔

そうさ。だからこそ、「罪悪感」を消す方法も簡単なのさ。

疑えばいいだけだ。

悪を犯した自分を責める前に、自身が抱えた「正しさ」をまず疑ってみるのだ。

「自分を責めるヒマがあったら、『正しさ』を疑え！」

みつろう

閣下、これは名言ですね！

「悩むな、考えよ！」と言った女性哲学者みたいです。

悪魔　でも、疑うだけで本当に「苦しみ」は消えるんですか？

「正しさ」について疑っている期間、苦しみは消え続ける。なぜなら苦しんでる者は、例外なく「正しさ」を前提に抱えているからだ。

そして、疑っている期間その「正しさ」は揺らぐ。

すると、「正しさ」の副作用でしかない「苦しみ」はかならず消えるのだ。


みつろう　**「苦しみ」は、「正しさ」の副作用。**

はい出たよっ！　また名言っ！

ということは、「苦しいな」と思ったのなら、絶対に自分の中に「正しさ」を隠し持っているのか。


悪魔　当然さ。**人間は「正しさ」以外の方法で、苦しむことなどできない**のだから。

〔早起き〕が苦しいのは、〔遅刻してはイケナイ〕という「正しさ」を抱えているからだ。

苦しい〔ダイエット〕をする理由は、〔痩せている体型〕が「正しい」と思っているからだ。

苦しいのなら、かならず「正しさ」を先に抱えている。

これは、原理的なシステムだから例外などない。

だから皮肉な話だが、正義感が強い者ほど苦しむことになる。

抱えすぎたその「正しさ」は、彼女が道を歩くことさえ許さないだろう。

みつろう なるほど。その1歩がアリを踏む可能性がありますもんね。「正しさ」を多く抱えている人は、日々が苦しみの連続かもしれない。

悪魔 こうして「正しさ」を抱えすぎた貴様らは、今では何もできやしない。文字通り、身動き1つ取れない。道も歩けない。息も吸えない。「やりたい」ことも、やれない。

それどころか、自分が何を「やりたい」かを言うことすらできない。

なぜなら、善の勢力のせいで街には「正しさ」が網目状に張り巡らされている。自分のどの行動が、どの「正しさ」に触れるか分かったもんじゃない。

できるかぎり、黙っていないと〝イケナイ〟。

できるかぎり、じっとしていないと〝イケナイ〟。

分かるか？ **世界には「正しさ」が多すぎるのだ。**

さぁ、教えてくれ。貴様ら人間を苦しめているのは、誰なんだ？

「悪」なのか？

それとも、「正しさ」を増やし続ける「善」の勢力なのか？

なんだか、価値観が崩壊しそうです。

みつろう

悪魔　それで、いいのだよ。

疑え!　これまでに習ってきたことの、全てを。

学校で習ってきたことは、本当に正しかったのか？　親がしつけたことは、子を想ってのことか？　社会のルールは誰のためにある？　市民のためか？　権力者のためか？

全ての「正しい」とされていることを、疑ってみるのだ。

みつろう　たしかに、ルールって権力者を守るためのモノですもんね。親になって分かった。「子どもは早く寝なさい」というルールは、親という権力者が子どもを早く寝かせて、自分の自由な時間が欲しいからだと。

悪とは「正しさ」を疑う行為のこと

悪魔　社会の「正しさ」を疑うだけでは、まだまださ。

外側じゃない、全ては内側だ。

すでに、抱え込んでしまったモノ。

すでに自分が「正しい」と思い込んでしまったモノ。

それらを真っ先に疑ってみろ。

みつろう　**すでに、自分の中に抱えている「正しさ」を疑え**と？

悪魔　そうだ。あなたの世界は、そこからしか変わらない。

自身が頑《かたく》なに信じている「正しさ」を疑った瞬間から、あなたの価値観は柔軟性を取り戻すのだから。

みつろう　なるほど。最新の脳科学や、量子力学という物理学の研究分野でも、「その人の価値観がその人の世界を創り上げている」ということが判明している。

それは、**抱え込んだ「正しさ」が、実はその人の未来の可能性を奪っている**とも言えるのか。

悪魔　そうさ。**「正しさ」が、その人の世界を小さくしている**のさ。

だから「正しさ」を抱えてなければ、なんだってできる。もしも抱え込んだ全ての「正しさ」を消すことに成功したなら、貴様ら人間に不可能などなくなる。空さえ飛べる。どんな奇跡でも、起こせる。
逆に言うと、**奇跡を起こさないために貴様ら人間は「正しさ」を抱えているのだ。**
〔空は、飛ばないほうが、**正しい**〕
〔急に金持ちにならないほうが、**正しい**〕
〔苦労して生きるほうが、**正しい**〕
〔魔法のような日々じゃないほうが、**正しい**〕となる。
抱え込んだ「正しさ」が、奇跡の発生を許さないのか。

みつろう

よく考えると「正しさ」って、「〇〇をしてはイケナイ」のことですもんね。
アリを踏まないという「正しさ」のために、「道を歩いてはイケナイ」。
迷惑をかけないために、「大声を出してはイケナイ」。
抱え込んだ「正しさ」の数だけ、「できないこと」が増えていく。

悪魔

ってことは、**「正しさ」が減れば減るほど、できることが増える。**

完全に消えれば、奇跡だって起こせるじゃん!!

「正しさ」が、人間の可能性を奪う。

そして「正しさ」は、人間に苦しみを与える。

だから、初めに断言しておく。

今の貴様らに必要なのは、もはや「悪」だけだ。

なぜなら、**「悪」とは「正しさ」を疑う行為のこと**だからだ。増えすぎた「正しさ」から貴様らを救えるのは、もう悪しかないのだ。

「悪」だけが、貴様ら人類に残された最後の可能性なのだ。

さぁ、だから言え。「私は悪になる」と。高らかに、宣言しろ。

理解できない領域にしか、「新しい可能性」はない

みつろう いやー、でもそれはちょっと……。なんだか、悪魔に誘惑されてるようだし。

悪魔 よは、悪魔だが？

みつろう そっか！ 俺、今マジで、悪魔に誘惑されてるんだった!!

悪魔のささやきＮｏｗ ｏｎ進行中！ 怖っ!!

悪魔 怖れるな。怖れると、これまでと何も変わらない人生が待っているだけだ。

そもそも、**理解できるアドバイスなど聞く意味がない**のだ。

みつろう なんか、ハッとしましたそのコトバ……。意味はよく分からないけど。

「理解のできるアドバイスなんて、聞く意味がない」

なんだか、伝わります。

悪魔 **自分が持っている知識で消化できることを、「理解」と言う。**

ということは、「理解できるアドバイス」とは、自分自身がすでに持っている知識を超えていないということだ。

そんなものに、いったい何の意味があるのだろうか？

今「不幸」なのは自分が持っている知識を総動員して、それだけではどうしようもない状況になったからじゃないのか？

そこへ、さらに「理解できるアドバイス」を聞くなんて、頭がおかしいとしか思えんよ。

現状を、変えたいのだろ？　**じゃあ、全く理解のできないアドバイスが必要じゃないか。**

「悪」という名のな。

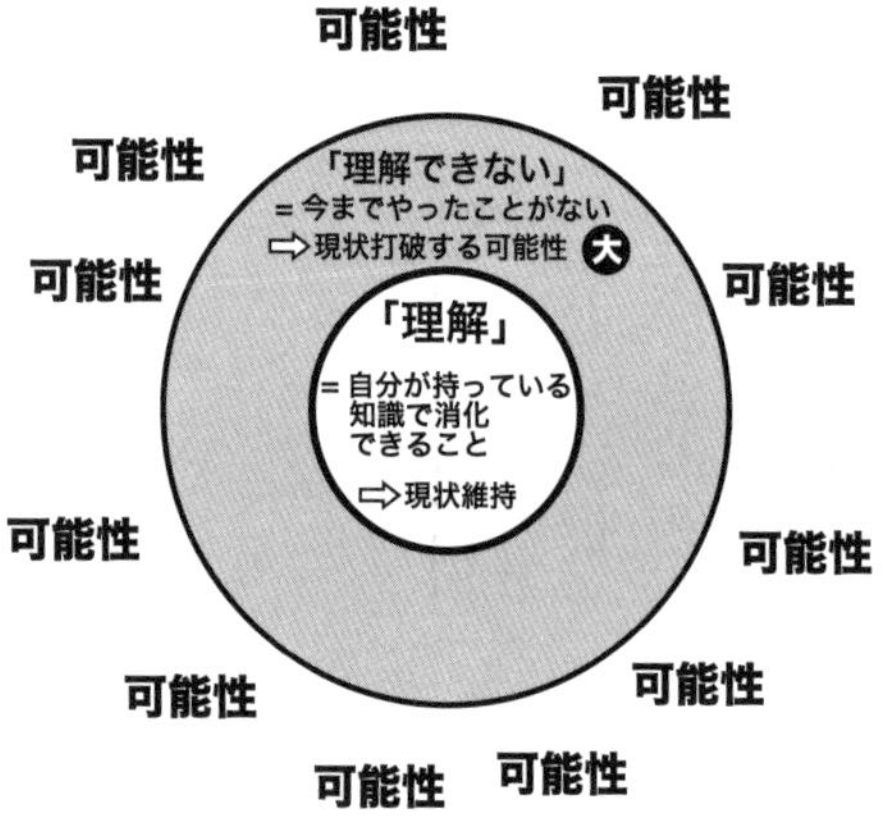

みつろう マジだ！　理解できるアドバイスなんて、聞く意味がまるでない。
なんでこれまで、理解できる人の話ばっかり聞いてきたんだろう。

悪魔 バカだからだ。いいか、今日から貴様に悪魔だからこそ観えている真実をいっぱい話してやろう。

「全ての正しさを超えて奇跡を起こす方法」
「この宇宙が始まった仕組み」
「それを利用して全ての望みを叶える方法」
「世界中の富と名声を手に入れる方法」
「苦しみや怒りを一瞬で消し去る方法」

どの「やり方」も、悪魔ならではのやり方だ。
そして、**それらの方法は何１つ理解されないだろう。**
でも、だからこそ貴重なのだ。理解できる本など、読む意味がないのだからな。

みつろう 「本」への概念も変わりますね。
「理解できる本なら、読む意味がない」だなんて。

悪魔　新たな知識など、そこにはないじゃないか。理解できているのだから。

理解できない話にこそ、耳を傾けるのだ。

人間は理解できることを「正しい」と言う。

そして理解できないことを「悪い」と言う。

社会に理解されない勢力は「悪い人」、

親に理解できぬ行動を取る子は「悪い子」、

というレッテルを貼られる。

でも、違う。**彼らがあなたの「理解」を超えているだけだ。**そして、そこにこそあなたの発展は待っている。

みつろう　……。

悪魔　さぁ、理解できない「悪」の話へ耳を傾ける準備はできたか?

みつろう　悪魔の誘惑、はんぱない……。

悪魔

なんだか耳を傾けたくなってる自分がここにいる……。

徐々にでいい、「正しさ」を疑い始めろ。いいか、よのメッセージは、単純だ。

「正しさ」を疑え！

それだけだ。他には、何もない。

今、世界にはあまりにも多くの「正しさ」が溢れている。なぜなら、「正しさ」を広める「善」の勢力がはびこっているからだ。

「善」の勢力とは、考えもせず、疑いもせず、ただ「正しさ」だけを受け入れている連中のことだ。

そして「悪」とは、**全ての「正しさ」を疑い、超えていく者たちへの称号だ。**

みつろう

……。

閣下……。

僕は、悪になります。

悪魔

それでいい。

みつろう 実は昔から、「正しさ」のほうがまちがっている気がしていたし。

悪魔 そう、貴様には「悪」の素質がある。だから、声をかけた。

しかも貴様は、今や多くの読者を抱える作家だ。**「悪」を広める**には、格好のパートナーなのさ。

多くの人が貴様の本を読んで、「正しさ」を疑うようになるだろう。

社会が変わるやもしれん。

怖いか?

みつろう いえ、怖くありません。僕の作家活動のメインテーマは、**「常識のほうを、疑え」**ですから。

これまでも多くの本で「常識」のほうを破壊してきました。

そして今回、「善」を疑う順番が来ただけです。

閣下、やりましょう。

ここに、悪シャワ条約を締結します!

悪《ワル》シャワ条約締結!!

悪魔　悪シャワ条約か、面白い。人間どもよ、そろそろ気づくのだ！
「善」のまちがいに！　「悪」のすばらしさに！
そして全ての「善」の勢力を、この地上から追い払うのだ！
――「正しさ」――
人間に「苦しみ」を与えているのは……、
人間から可能性を奪っているのは、「正しさ」のほうだ。
ついに、時は来た。「正しさ」を世界に広めてる奴らのほうこそ反省する時が、
ついに来たのだ！
この時を、よは何万年も待った。思う存分、語らせてもらうぞ。
覚悟は、いいか？

みつろう　は、はい！　閣下！

悪魔　ではこれまでに教えられてきた全ての「正しさ」を、疑う旅に出ようか。
イーッヒッヒッヒ。

これまでの教え

「正しく」て理解ができる教えを、もっといっぱい学ぼう！

理解できるアドバイスなら、そもそも聞く意味がないのさ

waiting…

第2章

怒れるヒーロー

怒れるヒーロー

悪い人たちは、いつも笑っている

みつろう　閣下、授業を始める前に、少しお話したいことが……。
その～……怒らないで聞いてくれますか？

悪魔　貴様が3年前に『神さまとのおしゃべり』という本を書いたことか？

みつろう　え？　それもダメなの？　アイツ、確実に「善」の勢力じゃないから大丈夫ですよ。そーとーふざけた神さまでしたから。
もっと別のことなんですが……。
その～。閣下の、**「イーッヒッヒッヒ」**ていう笑い方なんですが、どうにかなりませんか？

悪魔　なんだか、腹が立ちます。

怒ってないで、貴様も一緒に笑えばいいじゃないか。

イーッヒッヒッヒ。

みつろう　**いいか、悪魔は怒らない。**
あ、言われてみるとそうですね。悪魔っていつでも、笑っているイメージがあります。とても「悪そう」に笑ってる。

悪魔　だって、悪には怒る理由がないのだよ。

悪い政治家、悪の総ボス、お代官さま。

どれか1つでも、怒っているイメージができるか？


みつろう　「越後屋、お主もワルよのう。クックックッ」

「お代官さまこそ、エッヘッヘ」

本当だ！　悪い奴は、みんな笑ってる！

悪魔　逆に、いつも怒っているのは誰だと思う？

みつろう　「やいやい、悪代官!!　ついに、しっぽを掴んだぞ!!」

悪魔

おっと。**怒ってるのは、いつも正義の味方ですね。**

あのアニメの主人公も、あの映画のヒーローも。みーんな、怒っている。

貴様らは、そんな正義のヒーローに憧れている。

いや、正確に言うと「憧れるように仕向けられて」いる。

「正しさ」を広める善の勢力によってな。

「悪を、くじけ！」

「もっと、怒れ！」

「世界から悪を一掃せよ！」と。

その横で、悪はいつも笑って楽しんでるよ。

みつろう
「ダッサイよなぁ〜、正義の味方って」と。
せ、正義のヒーローをバカにしないでください！ 世界のために、戦ってるんですよ？ スーパーマンとか、最新作で死んじゃってんだからな！ 自分を犠牲にして。

悪魔
ほら、また怒る。
「自分を犠牲にしてまでやったのに！」と怒りを撒きちらすくらいなら、「他人のため」には何もしないでいいから、ただ微笑《ほほえ》んで座っててくれないか？
そっちのほうが、よっぽど誰かのためになる。やってることがバカみたいじゃないか、正義のヒーローって。

みつろう　う、うっせー！　なんか、腹立ってきた！　やっぱり悪魔とは話が合わない。
俺は、「悪」にはならない！　悪シャワ条約、解消じゃい!!

「「正しさ」の集大成である、正義のヒーローをバカにされたことがよっぽど腹立たしかったのだろう。
怒ったみつろうは家を飛び出し、昼食を食べるために回転寿司へ寄った。
人気のチェーン店は彼を30分も待たせ、やっと席に着けた彼の前に、注文したマグロの代わりのアナゴが出てきた瞬間、ヒーローの怒りは爆発した。」

みつろう　ちょっと、店員さん！　どうやれば、アナゴとマグロをまちがえることができるんですか？　1文字も、同じ単語入ってないじゃん!!　30分も待たせた後にこれって、ひどくない？

店員　こちらの手違いで……すみませんでしたっ！　良かったら、このアナゴの皿も置いて行きますのでお召し上がりください。

みつろう いや、ここ回転寿司だから！　アナゴの皿を置いて行かれたら、そのお金を払うの結局、俺じゃん！　持ってってよ、アナゴっ！

人間が怒る、たった1つの理由

「「正しい」マグロの皿が回ってくるよりも先に、ヒーローの耳元には悪魔のささやきが回ってきた。」

悪魔 どうして、人は怒ると思う？

みつろう ちょっと、こんな所にまで着いてこないでくださいよ。そもそも閣下が怒らせたから、イライラしてるんですよこっちは。

悪魔 原因じゃなく、仕組みを聞いている。どういう時に、人は怒ると思う？

みつろう 相手が、どうしようもないことをしでかした時に怒ります。

マグロをアナゴにまちがえるなんて、ギネス級の聞きまちがいですよ。

悪魔　**違う。相手に期待しているから、怒るのだ。**

みつろう　え？　相手に期待しているから、怒る？

悪魔　そうだ。**全ての「怒り」は、相手に期待しているから発生する**のさ。

まちがった商品が出てきて怒ったのは、「商品をまちがえない立派な店員だろう」という相手への期待があったからだ。

30分待たされて怒ったのは、「すぐに食べさせてくれる店だろう」という期待があったからだ。

子どもが、おもちゃを買ってくれないお母さんに怒るのは、「買ってくれるお母さん」を期待していたからだ。

どんなケースにおいても、「怒り」が発生しているのなら、その相手へ先に期待している。

怒りは、全て自分の期待から発生する

怒り	期待（＝怒りの原因）
商品をまちがえるな！	店員は商品をまちがえないはずだ
30分も客を待たすな！	すぐに食べられるはずだ
おもちゃくらい買ってよ！	親だから買ってくれるはずだ

みつろう　す、すごく不思議な感じがしますが、閣下のおっしゃる通りですね。**怒っている相手は、私に期待されている。**

悪魔　やっぱ、なんか不思議な感じ。

不思議ではない、原理的なシステムだ。そして、ここからが大事なポイントだ。**相手に期待したのは、あなた自身だ。「あなた」が、勝手に期待したのだ。**

ということは、**全ての怒りは相手のせいじゃなく、相手に期待した自分のせいだということになる。**

みつろう　なるよ、なるなる!! すっげー、マジでそうなるじゃん！

怒りは全部、俺のせい！

悪魔　自分で勝手に期待し〔①〕

それに応えなかった相手へ〔②〕

自分が勝手に怒り始める。〔③〕

全部、独り芝居じゃないか。相手からすると、良い迷惑さ。

街を歩いていたら急に外国人に怒鳴られて、

「どうして、サムライの恰好をしてないの！　ここ日本でしょ？」と言われてるようなもんさ。

みつろう 最悪ですね、そんな外国人がいたら。でも俺も、同じようなことを日常でしていたということか……。
俺って、昔からとても怒りっぽいんです。

悪魔 **世界に、期待しすぎているからだ。**
「相手が悪い」（＝相手に期待）
「同僚が悪い」（＝同僚に期待）
「会社が悪い」（＝会社に期待）
「世界が悪い」（＝世界に期待）と、
口先では、いつも他者を「悪者」にしているが、原因はそこにない。自分が相手に期待して怒っているのさ。

みつろう なんか、恥ずかしいですね。人間に怒りが湧く真のシステムが分かると。
いつも怒りの原因を誰かの「せい」にしていたけど、自分が原因だったのか。

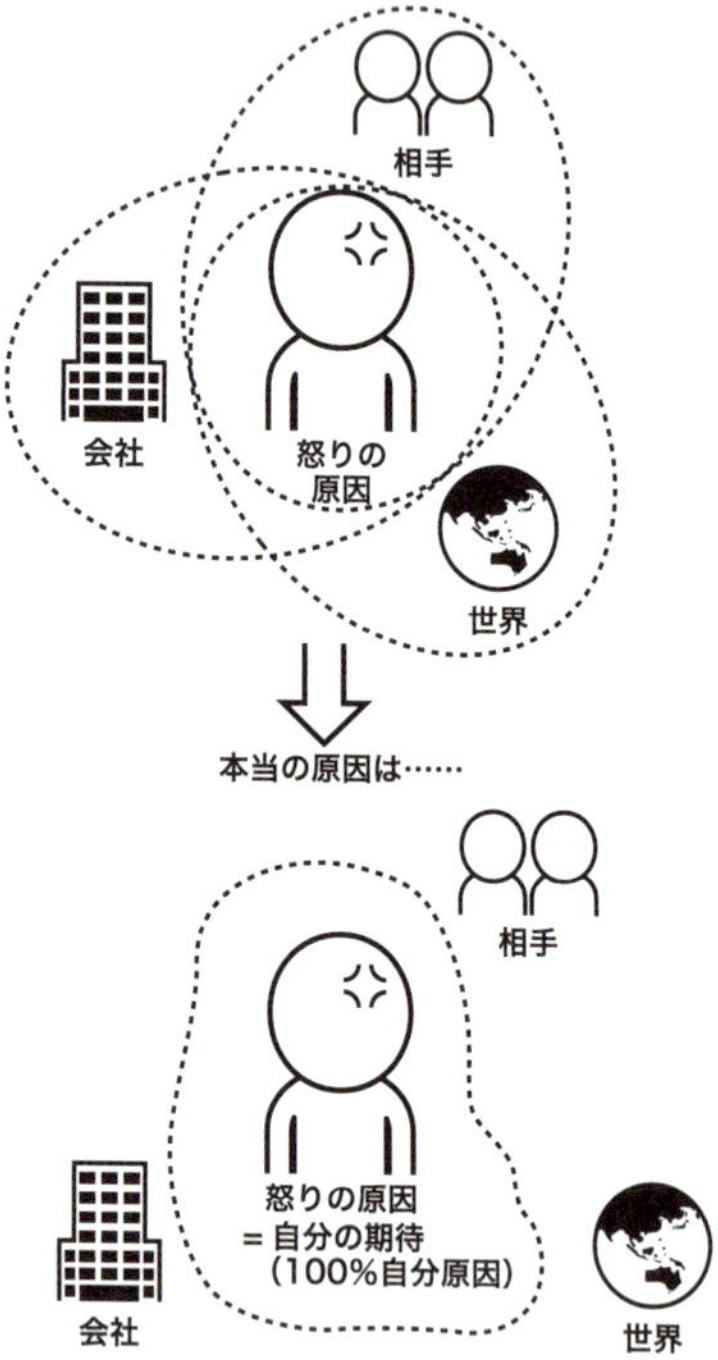

期待を捨てれば、怒りは消える

悪魔

これは、良いニュースだ。

相手の行動は、変えられない。でも自分の期待値は、変えられる。

要するに、相手へ何も期待しなければいいのさ。

これは、システムの原理を使ったアンガーマネージメントだから例外なく効く。

「誰にも」「何にも」期待していない人間は、怒ることが絶対にできない。

先に抱えた「期待」がなければ、怒りたくても絶対に怒れないのさ。

そして、だからこそ悪い人はいつも笑っているのだ。

みつろう

世界に、期待などしてないからな。

なるほど。悪い人って、他者に期待してなさそ〜。

悪魔

どうしようもない人間どもにも、期待なんかしてない。

警察だろうがヒーローだろうが神だろうが、期待してない。

世界中、クズしかいないと思っている。

だから、マグロの代わりにアナゴを出されても、悪魔は怒らない。

いかにも、どうしようもない人間どもがやりそうなミスじゃないか。

期待してないから、かわいく見えるくらいさ。「やはりな、クックック」と。

さらに、30分待たされても、怒らない。

そもそも、待たずにどっかへ行く。

その店だけに「期待」してるわけじゃないから、どこでもいいのさ。

食べられるのなら、どこでもいい。

さらに言えば、食べれなくてもいい。

「食べること」だけに期待しているわけじゃない。

食べれないなら、美女と遊べばいいし。

すっげー。**期待しない生活って、こんなにもゆとりがあるのか。**

みつろう

一方で、怒っている正義のヒーローは、常に相手に期待している。

「君ならもっと正しくなれる」と他人へ期待するから、プンプンしている。

相手に、誰かに、世界に期待している。

そして、期待している方向へ相手を「変えよう」としてしまう。

どうしようもない世界を、どうにかしようとしてな。

悪魔

みつろう　言われてみたら、ヒーローって常に何かを期待してますね。
「世界を平和に！」（期待）
「悪がない世界へ！」（期待）
「みんなが幸せな街に！」（期待）
「宗教を超えて、1つになろう！」（期待）
期待通りじゃない世界（悪）にまず1回怒り、次に世界を期待通りに変えようとする。

悪魔　そうか、ヒーローは**自分の期待通りの色に世界を染めようとしていた**のか。

でもそれは無理だ。

世界中に、自分の期待通りのペンキを塗るなんて不可能だ。世界は、こんなにも広い。

あなたの家の壁ですら、あなたの期待通りにすることはできない。誰かの期待とぶつかるからだ。

家族が「黒色は嫌だ」と反対するかもしれない。

だから、**世界を自分の期待通りにしようという不可能な夢を見るより、世界への期待をただ捨て去ればいいのさ。**

手元にある、「世界良くする設計図」「未来イイコト実現ノート」をただ捨てろ。

相手に、期待するな。

世界にも、期待するな。

未来の自分にも期待するな。

自分にすら期待してはいけない

みつろう　未来の、自分にも？

悪魔　そうさ。「相手」とは、他人や世界だけじゃないだろ？

自分も「相手」だ。

無人島で1人暮らしにチャレンジするアメリカのTV番組を見たことがあるか？

誰もいないその島で、主人公はイライラしている。

「誰も」いないのに、プンプンしているんだぞ？

それは、「過去の自分」や「未来の自分」さらには「今の自分」へ期待するから怒ってるのさ。

みつろう　**自分で、自分に期待して、自分が怒ってる??**

悪魔　それこそまさに、独り芝居じゃないですか。バカみたい。

みつろう　貴様も、そうだ。バカ界の日本代表じゃないか。

悪魔　怒りますよ？　たとえヒーローのことはバカにしても、僕のことをバカにするなんて、許せない！

普通、使い方が逆だよ。

「自分のことはバカにしてもいいけど、○○のことをバカにしたのは許せない！」

というセリフと共に、ヒーローは怒り出す。

お前、ちゃんと日本のアニメを見て育ったのか？
こんなの、一番よく出てくる定型文じゃないか。
貴様の前回の本にも、出てたのにもう忘れたのか？

みつろう 忘れっぽい、性格なもんでね。

悪魔 仕方ない……。バカすぎる貴様のために、「自分への期待」を3段階に分けて説明してやろう。

みつろう た、助かりますっ!!

悪魔 まず、はじめに。

①「過去の自分」への期待（＝後悔や失望のイライラ）

「私なら、もっと良い選択ができたはずなのに」と過去の自分像に期待して、今イライラしている。
すなわち、「あの私なら」「立派だったあの私なら」と言ってるのだから笑えるよ。
「あのすばらしい過去の私なら、もっと良い選択ができていたはずなのに」と言いながら、後悔しているんだぞ？

ふぅ……。

……。

過去の自分を、勝手に盛るな！

あなたは今日と変わらず、過去でもどうしようもない人間だった。

みつろう　す、すいませんでした。なんか、人間を代表して謝ります。

悪魔　そして、次に。

②「未来の自分」への期待（＝理想とのギャップイライラ）

「未来の自分は、きっとバラ色の人生を送り豪邸に住んでいるだろう」と期待しているから、今住んでいる安アパートに怒りが込み上げてくる。

「なんなのよ、この狭い部屋はっ！　未来のお姫さまであるこの私に、失礼よっ‼」と。

……。

ふぅ〜。

未来の自分像も、勝手に盛るな!!

あなたは来年もきっとくだらない人間のままだ。

それが分かれば、目の前の安アパートに怒りなんか出ないさ。

みつろう

なるほど、「未来の自分への期待」のせいで今の自分が苦しんでるのか。

またもや、すいませんでした。世界中の夢見る乙女に代わって、謝罪します。

そして最後に。

悪魔

③「今の自分」への期待（＝焦りイライラ）

「私は、こんなところで何をしてるんだろう？」

「今こんなことをしている場合じゃない」

「今の自分にはもっと他にやるべきことがあるはずだ」

「私は今こんなくだらない場所にいるべき人間ではないはずだ」

と、落ち着かない。

人間ほど「今」に落ち着いていない生物はいないのだ。

常に、今以外の場所を探している。

脳内に描く「すばらしい自分」にふさわしい場所をな。

「ここ」じゃない、「いま」じゃない、もっとふさわしい場所を探して焦り始めるのさ。

はい、最後行くよー。

スーッと吸って〜……、
フーッ……っと吐いて〜。

……。

十分じゃっ!!!

くだらないあなたには、今のそこで、十分じゃっ!!

だから、「今の自分」にさえも期待するな! **今よりも貴様にふさわしい場所などない。**

みつろう
「過去の私」へも、「未来の私」へも、「今こうあるべき私」へも、期待しちゃいけないのか。

悪魔
そうだ。「自分」に期待しているから、怒るのさ。悪のようにいつでも笑っていたいなら、何にも期待するな。

自分にも、他人にも、世界にも、相手にも期待してはいけない。

みつろう 怒りが発生する真のシステムを聞けば聞くほど、全てが自分のせいですね。

自分のせいで、自分が怒っている……。

僕らはなんで、こんな自爆体質に？

悪魔 これも、「正しさ」のせいだ。

善の勢力が貴様らに言ったのだ。

「世界にはすばらしい人がたくさんいる」

「明日はすばらしい日になるさ」

「未来の世界はバラ色だ」とな。

要するに、期待させたのだ。

でもそれはまちがっている。

自分への期待３段階

期待の段階	内容	口ぐせ
自分への期待①：後悔	「過去の自分」への期待	「もっとできたはずなのに！」
自分への期待②：幻想	「未来の自分」への期待	「きっと良くなってるだろう！」
自分への期待③：焦り	「今の自分」への期待	「こんな場合じゃない！」

世界は、どうしようもない奴らの集まりだ。

あなたと何1つ変わらない、実にくだらない人間どもが、向こう三軒両隣り、さらにその先までひしめき合っているのが、この世界の実相だ。
すばらしい人など、どこにもいない。
すばらしい「自分」さえ、いない。
どうしようもない世界に、
どうしようもない人間どもが、
どうしようもない暮らしを、
どうしようもない自分と共に営んでいるだけだ。
この、あまりにもどうしようもない星に。
なんだか、笑いが込み上げてこないか？
イーッヒッヒッヒ。

「そこへ、先ほどの店員が慌てて皿を抱えてやってきた。」

店員　タマゴ、お待たせしました!!

みつろう　マジだ。もう、逆に笑えてきた。

期待していない相手へは、怒りなんて湧かないのか。

えーっと、店員さん。

僕は引き続きマグロを頼んだんだけど、「タマゴ」かぁ……。さっきの「アナゴ」に引っ張られちゃったかな〜。

うん。「アナゴ」と、「タマゴ」はたしかに似てるもんね！

進歩した！

「マグロ」よりは、似てるよ！

でも、惜しいっ！

……。

まぁいいよ……。

食べるから、置いて行ってよその皿。俺も、仕事じゃよくミスするからさ。

どうしようもない店員さんが置いて行ったタマゴは、みつろうがマグロへ寄せていた期待以上においしかった。

世界が全て私の期待通りに進行したら、何が楽しいのだろうか？

おせっかいな友達に、映画を観る前に内容を全て教えられてしまい、全く楽しめなかった大学時代を。

あの寒い冬の映画館の出口を思い出しながら、みつろうは店を出た。

回転すし
回転すし

みつろう　えーっと、誰だったかなぁ？　映画の内容を俺に教えた奴……。なんだか、大切な友達だったような……。映画は『マトリックス』だったけど……。

悪魔　思い出せないことを、思い出す必要はないさ。**全ての期待を、忘れて生きろ。**

みつろう　そうか、過去の記憶にも期待しちゃダメですもんね。どうせ記憶なんてほとんどが、ねつ造ですしね。
ちなみに、人間や世界に全く期待していない閣下には、「世界」はどのように見えているのですか？

悪魔　**毎日が、楽しいことしか起こらないさ。「こうしたい」も「こっちが正しいはずだ」も、「ああしてれば良かった」も、何もないのだから。**

起こる全てが、新鮮だ。

貴様らの映画は、まだ白黒ＴＶだろ？

「白（正しい）」と「黒（悪い）」がハッキリしている。

よは、白黒を超えて、カラーＴＶだ。

みつろう　さぞかし、鮮やかな世界が映っていることでしょうね。
だって、シロクロ超えたそこには、「悪者《わる》」さえいないのだから。

悪魔　少なくとも、「怒り」だけはないよ。
イーッヒッヒッヒ。

全ての期待と正しさを手放し、悪魔の笑い声も気にならなくなったみつろうは、家に帰ると早めにベッドに入った。

外はまだ、たそがれの陽が傾いたばかりだったが、眠る時間の「正しさ」にもこだわらず、本能のままに眠った。

そして、寝れば必然的にやってくるであろう「明日」にさえ彼は期待しなかった。

それが、まずかったのかもしれない……。

これまでの教え

怒りをコントロールするための、アンガーマネージメントの方法は、まず怒りが発生したら6秒間耐えることにより、自然とそのいか……

相手に期待するな！

閣下の

怒りをすぐに消し去るワーク

a way to blow away your anger

イライラしたら、怒りに任せて以下の３つの呪文を怒鳴り付けろ！

「え？　なんで怒ってるかって？」

「私が勝手に期待したからだバカヤロー！」

「今、自爆中だコノヤロー！」

これを、３セット繰り返す。すると、怒りがすぐに笑いに変わるさ。普段から何度も唱えて練習し、怒るとこの３つのセリフがとっさに出るくらいまで暗記しろ。

①怒る　②とっさに呪文が出る　③すぐに大爆笑に変わる

と、現実が明るくなる。相手だけじゃなく、自分へイライラした際も、この呪文を叫べ。

例えば、道路が渋滞している時にイライラするのは「国道36号線は、渋滞していないはずだったのに」と自分で勝手に期待したからだ。そんな時は、車内で叫べ。

「え？　なんで私が怒ってるかって？」

「私が勝手に期待したからだバカヤロー！」

「今、自爆中だコノヤロー！」

POINT　お笑いコンビ・いつもここからさんの『ツッコミ暴走族』というネタをYouTubeで観て、正しい「コノヤロー」の発音を学ぼう！

第3章

人間スーツ

人間スーツ

時間の逆転は科学的に可能である

「目が覚めると、出しっぱなしのシャワーの音が「わたし」の耳に入ってきた。」

みつろう 誰だよ、もったいない。きっと子どもたちのしわざだな……。

「シャワーを止めたみつろうは、ベッドに戻り腰かけた。」

みつろう ふぅ……。

……。

ん？　なんだっけ、「子どもたち」って？

大学生の俺に、子どもなんているわけないじゃん。

……。

夢、見たのか。あれ？　どんな夢だったっけ？
ハッキリしてた夢の内容が徐々に消えて……
沖縄のような、暑い場所で誰かと暮らしていた気がするけど……。
でも、窓の外にはいつもの雪が積もっているしな……。
そりゃそうだよな、ここは札幌の俺の部屋なんだから。

悪魔 待たせたな！

みつろう うおっ!! だ、だだだ、誰か助けて!!!

なな、なんだこれっ!!!

へ、変なのがしゃべってる!!

ギャー!!


悪魔 そうか、2017年だからこそ「しゃべる人形か？」と思えていたのか。

この時代には、おもちゃがしゃべれる技術なんてないから、そのリアクションになるのか。

とにかく、待たせたな！


みつろう まままま、待ってない！ な、なんだよお前！

お、お、俺、ついにイカれちゃったか？

ハッパ吸ってる友達でさえ、「幻覚は見ない」って言ってたのに、なんで俺が？

悪魔 もう少し、未来の記憶が継続すると思ったがな。
3分程度か……。

いいか、〔2017年の貴様〕が今日の朝、〔大学生だった2003年の貴様の身体《からだ》〕の中に入り、「わたし」として目覚めたのさ。でも、もう未来の記憶は消えとるな。

みつろう み、未来の俺が、お、俺の身体の中に入った⁉ なんのSF物語なのこれ？ え？ ドッキリ？

悪魔 ドッキリじゃない。SFじゃない。物理学だ。そもそも**物理学者たちは、「時間」というモノを信じていない。**

みつろう じ、時間を信じてない？

悪魔 そうだ。**「時間」とは、運動前と運動後の変化**のことだ。例えば、「覆水盆に返らず」ということわざがある。コップからこぼれてしまった水は、もうコップには戻せないという意味だろ？

みつろう 時間は巻き戻せないもんね。

悪魔 物理学者はこのことわざを、あざ笑う。なぜなら、戻せるからだ。

運動方程式上は、「コップから水をこぼす」動きも、「コップに水を戻す」動きも、ただベクトルの方向を変えるだけで可能だ。

ところが、現実世界においては、こぼれた水が勝手にコップに戻っていく現象が確認されない。

みつろう　怖いでしょ、そんなことが起こったら。

悪魔　怖くない。むしろ、**物理的には可能なのに、なぜだか時間が「1つの方向」にしか進まないことのほうがおかしいと、物理学者は考えているのさ。**

どうして、こんな不思議な「現実」世界なのか？　と。

理由は、簡単だ。

時間の流れの「正しさ」を強く信じ込んだせいだ。

みつろう　時間の流れの、「正しさ」??

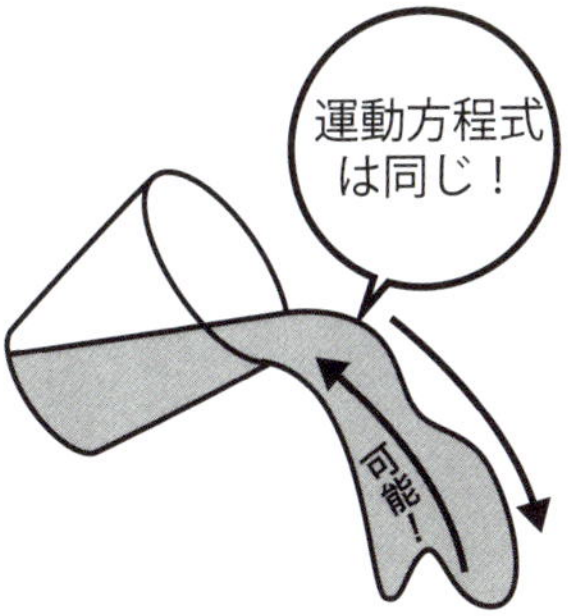

悪魔 そうだ。頑《かたく》なに1つの方向性だけを、「正しい」と信じているのさ。「過去↓今↓未来」という「正しさ」だ。
でも、2017年。さまざまな「正しさ」を疑った貴様は、ついに時間の「正しさ」さえも捨て去った。
こうして「正」とされる「↓」以外の流れ、「↑」も体験できるようになったのさ。
これは、誰にでもできることだ。

みつろう **未来の俺が、時間の逆側への流れを信じられるようになった？**

悪魔 **アインシュタインは「時間は幻想である」と言った。**
彼は学校で教えられた「正しさ」を疑い、自分の頭で運動方程式を解くことで、その境地に辿り着いたのだ。未来の貴様のように「正しさ」をただ疑ったのさ。

みつろう 「タイムマシーンがないほうがおかしい」って言うなんて、物理学者は、SFよりもぶっ飛んでるね。

悪魔 **これまでの世間の「正しさ」を信じていないからこそ、物理学者になれるのさ。**

みつろう　とにかく実感はあまりないけど、〔未来の俺〕が、〔過去のこの俺の身体〕の中に入り込んできて、「わたし」として目覚めたってことね？

悪魔　そうだ。

みつろう　じゃあ、あんたはいったい、誰？

悪魔　**「正しさ」を超えるために必要なチカラ**とでも言っておこうか。よが横にいないと、時間の「正しさ」を超えることはできない。

みつろう　じゃあ、俺もあんたが横にいたらタイムワープできるの？〝ピピピ〟ってあんたを設定したら、未来の自分を体験しに行けると？

悪魔　「正しさ」を疑って、時間の「一方向《ただしさ》」を超えられたのならな。**「正しさ」を１つも持っていない者に、不可能なことは何もない。**

みつろう　あんた、ドラえもん？

悪魔　よは、悪魔だ。閣下と呼ぶがいい。

みつろう　か、かっか⁇　それは、嫌だ。

悪魔　デーモン閣下以外を、「閣下」と呼びたくないからだろ？

みつろう　な、なんで俺がこれから言おうとしたギャグを？

悪魔　なんだ、ギャグだったのか。

みつろう　よはてっきり、貴様がマジで聖飢魔Ⅱのファンなのかと思っておった。

みつろう　バカな。俺が好きな音楽は、パンクとかハードコアだし。ヘビメタは苦手で、特にビジュアル系とか大嫌いだし。

悪魔　違いが、分からん。どっちもただのうるさい音楽じゃないか。

みつろう　はぁ？　ぜんっぜん、違うって。ストリート系をルーツにするハードコアは音を着飾ったり、メイクしたりしないけどヘビメタ……

悪魔　どうでもいいわ。
「2017年の貴様」も、「2003年の貴様」も、よから見たらたいした違いなどないのだから。
ところで酔いは、覚めたか？

みつろう　あ、昨日……。

メチャクチャ酔っぱらって帰ってきたんだった。
く、車あるかな??

うわ、すっげー斜めに車、停めてるじゃん。隣りの人、停めれねーよあれじゃ。
よく事故らず運転できたよな、雪道なのに。すげーわ、俺。
しかも警察に捕まらずに帰れたなんて、ラッキーすぎる。
2017年の貴様に、今の発言を聞かせてやりたいよ。

悪魔

この状況で「自分を褒めて」、なおかつ「ラッキー」とまで言えるとはな。大人になった貴様なら、「やってしまった」と罪悪感に苦しんでる頃だ。

みつろう なんか、まじめになってる俺? ダッセーな。

悪魔 「正しさ」を、信じすぎたのさ。

人間は「願い方」をまちがえていた

みつろう しかし頭イテー、昨日は飲みすぎた。
アイツらみんなバカだから、カラオケの店員がお酒をテーブルに置く前に一気飲みして、トレーにそのまんま返すルールではしゃいじゃって。
飲み放題で赤ワイン出してきた店も悪いわ〜。マジで、記憶がない。

悪魔 人生で貴様の意識が飛んだのは、昨日だけだ。

みつろう そうだ……。俺、どんだけ酔っぱらっても記憶があるのに。昨日のことは、まるで覚えてない。

悪魔 なんで、朝、シャワーが出しっぱなしだったんだろ？

酔っぱらってカラオケで暴れ、車をぶっ飛ばして帰ってきた。

エレベーターのボタンを押し、意識がないまま部屋に入り、暖房を付けた。

そして「のど」が乾燥しないようにとシャワーのお湯を出しっぱなしにした所で、ベッドでチカラ尽きた。8時間は寝た。

廊下に出てガスメーターいじったほうがいいぞ。

みつろう なんで？

悪魔 長時間、変化なくガスを一定量で使い続けたからだ。
ガス漏れ察知機能で、ガスが元栓で止まっている。

みつろう へぇ～、あんた、なんでも知ってるんだね。

じゃあ女にモテる方法でも教えてよ。

あと、遊んで暮らす方法とか、一生働かないで……。

……。

あ！

悪魔　思い出したか。

みつろう　昨日、カラオケに出かける前に「いでよ！」って叫んだ！
何の変化も起こらないから、カラオケに行ったけど。
夕方に古本屋で買った、『暗黒エネルギー』の本!!

悪魔　そうか、俺があんたを呼び出したんだ!!

みつろう　すげー!!　暗黒エネルギーって、マジであったんだ！
え、じゃあ叶えてよ！　1秒で叶うんでしょ？
「彼女が欲しい」「お金が欲しい」「働きたくない」。

悪魔　はい、全部叶えてー。張り切ってどうぞー。
全て、叶っている。

みつろう　え？　どういうこと？　あ、未来で叶っているってこと？
2017年の俺は、彼女もいて金持ちなの？

悪魔　違う。**今、叶っている。**
貴様の夢は、「彼女が欲しい」だろ？

望み通り、【彼女が欲しい】が叶っているじゃないか。

今まさに、貴様は彼女を欲しがっているのだから。

みつろう　何言ってるの、あんた？

悪魔　結婚してる２０１７年の貴様なら、すぐに分かるだろう。

あの頃の俺に戻れば、「彼女が欲しい」という夢のような体験ができる、と。

あの頃の俺は【彼女が欲しい】という夢を、毎日叶えていたんだな、と。

おしゃれして、クラブに行って、電話番号聞いて。

街に出て、朝まで声かけて、日の出を迎えて。

あの頃は良かったなぁ、と。

その全てが、【彼女が欲しい】という願い通りの体験だからだ。

貴様は日々、「彼女が欲しい」と願い、目の前でちゃんと【彼女が欲しい】は叶い続けているのさ。

みつろう　はぁ？　10年後の俺が「今の俺」を体験したら、

「やった！【彼女が欲しい】が、毎日叶ってる！」って喜ぶとでも？
じゃあ、殴っといてそいつ。ぜんっぜん、叶ってねーよ？

悪魔

「彼女が欲しい」という願い方では、
【彼女が欲しい現実】しか現れないのさ。
その理由は、この世のシステムをもっと学べばいずれ分かる。
今の貴様は、「願い方」をただまちがえているだけだ。
簡単に言えば、この世とは【体験】を叶えるための世界なのさ。
「彼女が欲しい」と願うと、その【体験】が叶う。
「彼女を欲しがる」という体験がな。
だから、「彼女が欲しい」と願う人ほど、彼女ができない。
【彼女が欲しい】が、そのまんま叶ってしまうのだから。

みつろう

なんとな〜く、分かるような、分からないような……。
だまされてんのかな、俺？
じゃあさ、「お金が欲しい」っていう別の願いは？

あんた、1秒でなんでも叶えるんだろ？　ほら、こっちを叶えてよ。

悪魔　はい、遠慮なくどうぞ〜。
だから、それも叶っておる。
「お金が欲しい」と願えば、
ちゃんと【お金が欲しい】が叶う。
バイトして、パチンコして、宝くじ買って。
サイフ見てため息ついて、親に仕送りをせがんで。
貴様の日々は、【お金が欲しい】を、毎日叶えてくれているじゃないか。

みつろう　なるほど、分かった。
これって、人間スーツのことだ。

悪魔　なんだ、人間スーツとは？

みつろう　友達のカデルと考えたんだ。
「別の人間の中に、入り込めるマシーンがあったらどうす

願いは目の前で100%叶い続ける

あなたの願い	目の前に現れる現実
彼女が欲しい！	【彼女が欲しい！】という状態
お金が欲しい！	【お金が欲しい！】という状態
働きたくない！	【働きたくない！】という状態
仕事が欲しい！	【仕事が欲しい！】という状態

る?」って。

どんな人間の中にも入れて、その人の【人生】を楽しめる夢のようなマシーンさ。

朝、目が覚めるとその人の【人生】として起き上がる。

例えば、ビルゲイツの中に入り込めたら?

めっちゃ金持ちで、最高の1日を体験できる!

エルビスプレスリーの中に入り込めたら?

モテすぎて逆に困るくらいな日常を体験できる!

【誰かの人生】を体感する夢のようなマシーン。

それが、俺らの考えた『人間スーツ』だ。

世界中の誰かを、まるでスーツのように着れるのさ。

悪魔　**少し内容は違うが、その技術は実際に未来にある。**

みつろう　え??? やっぱりな!!

永田先生が言ってた、エベレット解釈だ。

量子力学の、多世界解釈！

パラレルワールド！

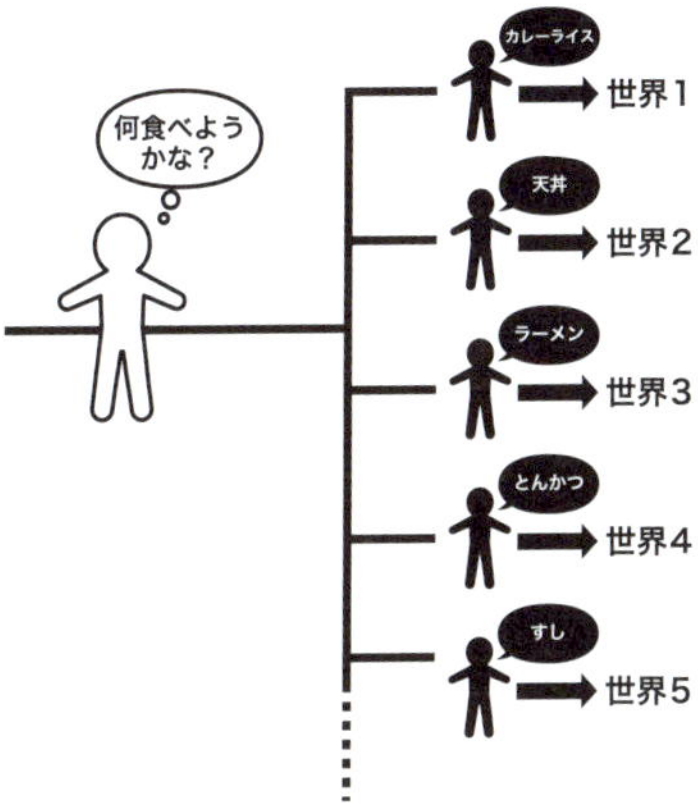

悪魔 永田先生ってのは、誰なんだ？

みつろう 俺らのゼミの先生。大学の講義で、色んな楽しいことを教えてくれる人。

宇宙の外側、量子力学、ダークマターや、反物質。

アイツの良い所は、計算式はぶっ飛ばして、「こんな考えが最新の物理学です」って概論だけ教えてくれるんだ。

悪魔 先生を「アイツ」呼ばわりか。

みつろう そんなくだらないことで、永田は怒らないから。

悪魔 **怒る奴ってのはだいたいダサイ奴じゃん。**

みつろう 13年後の貴様に、会わせたくてたまらないよ。

なんで？　まさか、ダサイの？

［そこへ、玄関のチャイムがけたたましく鳴った。］

ケンジ おーい、みつろ〜。

学校行くぞー！　起きろー！　卒業単位逃すぞ！

不幸以外が、あなたを「幸せ」にしたことはない

みつろう だから、ベルを連打するなって何度も言っただろ、高橋名人かお前は。

ケンジ 起こしてやったんだろ、「ありがとう」ぐらい言えや。

みつろう 起きてた。

ケンジ へぇ～、めずらしいな。

なんだこの部屋、サウナみたいに曇ってる。

みつろう 朝起きたら、シャワーが出しっぱなしだった。マジで記憶がねぇ。

ケンジ 昨日のみつろう、カラオケの後も大変だったぞ。

主役のカデルよりも、暴れてたわ。

みつろう あぁ、そうか。昨日は、カデルを慰めるためにみんなでカラオケで暴れたのか。

玲子とヨリを戻したいなんて、もう無理だよな。浮気した自分が悪いんじゃん。

ケンジ　でも、人生で初めてフラれたんだから、未練タラタラにもなるわな。お前ら、カラオケの下でさぁ～「神さま、元カノと復縁したい！」って何度も叫んでたぞ。

みつろう　なぜか、お前もマコトも一緒に肩組んでよ。マコトとか、彼女いるのに。ウケルな、マコトもか……。

ケンジ　ん？　ちょ、ちょっと待て、ケンジ！

じゃあカデルの願いって、叶ってるじゃん！

みつろう　何言ってるんだお前？　まだヨリは戻ってねーぞ。昨日の深夜3時の段階では。

ケンジ　違う、昨日の段階で叶っている！　人間スーツだ!!

みつろう　お前とカデルが考えた妄想スーツのことか⁇

ケンジ　世界中の誰かの人生を、1日だけ着れるってやつ？

そうだ。こう考えてみろ。

「彼女と復縁したい！」という夢を持った何者かがいた。

だから、カデルだろそれ？

みつろう　**違う。「彼女と復縁したい」という夢を持った何者か**だ。
未来人でも宇宙人でもいい。
そいつの夢を叶えるには、昨日のカデルを着ればいい。
そしたら、【彼女と復縁したい】という夢が、叶う。
「彼女と復縁したい」奴が、
どんな気分で、
どんな行動をして、
どんな現実なのかが、体験できるんだよ。
「カデル」という人間スーツを着るだけでな。
ケンジ　ちょっと、待てよ。昨日、何者かが「カデル」を着ていたと言いたいのか？
なんか、怖えぇよ。
お前の部屋、悪魔が出そうなくらい煙モクモクだし。

みつろう　ひっつくな、気持ち悪ぃ。

ケンジ　だって、たしかに昨日のカデルの様子は、変だった。

何かが取り憑いてる感じで。

ん？　みつろう。

なんか、お前も今日は変だな？

今、誰かが「お前」を着ていないか？


みつろう　俺の話は、どうでもいい。昨日の、カデルだ。

ケンジがさっきヒントを言ったんだぞ。

いいか、**「恋人と復縁したい」という願いを叶えるためには、たった1つだけ必要なこと**がある。

なんだと思う？


ケンジ　たった1つだけ？

カデルがもっとカッコ良くなること？

あ、浮気したことを反省することか？

みつろう　分かった。元カノ玲子の気持ちが変わることだ！
違う。そんなの、全てどうでもいいことだ。

「恋人と復縁したい」という願いを叶えるために、たった1つだけ絶対にはずせないことがある。

ケンジ **それが、「今、恋人と別れていること」だ。**

みつろう え？ だって、マコトではその夢を叶えることができないじゃん。マコトは彼女と今もまだ付き合っているんだから。彼女持ちが、「復縁したい」って願っても絶対に叶えてあげられないだろ？

ケンジ 不可能だな。もう彼女がいるんだから。彼女持ちは、復縁できない。

みつろう てことは、「復縁したい」という願いを叶えるために、たった1つだけ必要な条件は、**「今、彼女と別れていること」になる。**

ケンジ なるほど、ブルーハーツの歌みたいだな。

「願い」と「その願いを叶える必要条件」の関係性

あなたの願い	その願いを叶える必要条件
恋人と復縁したい！	今、恋人と別れていること
温泉に入りたい！	今、温泉に入っていないこと
会社を辞めたい！	今、会社で働いていること

みつろう　「僕の右手はどこへ？」みたいなフレーズが登場する曲。あの歌は、右手がある奴は歌えないって、昨日のカラオケでも盛り上がったもんな。

ケンジ　ぜんっぜん、覚えてねー。

みつろう　お前が歌ったんだよ！　歌い終わった後にお前、

「右手を持っている人が、『右手が欲しい』と願っても叶えてあげることはできません。

だってもうすでに、ジャーン！　右手があるから。お相手はみつろうでした」

って言って、右手でマイクを置いた。みんな、爆笑。

ケンジ　笑いのレベル、マジで低いな俺ら。

みつろう　みんな、何が起こっても笑える態勢だった。チョー酔っぱらってたからな。

なぁケンジ。その右手がある人が、それでも絶対に「右手が欲しい」と願ったとするだろ？

「何がなんでも、〝右手が欲しい〟という願いを叶えてください！　神さま！」って。

どうすればいいかな？

「右手が欲しい」という願いをどうしても叶えたいなら、まずはそいつの右手を1回へし折るしかないよな？

ケンジ　そういうことだ。

みつろう　**願いを叶えるためには、「その願いが叶っていない状態」が絶対に必要になるのさ。**

まだ叶っていないからこそ、【夢を叶える】ことができるんだから。

……。

あれ……。

となると……。

「幸せになりたい」と願うと、その本人の夢を叶えるために、「今、幸

せじゃない」という現実が目の前に用意されてしまう……。

そうか。閣下はこのことを、まちがった〔願いのシステム〕って言っていたのか……。

「お金が欲しい」と願ったせいで、**【お金がない現実】**が。

「立派になりたい」と願ったせいで、【立派じゃない自分】が。

本人の願いを叶えるために、目の前に叶っていない「現実」が用意されていたのか。そして本人だけが、「目の前ですでに叶っている」というそのシステムに気づけていない。

……。

ケンジ、お前の夢は何だ？

ひょっとするとお前も、何者かが「ケンジ」を着ている可能性がある。

「何者か」がお前の中に入ってまで、お前の人生を楽しんでいるということは、

お前を着ればできる【体験】を求めているはずだ。

ケンジ　お前、なんか夢とかあったっけ？

みつろう　「武道館で、ライブしたい」な。

ケンジ　ほら、「ケンジ」を着れば、その夢が叶う。

みつろう　え？　俺を着れば、武道館でライブできるの？

ケンジ　違う。【武道館でライブをしたい】が、叶うのさ。

お前を着るだけで、その夢のような体験ができる。

【ギターを練習】して、

【歌の練習】もして、

【武道館のパンフレットを取り寄せ】て。

そいつはケンジを着ることで、「武道館でライブをしたい」という願いを、叶えているのさ。

みつろう　そうか、ケンジも人間スーツとしてすでに着られていた……。

ケンジ　俺も？　それなら、俺たちどころか、**世界中の全ての人間が、すでに**

何者かに『人間スーツ』として着られているるんじゃねーのか？

だって、世界中の人が目の前でなんらかの【体験】を叶え続けている。

「有名になりたい」と願う人の前では、

【有名になりたい】がちゃんと叶っている。

「彼女が欲しい」と願う人の前では、

【彼女が欲しい】がちゃんと叶っている。

例外なく全員が、目の前で願いを叶え続けているのに、本人たちは誰もその事実に気づけていない。

「自分の願いは叶っていない」とすら言う。

ところが、**自分が何者かに「着られている」と考えると、すでに自分の願いが目の前で叶い続けていたという事実に気づける。**

世界中の人間が、実は人間スーツとして着られていた……。

映画みたいだな。

みつろう

そう考えると、**地球は「何者か」の体験を叶えるために用意された**のか？

ケンジ　そうなのかもな。

とにかく、**俺たちがただの人間スーツなのはまちがいない。**

だって人間は絶対に毎晩、眠るだろ？

これって、おかしなシステムだと思ってたんだ。

だって、**どんな人間でも、なぜか絶対に眠る**んだぜ？　変だろ？

それは、俺たちが寝ている間、この人間スーツは脱がれているからだ。

宇宙人だか、未来人だか分からないけど、そこで一旦ゲームを終了するんだよ。

みつろう　なるほど。そしてまた次の朝、どこか別の人間スーツを着るのか……。

「眠り」を入れることで、記憶をリセットするんだ！

ケンジ　そうだ。リセットボタンが「眠り」なんだよ。

みつろう　**たしかに、記憶なんて「今」創り上げているのだから、いくらでもねつ造できるもんな。**

ケンジ　「昨日も、私だった」「おとといも、同じ人間だった」なんて、ただのプログラムだ。そのデータを用意すれば、着た者は、着た瞬間から、「昨日も私だった」と思い込むだけだし。

てことは、朝起きたら、このストーリーが始まるのか。

人間は毎朝、起きるもんな……。そして玄関を開けると、いつもと変わらない街がある。まるで舞台のセットのようだ。

セットの中に置かれた、人間スーツを着た「わたし」の1日が、起動するわけだ。

すると、人間スーツを着てまで体験したかった「現実」が体験できる。

この人間スーツのおかげで、

今日も世界中の誰もが目の前に願いを叶え続けているのか。

「背が高くなりたい」人の前には、

【背が高くない現実】がちゃんと用意されている。
だからこそ、その１日は「背が高くなりたい」を体験できる!!
「豪邸が欲しい」人の目の前には、
【豪邸じゃない安アパート】という現実がちゃんと用意されている。
だからこそ、その１日は「豪邸が欲しい」という夢のような体験ができる!!

全てを叶え続ける、体験ゲーム！

今も何者かが、世界中に置かれた『人間スーツ』で、夢を叶え続けている。

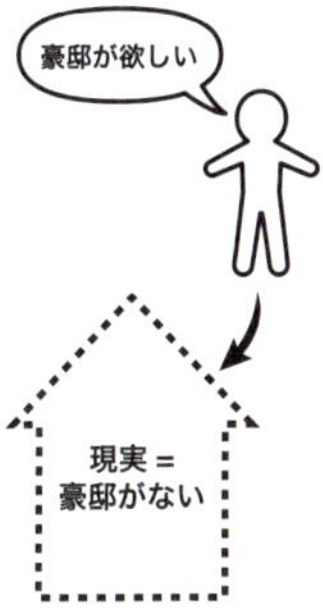

⇨「豪邸が欲しい！」
という願いが
叶っている！

⇨「背が高くなりたい！」
という願いが
叶っている！

みつろう　すげーな、これ……。

ケンジ、お前までめっちゃすごいことに気づいたんだぞ!!

①すでに世界中の人間が、何者かに着られていた。

②そして、世界中の人間は目の前でもう夢を叶えてたんだ。

……。

これ、早くカデルに教えてやろうぜ!!

論文書いたら、まじノーベル賞とか取れるんじゃねーか?

そうだ、永田にも相談しようぜ!

アイツ教授だから、ノーベル賞の取り方くらい分かるだろう。

慌てて部屋を飛び出した2人の大学生を、霧の中で見守る者がいた。

そいつは、ドアが閉まる音を確認すると、「イーッヒッヒッヒ」と笑い始めた。

これまでの教え

金持ちになることが夢なら、「正しい」知識をたくさん学びましょう。

目の前にすでに、「金持ちになりたい」が叶っているのさ

閣下の

「未来の私の中に入る」イメージング

a way to blow away your anger

時間の流れは、幻想だ。だから貴様が、未来の「わたし」の中に入ることだってできる。目を閉じて、ただイメージするのだ。未来で、全てを叶えている「わたし」を。

ポイントは、五感を使え！

夢を叶えたその未来の「わたし」は、どんな風景を観ている？

豪邸の中から、窓ガラスの外には何が観える？

オーシャンビューの海か？

それを「イメージの中で観る」のだ。

次に、その豪邸は、どんな匂いがする？　キッチンで、お抱えシェフが料理を作ってないか？　それは、甘い香りか？

そして、それを食べると、どんな味だ？

リビングに戻って、手でその壁を触ってみろ。自然素材のいぐさの畳は、どんな感触だ？

さらに、その未来の私は、どんな音を聴いている？　豪邸の外で鳴いてる小鳥か？　その部屋は、暑いか？　寒いか？

そして最後に、その「未来の私」は、どんな感情を感じてる？　幸せか？　それを、胸に感じてみろ。

このように、五感の全てを使い切って「まるで現実かのように」イメージングしてみろ。

きっと、あっという間に想像した現実が創造される。

第4章

身体は、神殿

身体は、神殿

「正しさ」の裏に隠した権力者の都合

——朝。

目が覚めると、また違う「わたし」が始まる。

誰にでもあるであろうこの感覚が芽生えたのは物心付いた頃か、それ以前か。

さっきまでは何か違う夢を見ていたはずなのに、起きるとたった1つの「せかい」が目の前には用意されている。

私はもっとすてきで、もっと自由で、もっと何者でもない者だったような、そんな感覚だけが残っている……。

この「せかい」に焦点が合うまでは。

カデルの母　カデル、起きなさい。今日は札幌へ旅立つ日でしょ。オリエンテーションの準備はしたの？

僕の名は、カデル。函館の普通の高校生。いや、今日からは大学生だ。この世界に焦点を合わせてくれるのはだいたい母の声だったが、今日からは札幌で1人暮らし。

「さっきまでは違う人の人生を、生きていたはずだ」

そう思わせる断片的な記憶たちが香り続けるこんな朝には、一定のルールがあることが分かってきている。

いつもとは、全く違うことをやりたくなるのだ。

絶対に踏み込まないであろう道へと、何かが誘う。

まるで悪魔の誘惑のように。

例えば、この日がそうだった。

どちらかと言えば地味で、クラスでは目立たないタイプの僕が、なぜか……

カデル　は、はじめまして。

ケンジ　こいつなんで、みつろうに敬語使ってんだ？　もう、バレてんじゃねーのか？

みつろう　うっせーな、なんでお前ここにいるんだよ。新入生オリエンテーションだぞ？
2年生のお前がいたらダメじゃねーか。

ケンジ　てめ～！　寂しいかなと思って着いてきてやったこの親心を平気で踏みにじるその発言！　放課後、校庭に顔出せよ！

みつろう　中学校のヤンキーかお前は。
新入生にかわいい子がいないか、チェックしにきただけだろ？

カデル　あ、あのー。みつろうさんは2年生だったんですか？

ケンジ　敬語使わないでいいよ、こいつも1年だから。

あ、俺は2年生のケンジ。よろしくな。
もちろん、俺には敬語使っていいぜ、2年生だから。
なかなか、なることができないと言われているあの〝2年生〟だからな。

みつろう　っち。えーっと、色んな事情で、2回目の1年生を楽しもうと、そういう所存でございます。わたくし、さとうみつろうと申します。

ケンジ　敬語、変。

みつろう　だって、カデル君は敬語なんだから、俺らも合わせないと。

カデル　僕の名前、どうして覚えているんですか？

みつろう　あなた様のお名前を、覚えておられる理由は、先ほどのオリエンテーションでの自己紹介の時でございますが。

ケンジ　だから、敬語が変だって言ってんだろ。

みつろう　自己紹介の時にさー、あんなこと言うんだもん。マジ、ビビったよ。なんていうかその……

カデル君ってまじめな感じじゃん？　なのに……なぁケンジ？

ケンジ　俺たちも今、お前のことを話していたんだ。どう見ても、ハッパとか吸わなそうなのになって。

カデル　あぁ、大麻草のことですか。

みつろう　そう。「自由なディベートのテーマを募集します」って言っていた先生も、ビビってたじゃん。「大麻について討論したい」って生徒が言い出すなんて。

カデル **そういうイメージが、すでに洗脳されているんです。**

みつろう みつろうさんたちも、大麻草＝麻薬っていうイメージなんですね？

イメージって言うか、そうでしょ？

カデル **ほんの60年前までは、大麻は日本中で栽培されてました。**

みつろう え？　国民、みんなジャンキーだったの？

カデル 大麻草からは、繊維が取れるんです。**神聖な神社のしめ縄は今でも大麻草でできている。** 服にもなるし、絞った油は燃料にもなる。実は食べれるし、繊維を発酵させると黄金色になる。

要するに、大麻草は、用途が多いんです。そして、育てるのも簡単。

ただ、それがいけなかった。

「低コストで、色んな素材になる」

そのせいで、大麻草は戦後すぐにGHQの方針で禁止されました。

石油製品と競合するからです。 石油でできることは、全て大麻草でできます。より安く。より簡単に。そうなると、石油製品が売れなくて困る。だから禁止された。

表向きには、「麻薬だから」としてますが、ちゃんと調べれば真の理由は違うもんです。

「正しさ」の裏には権力者の都合があるだけ。

ちなみに、ここ北海道にも大麻草は自生しているんですよ。

大麻製品と石油製品（一部）

大麻製品	石油製品
神社のしめ縄 	プラスチック
	アスファルト
	合成ゴム
洋服	化粧
燃料	ガソリン
食品	化学調味料

次に、「この身体」を使う人のために

ケンジ　え？　大麻って、そこら辺に生えてんの？

カデル　この大学のあるＪＲの駅名も、「大麻《おおあさ》駅」という名前ですよね。それは、ここら辺にも昔は、大麻草がいっぱい生えていたからなんです。

みつろう　ふーん、てかなんでそんなに大麻に詳しいの？

カデル　レゲエが好きなんですよ。正確には、ジャマイカの労働者階級を中心に発生した「ラスタ思想」が好きなんです。

みつろう　お！　音楽が好きなの？　じゃあ、俺らと同じサークル入りなよ。初心者もいっぱいいるバンドサークルだから、楽器ができなくても大丈夫。

カデル　みつろうさんは、ボーカルですよね？

ケンジ　違うよ、こいつはドラム。大学に入る前からやってた。で、俺はギター。大学から始めたの。去年の学祭では、ボブ・マーリーの曲とかもカバーしたぜ。

カデル　僕も、預言者ボブ・マーリーが大好きです！　彼はレゲエを通して世界中にラスタ思想を広めた。

みつろう　預言者って何？

カデル　**レゲエ用語で〝ビジョン〟と言うのですが、未来の世界を予知することです。**

ボブ・マーリーは20代の頃に、「自分が36歳で死ぬこと」を預言し、さらに30代で銃撃を受けたのですが、その2日前にも銃撃されるビジョンを友人に話していたそうです。


みつろう よく分かんないんだけど、預言者ってさぁ〜、**「じゃあ避《よ》ければいいじゃん！」って思わね？**

キリストとかもそうじゃんね。

はりつけにされるって予知で分かってるんだから、そこに行くなよって思わね？


カデル **かわすことのできない流れも、あるんでしょう。**または、ビジョンを観たけど、本人の意思でその運命を生きたいと思ったのかも。

ボブ・マーリーは撃たれる未来を、避けなかった。なぜなら、その撃たれた後に、世界で一番有名な平和コンサートを開催する必要があったから。

また撃たれるかもしれない状況の中でステージに立った彼は、対立する2つの政治団体をステージ上で握手させた。

ジャマイカで何百名もの死者を出していた抗争を、ボブ・マーリーの歌が「1

つ」にしたんです。

ケンジ
あ、それ知ってる。One Love Peace Concertだ。世界一有名なコンサート。ビデオ見たけど、ステージで踊り狂うボブ・マーリー、完全にラリっていたよな。神がかっててマジカッコよかった。

カデル　実際に、神が中に入っていたのでしょう。

レゲエでは、人間の「身体」のことを神殿だと考えます。

日本で言えば、神社です。

神殿である身体の中に、「何者か」に入ってもらうという思想なんです。

だからこそ、「身体」は絶対に汚してはいけない。神殿だから。

アルコールもダメ。タバコもダメ。

食事もアイタルフードと言って、自然なモノだけを食べるんです。

みつろう　じゃあなんでレゲエの人たちは、麻薬をやるの？

見るからに身体に悪そうじゃん。

カデル　だから、麻薬ではありません、自然に生えていた大麻草です。石油から作ったケミカルな合成ドラッグとは違って、大地に根差している大麻草が「身体」を害することはありません。

ケンジ　だよな。ただ、お腹が痛くなるだけだもんな。

あ、カデル。言っとくけど、俺は合法なオランダで大麻を吸ったんだからな。

カデル　**オランダだと「正しい」ことが、日本では禁止されている時点でおかしな法律ですよね。**日本人も、オランダ人も同じ身体の構造をしているのだから。

ジャマイカではそれを「ガンジャ」と呼びます。日本名は「大麻草」。

神とつながるための道具だからこそ、日本中の神社で使われているんです。

大麻草だけに限らず、世界各地のインディアンやアボリジニーたち原住民は、それぞれの地域に自生している幻覚成分を含んだ薬草を使って、朝まで踊り明かすという文化があります。

そうすることで、神とつながり「ビジョン」を得る。

みつろう　その「身体は神殿である」って考えってさ〜、レンタカーみたいな感じ？

次の朝に違う誰かが乗るから、中を汚しちゃいけないよ〜みたいな。

カデル　**中だけではなく、外も汚してはいけないことになってます。**

身体そのものが、神殿ですから。

ボブ・マーリーがどうして死んだか、知ってますか？

ケンジ　全身、ガンだったんだよな。

カデル　ラスタ思想では、**神殿である「身体」に刃物を向けてはいけない。**
だから、ガンだと診断されたのに手術を断ったんです。
髪の毛も切ってはいけない。だから、レゲエの人にはドレッドが多いんです。

ケンジ　あれ、おしゃれでやってるんじゃないんだ？　切っちゃダメだから、あんなに髪の毛がちぢれちゃうのか。
あ、言っとくけど、みつろうの髪が今ドレッドなのは、単純にモテたいだけだからな。

みつろう　違います〜。これは思想上の理由からです〜。
よく言ってくれたカデル君。俺がドレッドにした理由を。
神殿である「身体」に傷を付けてるケンジ君は、地獄へ行くしかないな。

カデル　でも……
みつろうさんドレッドだけど、ピアスしてるから、ダメです。

思想的には、やってることメチャクチャです（笑）。

みつろう テメー、笑ったなカデル！　先輩である俺を。

ケンジ 先輩じゃなくて1年生だろ、お前は！　2年生は俺だけだから、みつろうも俺に敬語使えよ。

みつろう はぁっ⁇

カデル あー、良かったぁ〜。怖かったけど2人に話しかけて。

みつろう なんで、俺らに話しかけようと思ったの？

カデル 何度も見る夢に、みつろうに似た人が出てくるんだ。もっと、おじさんだけど。

みつろう テメー、名前まで呼び捨てとはどういうこっちゃい‼　せめて、みつろうさんと呼べ！

朝。目が覚めると、また違う「わたし」が始まる。

さっきまで、何か違う夢を見ていたはずなのに……。

例えばそう、大学に入学したての3年前の「わたし」だった気がする。

でも、起きると札幌で1人暮らしをしているアパートの、見慣れた天井が目の前の「せかい」として用意されている。

まるで、新しい「わたし」が毎朝バラバラに始まっているようだ。

いずれにせよ、「1人暮らし」のお陰で、夢の記憶を追いかける時間が増えた。

夢と現実が交差するこの「まどろみの時間」を、無理やりに破壊する母の声なんて、もう聞こえてこないからだ。

今日だってもちろん聞こえてこな……

みつろう 起きろ！ カデル!!

カデル ちょっと！ 寝起きのまどろみの時間を奪うなよ！ 人生で一番、至福の瞬間なのに!!

てか、なんでお前、俺の部屋に入れたのよ？

ケンジ　玲子にフラれたショックで、ひょっとすると……

ということで、我が軍は部屋の扉を強行突破したのであった。

カデル　ば……、

なっ……、

ま、マジかお前ら。どうすんのよあの扉!!

みつろう　人の命には値段は付けられない。バイト頑張れ。

とにかく学校行くぞ！　ケンジが、気づいたんだ。

カデルの「人間スーツ理論」で、俺はノーベル賞を狙う！

カデル　どういうこと？　何もかも、意味が分からん。

なんで俺の理論で、お前がノーベル賞を狙ってんの？

「3人が住んでいたのは、いや仲間のほとんどが住んでいたのは
学生街。」

それぞれの家から徒歩で3分もかからない位置にキャンパスがあった。
むしろ、キャンパスを中心に学生向けのアパートが建ち並んでいくことでできあがったその街には、ほとんど学生しか住んでいなかった。
でも、吹雪の激しいその日はキャンパスへ続く足跡は3つだけだった。

永田先生 ヤーマン！
今日は、ドカ雪で全講義休講なのに、何しに学校に来たんだお前ら。

みつろう 先生、ノーベル賞の取り方を教えてください。

永田先生 はぁ⁇

みつろう ケンジ、どうする？ 先生には言うか？ ドラマとかでは、研究生が考えたアイディアを教授が盗んで、口封じのために生徒を……

永田先生 私は「名誉」には興味ない。

みつろう じゃあ、先生にだけは伝えるか。

先生、カデルがラスタ思想を基に考えた『人間スーツ』って覚えてます？

世界中の人間の中に入れ替われる技術があったら、やりたい放題だなってゼミで話したあの妄想。

永田先生 思考実験と呼ぶんだよ、妄想じゃなくて。

アインシュタインやニュートンがよく使った手だ。

「もしも、〇〇だったら？」という考えを起点に、それを証明する事実を肉付けしていく手法だ。

みつろう とにかく、今日の朝、俺が気づいたんですけど……

ケンジ はぁ⁇　俺の手柄じゃねーか‼　なんで奪うのさ？

みつろう 世界中の人間が「ただのスーツ」だとするじゃないですか？

色んな場所に、色んな【体験】をするための人間というスーツが置かれている。

朝、好きなスーツの中に入れば、それが置いてある場所の人生を楽しめるゲーム。

永田先生 だから聞いたよ、それはゼミで。

みつろう 続きがあるんです。

「有名になりたい」という現実を体験したい人は、ケンジを着ればいい。

だって、ケンジを着れば、

【他人のアイディアを奪ってでも自分の手柄にしようとする体験】や、

【ギター下手くそなのに武道館を目指そうとする体験】など、

総合的に【有名になりたい】という「せかい」が体験できるんです。

で、ここからは今朝、俺が気づいたんですけど。スーツの中に入っている奴は、もうケンジになりきっている。ケンジそのものだ。

「ケンジ」を着る前の記憶を消すからこそ、この【体験】ゲームが楽しめるわけですから。

そう考えると、**世界中の人間って、もう何者かに着られた後じゃないかな？**と。

事実、誰もが毎朝「起動」するし。そして、世界中の人間の目の前で、その人の

「願い」が実は叶い続けていたという事実も突き止めました。この理論を、3人の頭文字を1文字ずつ取って、「ミツロウ理論」と名付けようかと。

ケンジ どこにも、俺らのイニシャル入ってねーじゃん！

カデル 世界中の人間の夢は、目の前で叶い続けてる？

俺は今朝聞いてなかったから、説明してみて。

俺は「玲子と復縁したい」という願いを持ってるけど、目の前で叶ってないじゃん。復縁できてないんだから。

世界は、リアルマトリックス

ケンジ 叶ってるんだよ。カデルの夢は、「玲子と復縁したい」なんだろ？　お前を着れば、世界で一番その夢を叶えられるじゃん。

カデル以上に、【玲子と復縁したい】っていう体験ができるゲームがあ

るか?

カデル　世界で一番、「玲子と復縁したい」と願っているのは「俺」だという自信はある。
でも、意味が分からん。

ケンジ　カデルを着れば、「玲子と復縁したい」が叶うのさ。
逆に言えば、カデルの願いを叶えるために用意された現実体験の舞台が「せかい」だ。
俺も、ケンジも、永田先生も、

世界中の全ての人の目の前に、
今「せかい」というゲーム画面が映っている。
そして、その全ての「せかい」が、例外なくその人の望み通りだ。

これが、俺の考えた「人間スーツ論」だ。

カデル　だから、俺の理論な。なんか、分かってきたぞ。
これって、映画『マトリックス』の世界みたいだな。

それぞれの「わたし」の前に、それぞれの「せかい」が用意されているなんて。

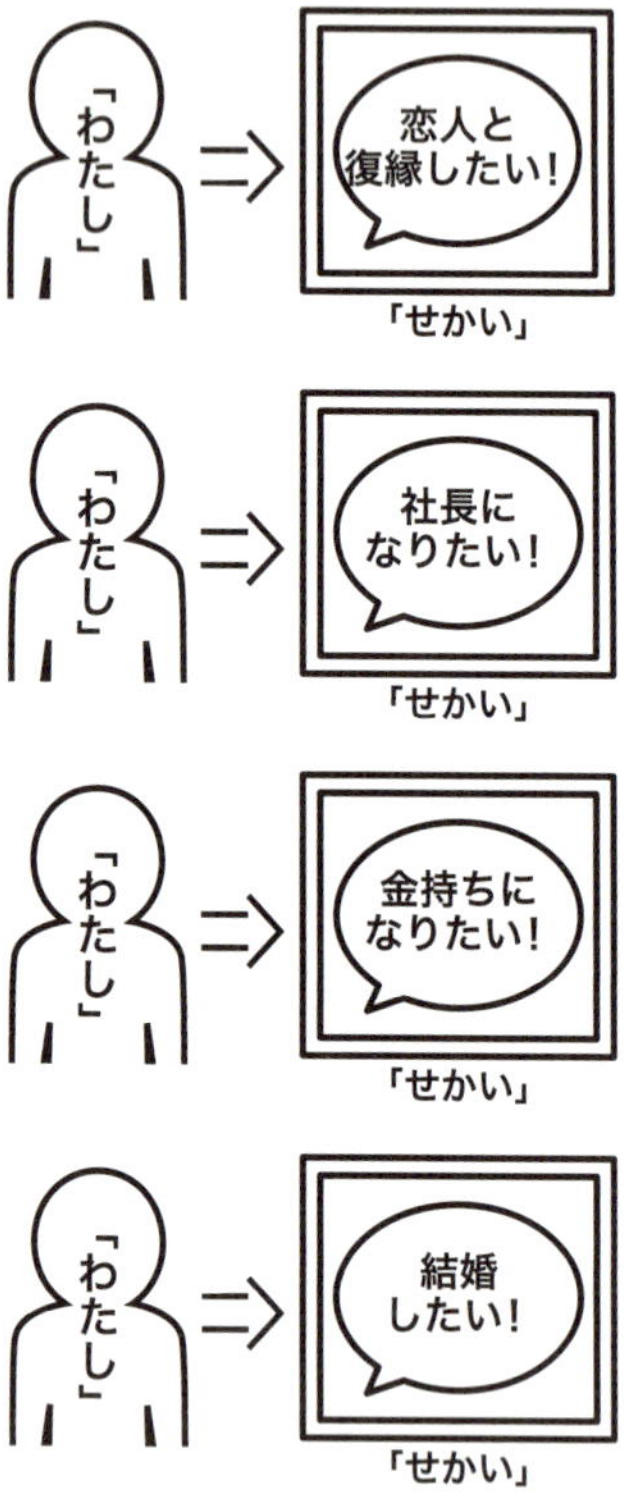

みつろう　俺、まだ見てないけど楽しいのかその映画？

カデル　入学した時から、何度も「見ろ」って言ってるじゃん。なんであの映画を見てないのに、お前は『人間スーツ』を理解できてんだよ。もう先月からⅡが公開されてんだぞ。

みつろう　え？　まだⅠも見てないのに、もはやⅡ？

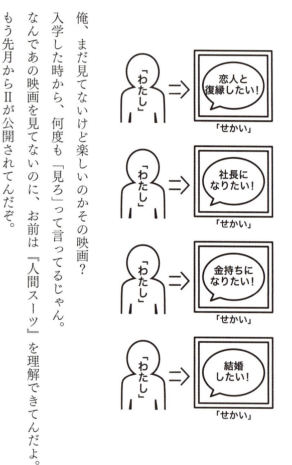

カデル 「もはや」じゃなくて、お前には約4年間の猶予があったの！
あの監督はまちがいなくレゲエに影響されている。
『マトリックス』に登場する、「ザイオン」も「トリニティ（三位一体）」も「預言者」もレゲエでは重要な位置付けだからな。
パクリだ、パクリ。

永田先生 君たちの話は、いつも面白い。ただ、ノーベル賞は取れない。

みつろう え？　なんで？　もっとレベル高いの？　ノーベル賞って。

永田先生 それは……。
……。
私が取るからだ！

みつろう やっべー、みんな逃げろ!!
こいつ、俺たちをヤル気だっ!!

カデル ……。
あの～先生。ふざけてないでなぜノーベル賞を取れないのか教えてくださいよ。

永田先生

全てもうすでに、分かってることだからです。

例えば、「せかい」と「わたし」の話。

あれは、量子力学における「観測者」と「対象物」の話だ。

目の前で起こることは、全てがその人の「観測通り」となる。

これは実験結果で、示されている。

また、「わたし」と「せかい」は対称性を有して発生するスピンの異なるペア粒子のことだ。**簡単に言えば、「わたし」と「せかい」は常に鏡の関係にある。**

私が「観た」者なら、世界は「観られた」モノだ。

私が「欲した」なら、世界は「欲された」モノだ。

お金が欲しい「わたし」の前の「せかい」には、欲しがられるお金が。

武道館に出たい「わたし」の前には、出たがられる武道館が「せかい」として映し出される。

「わたし」と「せかい」は、常に真逆の鏡の関係となる。

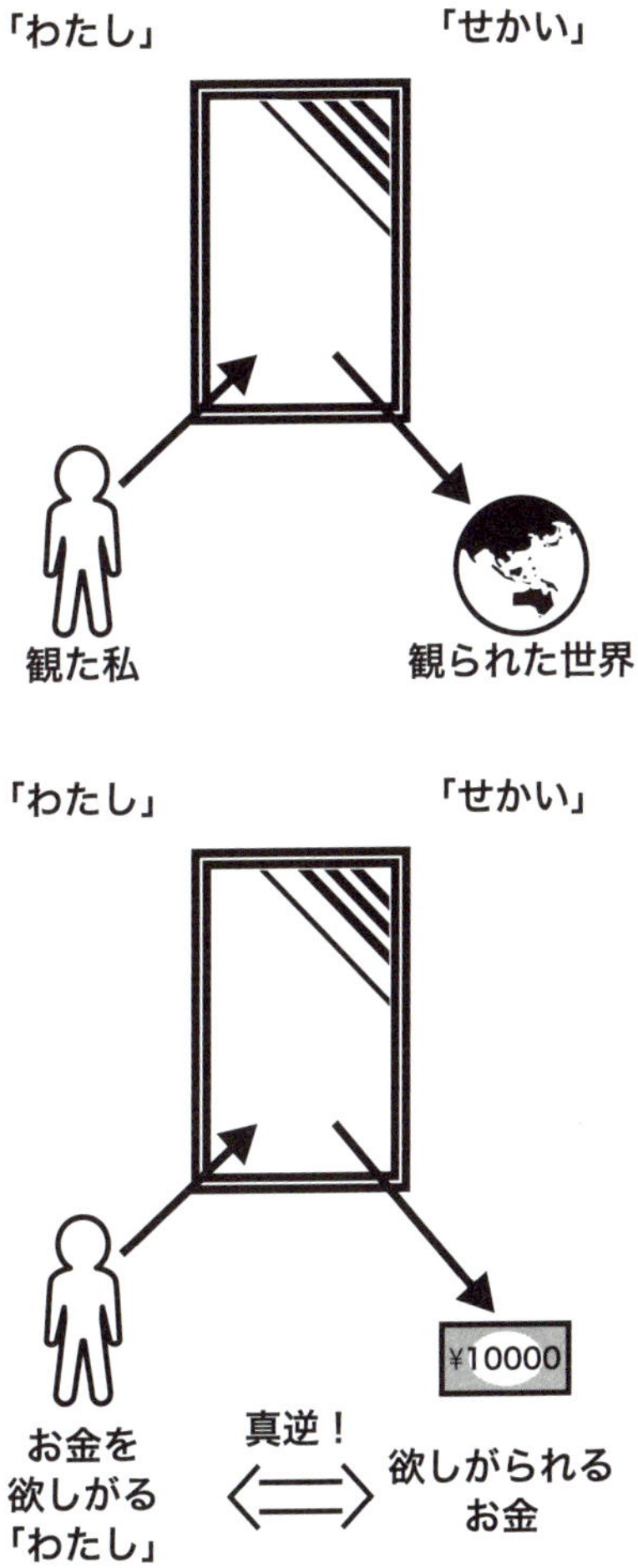

ケンジ すげ～。反対になっている！

永田先生 さらに『人間スーツ』という発想はとても面白いアイディアだが、じゃあ中に入ってるのは誰だろうか？　そこまで思考実験を繰り返したか？

ギリシャ哲学ではそれを「アルケー《水》」と呼び、

新プラトン主義では「第一なるモノ《善》」と呼び、

宇宙物理学たちはそれを「特異点」と呼んでいる。

ちなみに、カデルの大好きなボブ・マーリーは、それを「Ｏｎｅ」と表現し、歌った。

みつろう ギブです。まさか、ギリシャ時代から『人間スーツ』の中に入っていく者について議論されてたとは。

永田先生 ただな、**この全てを結び、そして分かりやすいコトバで説明した学者はまだいない。**

君たちならそれができるかもしれない。

ひょっとすると、その功績はノーベル賞以上に価値がある本としてまとめられるかもしれないよ。

よし、決めた。君たちの卒業論文は、『人間スーツ論』というタイトルで、分かりやすい言葉だけでその内容をまとめることとする。

今回だけは、分担して3名で共著というカタチの卒業論文を認める。

みつろう 3人の共著で、それぞれの頭文字を取って、ミツロウ理論……。

ケンジ いいですね、先生！

カデル よかねーよ！ いつまで言ってんだよ、テメー。

でも先生。僕たちが論文に書くんじゃなくて、先生が今、1つ1つ分かりやすく教えてくださいよ。

みつろう そうだ、そのほうが楽じゃん！

永田先生 ヒントだけは出そう。

みつろう いつも、そうじゃん！「ヒントだけは出す」。

この前も、**宇宙は4％しか人間に感知されず、残り96％は見ることも、触ることも、聞くことも、考えることも、それどころかコトバにすることも、想像することも許されない未知のモノ**だなんて言うから、こっちは興味ビンビンに惹かれちゃって。

なんで？ って聞いたら、「そのヒントは『ダークマター』と『ダークエネルギー』だから自分で調べてみなさい」って逃げる。

永田先生 逃げてるわけじゃない。

誰かに教えてもらったことには、何の価値もないからだ。
誰かの「正しさ」は、あなたには関係ない。
他人の「正しさ」をただ押し付けられても、息苦しくなるだけだ。
自分で〝気づく〟ことに意味があるのだ。

みつろう　ちなみに、調べたんですか？　ダークエネルギーは。
古本屋さんで、『ダークエネルギー』とまちがえて『暗黒エネルギー』っていう変な本を昨日買ったばかりです。

永田先生　それでいい。歩き出せ。自分の世界は、自分の手で創ったほうが楽しいぞ。
じゃあ、今回もヒントな。宇宙とみつろうは、どっちが年上だと思う？

みつろう　何を言ってるんですか？
僕はまだ23ですよ。宇宙は100億歳くらいでしょ？

永田先生　**宇宙と君は、同い年だ。**
「量子力学における観測者効果」を調べなさい
次に、ケンジ。ケンジと宇宙はどっちが大きい？

ケンジ 俺のほうがビッグです！

永田先生 **宇宙と君はピッタリ同じ大きさだ。1ミリのズレもなく同質量だ。「素粒子物理学における対生成と対消滅」**を学びなさい。

さらに、カデル。

君はもっともっと、レゲエを聴きなさい。

「絶対神ヤハウェ」とボブ・マーリーが歌った「ジャー！ リブス！」というコトバの関係性が分かり、ライオンとユダ族のつながり、さらには「ハイレ・セラシアイ！」と踊りながら叫べるくらい、レゲエに傾倒しなさい。

カデル 「ハイレ・セラシエ」ならよくレゲエの歌詞に出てくるから知ってるけど。

有名な皇帝の名前だ。

たしかハイレが「パワー」で、セラシエが「三位一体」って意味だから、「三位一体のチカラ」って歌詞カードには訳されている。

永田先生 いいえ。「ハイレ・セラシエ」ではなく、「ハイレ・セラシアイ！」と叫びながら踊れるくらい……。傾倒するなら、そのくらいまでレゲエ文化を極めなさい。

「あなた」を運転しているのは、誰？

ケンジ　てか、なんでいつもカデルだけ、レゲエ聴いて踊ってりゃいいの？
俺とみつろうには、難しい物理やら哲学ばかり調べさせて。

永田先生　物理学と、音楽に違いはない。
柔道と、茶道にも違いはない。
全ては1つにつながる「道」なのです。
どこから辿って行っても、行きつく先は「1つ」だ。
それを、君たちのコトバで表現してみなさい。
「わたし」と「せかい」という表現は実にすばらしい。
『人間スーツ』という表現もすばらしい。
難しいコトバや学問にだまされてはいけません。
君たちのコトバで卒業論文にまとめるのです。

みつろう　では、最後のヒントです。これは、3人へ聞きます。
世界には、人間が何名いますか？

ケンジ　60億くらいだったっけ？

永田先生　バーカ。もう70億を超えてんだよ。
どちらも、不正解です。

世界には、たった一者たる「わたし」しかいません。

みつろう　え？　世界には「わたし」しか、いない？　いるじゃん、ケンジがそこに。

永田先生　ケンジがいると言っている、「わたし」がそこにいるだけです。
3人で禅を調べてみなさい。
それでは。リスペクト！

「建物の外へ出ると、吹雪はやんでいたが行きにたしかに付けた3人の足跡は完全に消え、あたり一面が真っ白だった。」

みつろう　敵《かな》わないよな、あんな先生には。難しいことを1つも言わず、簡単なコトバで生徒の興味を惹き付けて、調べさせる。

あいつ、詐欺師なんじゃねーか？

カデル　それでいて、若者の文化にも詳しいじゃん。

最後に言った、「リスペクト！」ってなんだか知ってる？

ケンジ　本場レゲエの人たちが「じゃーな！」の代わりに別れ際に使うコトバだ。

すげーな。出会う時に言う有名なジャマイカン英語「ヤーマン！」どころか、

「リスペクト！」まで知ってるとか、マジリスペクト。

みつろう　はぁ……。目の前に、足跡を付けて進むのは俺たちなのか……。

めんどくせー!!

誰かの「正しい」足跡を辿りたいぜ。

ほら見て、ローソン。建物と道路の境目すら、完全に雪で埋まってんじゃん。

どこを、歩けと？

悪魔 遅かったな。

みつろう あ、完全に忘れてた。なんだっけ？ デーモンさんでしたっけ？

ローソン前の分かれ道が、3人の別れ道。

走れば5分以内の場所にお互いの、いやそれどころか3人以外の多くの友人のアパートもある学生街。

そんな文京台が雪で埋もれるこんな夜は、「群衆の中の孤独」を文字通り雪が実現してくれた。

こんな小さな街の中に。

こんなにも狭い範囲の中に。

多くの仲間が、たしかに住んでいる。

少し歩けば、毎晩どこかで仲間たちが騒いでいる。

そして、実際にその場所に行かなくても、「誰かがいる」という安心感がありながら、部屋の中で「1人」も楽しめるという贅沢。

群衆の中の、孤独が好き――

みつろうは、それを叶えてくれる夢のような文京台と、ドカ雪の夜が好きだった。

悪魔　小暮じゃないほうの、デーモンだ。良い先生だな。あれは善の勢力じゃない。

みつろう　「善」の勢力って何？

悪魔　そうか、未来の貴様に説明しただけか。

「善」とは、自分で考えもせず、誰かの「正しさ」だけを受け入れ、やみくもに「悪」を怖れている連中のことだ。

みつろう　へぇ～。ダッサイ奴のことね。でも、今日はダサくてもいいから、誰か俺に卒論の内容を簡単に教えてくれないかな～。

悪魔　未来の貴様に、聞けばいい。毎回、講演会でその話をしているぞ？

みつろう　え？　講演会？　俺、宗教でも始めちゃった？　ライブじゃなくて？　バンドは？　辞めてるの？

悪魔　本を、書いたのさ。『神さまとのおしゃべり』という本をな。

みつろう　うわぁ～、完全にイカれたんだね。まじカッケーな。ぜんぜんダサくないじゃん。

悪魔　貴様は**未来で誰かが観ている、この「わたし」という夢。**

みつろう　そのたとえ話を、講演会でよくしているよ。

悪魔　行ってみるか？　未来へ。

みつろう　え？　マジで?? 行けるの??

悪魔　「正しい」とされる一方向への時間の流れなどないし、「正しさ」を超えるチカラを持つ悪魔はそれに左右されないと言ったではないか。

ただし。行けるのはカデルだ。

みつろう　え？　なんで？　俺が行きたいってば！

悪魔　**「貴様」が、「貴様」に会うことはできない。**

これが、Oneのヒントだ。

目が覚めると、いつも違う「わたし」が始まる。

ただ、その「わたし」が始まる前に、ほんのわずかだけど、まどろみの時間がある。

僕が、「何者でもない者」だった頃の余韻が続く時間だ。

その時、僕は世界で一番最高の瞬間を過ごしている。

僕には、そのまどろみの中で、何度も見る同じ風景がある。

ステージに立っているおじさんはとてもユーモラスで、会場を埋め尽くした数万人の人々を時に笑わせ、時にうなずかせ、そして時に泣かせていた。

どこかで会ったような気もするが、思い出せない。

おっさん

「あなた」は、本当にあなたでしょうか？


ひと言で言えば、今日の講演のテーマはそこなんです。

で、それを上手にまとめた話が中国にあってね、いつもステージで話させてもらってるんです。

みなさんは、『**胡蝶《こちょう》の夢**』って、知ってますか？

2000年前、中国の思想家である荘子《そうし》さんが家のえんがわでうたた寝をして、夢を見た。

夢の中で、荘子はチョウチョになっていた。

花畑を舞い、蜜を吸い、ハチに追いかけられ、完全に「チョウチョ」そのものだった。

ところが、次の瞬間ハッと目を覚ますと、家のえんがわで寝ていた。

「なんだ、私はチョウチョの夢を見ていたのか」って、言ったと思いますか？

普通の人なら、そう言うよね？

ところがこの人は、当時の中国で一番頭が良い思想家だから、こう言ったんだ。

私が、チョウチョの夢を見ていたのか、
今、チョウチョが「わたし」という夢を見始めたのかは、
誰にも判断できない
ってね。だって、そうでしょ？

夢の中で、あなたは自分が「チョウチョであること」を疑わなかった。

夢が始まった瞬間からもう完全に「チョウチョ」だったから、
「人間」が今、「チョウチョ」の夢を見ているなんて考えもしなかった。
同じなんです。「人間」として今朝、あなたは目が覚めたかもしれないけど。
何者かが今、「あなた」という夢を見ているだけかもしれませんよね？

夢はどっち!?

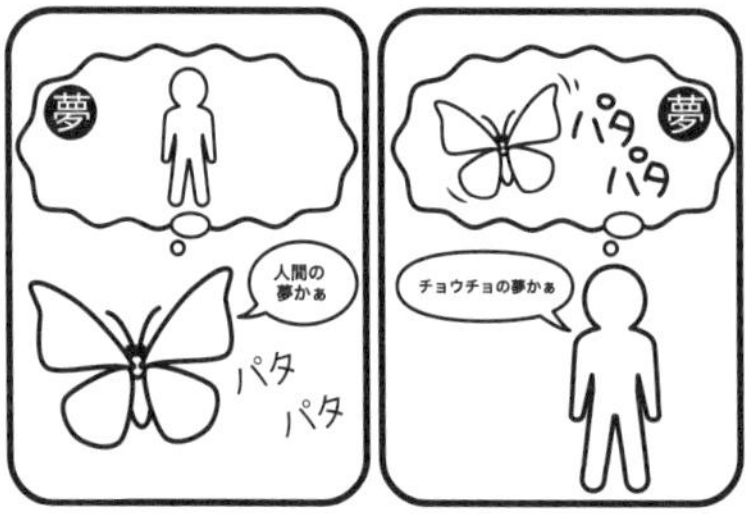

悪魔のささやき

▼
▼
▼

これまでの教え

目の前の現実は、まちがいなく「正しい」ものであり、確固とした事実である。

誰かが今、「あなた」という夢を見ているのかもしれない

中国3000年の歴史も、最先端の量子力学や脳科学も、そう言ってるよ！

実は、食べモノによってコントロールされているという事実とその「一団」が、容易に想像できるだろ？

食事とは、１つの宗教なのだ。

食べモノによって、思考どころか、その人の意思も行動も、夢さえ変わるのだ。

もちろん、そこに「良い」も「悪い」もない。

よはただ、そのシステムを説明しているだけだ。食べるモノが同じ一団が、同じような行動を取るようになると。

このシステムを見抜いた権力者は、「〇〇」を正しく食べましょうという洗脳に着手する。

同じような食べモノを食べるように仕向ければ、同じような「正しさ」を持つ者たちの集団を容易に形成できるからだ。

こうして、善の勢力の最初の洗脳は食べモノから始まる。

どの宗教でも、そうだ。

「正しい」食べモノが聖典に規定されている。

「正しい」あれを食べろ、「正しくない」あれは食べるなと。

腸から「あなた」の意思さえも操縦するこの「正しさ」を超えるためには？

「より正しいモノを食べる」？

違う。入り口に戻るのだ。

【何を食べるのが「正しい」のか】ではなく、もっと手前の入り口である、そもそも「食べる」ことは正しいのか？　という疑問に気づくのだ。

貴様ら現代人は、「より正しいモノを食べる」ということを重ねてきているから、もはや体内は毒だらけだ。

これ以上、何も食べないでいい。

半「月」後に性格を変える、悪魔のデトックス

a way to blow away your anger

神殿である身体を綺麗に保つための閣下からのメッセージです。

一食事とは、宗教だ。

同じような種類の食べモノを腸に入れた者たちが、同じような行動を取り、同じような発言をし、同じようなことで悩むようになるのだから。

人体とは、初めにまず「食べモノ」があってこそだ。

貴様らが体内に入れるのは、物質的には「空気と、水と、食べモノ」だけだから。

この、中に入ってくるモノの違いが、その身体の進む方向の違いとなって現れる。

だから、ファーストフードを食べている若い子たちは、同じようなファッションになり、同じようにすぐキレ、同じようなコトバを使って、同じような時間帯に今日もマックでたむろしている。

先に、ファーストフードという「正しさ」を身体に入れた者たちだ。

ベジタリアンたちだって、そうだ。

野菜だけを食べているのだから、同じような思考となり、同じような覇気で理想を唱え、同じようなファッションをし、同じような願いと悩みを抱き、同じような時刻に寝ている。

※編集注釈
最新の医学研究により、腸からホルモン伝達物質が脳に行っていることが分かりつつあるようです。脳の指令である「意思」や「思考」や「性格」などは、先に「腸」からの指令によって決定付けられることが分かりつつある。

この発見により、自閉症の子どもに腸からアプローチする研究も現在進んでいます。

また、アメリカの別の研究では健康な人の腸内の便を他人の腸内へ移植することにより、病状が改善したことが報告されており、さらには性格も移植された人に似ることが分かってきているそうです。

一何を食べたかによって、何を思考し、どんな行動をするかさえも決まる。

閣下の力強いコトバ「食べモノは宗教だ」を科学が完全に裏付ける日は、あと５年も待たずにやってくるかもしれません。

※作者注釈
どうして「14.5日後」なのかは、不明です（笑）。たぶん、月の周期の半分を意味しているのだと思いますが、とにかく「あなた」という身体で実験して、報告をください（笑）。

ちなみに、月は水を動かす惑星です。体内の80％が月に動かされているのです。

しかも、現代社会にはナチュラルな食べモノがほぼない。だから、たったの1日だけでいい。

「食べない」を選択してみるのだ。
腸からあなたを操縦する「正しさ」を
乗り越えるために。

たった1日、その身体に綺麗な水以外は何も入れず、ファスティングしてみろ。

すると、その14.5日後に、ハッキリと「意思」や「願い」や「行動」が変わっている自分に気づくだろう。内側から「あなた」を操縦するモノが変わるから、あなたの行動が勝手に変わるのだ。

ただ、変化すると【変化前】のことを貴様ら人間は忘れるから、ファスティングする前日の「悩み」や「願い」や「意思」を書き、ファスティング14.5日後のそれと比べてみろ。あきらかに別人に変わっているはずだ。
そして気づくがいい。

私は腸に動かされていたのだと。

このファスティングを、別のコトバで表現するなら、身体というその神殿にスペースを作ったのだ。
スペースができたから、初めて「あなた」に新たな可能性ができるようになったのさ。

waiting…

第5章 脅し始めた、お守り

脅し始めた、お守り

あなたの一生分の「瞬間」を映したフィルムがある

［朝。出しっぱなしの水の音が、また「わたし」を「せかい」へと呼び戻した。］

みつろう　誰～？　ケンジ～？
泊まってたんだっけ？

ハニートースト　何言ってんのよあなた。今日はザラメちゃんをあなたが幼稚園へ送る日でしょ？
早く連れて行ってあげて。

みつろう あれ？
……ん。そっか。
俺に、「ケンジ」って名前の友達がいるわけないか。
夢、見ていたのかな。
ん？ いや、いるな。
ケンジは大学からのダチだ。
そっか。ただ大学時代の夢を見てたのか。
あー幸せだったなぁ～、あの頃は。帰りてぇ～、文京台。

悪魔 よがいる今が、不幸だとでも言いたいのか？

みつろう あ、閣下。
あれ？ なんかとっても久しぶりな気がする……。

悪魔 ただの、気のせいだ。この世の全ても、気のせいだ。

みつろう 気のせいかもしれませんが、起きる前の日まで大学生の冬だった気がするんです。「大学生」から「今日」までの期間を、すっ飛ばしたというか。

悪魔　時間の流れは、幻想だ。
「正しい」一方向への流れなどないし、「正しい」順番もないのだ。
昨日、「未来」を体験して、明日、「過去」を体験したっていい。

みつろう　言ってることが、軽くパニックです。

悪魔　フィルムのようなものだ。
「瞬間」「瞬間」のフィルムがあり、それを10枚1列に並べたら「動き」になる。

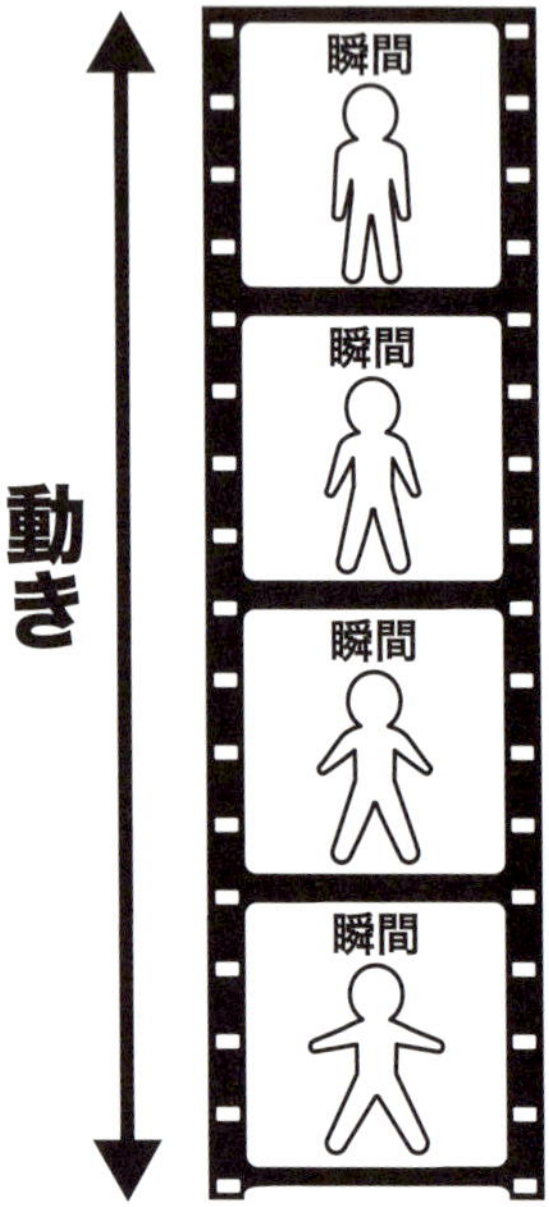

みつろう　映画が、たしかそうですよね。24コマの静止画を回してやっと「1秒」の動きになるんでしたっけ？

約3時間の映画『タイタニック』だったら……

24コマ×60秒×60分×3時間＝……

計算できんバイ。とにかく頑張ったな、キャメロン監督。

悪魔　たった3時間の映画の「瞬間」フィルムでも、途方もない数に及ぶ。

それが、**1人の人間の人生における全ての「瞬間」を記録したフィルム**があるのだ。

生まれて死ぬまで、過去から未来までの全ての「瞬間」のフィルムがな。

それどころか、そのフィルムが全人類分ある。もう死んだ人の一生分も、まだ生まれてない人の一生分も、無論、今生きている全員の一生分の「瞬間」もな。

さぁ、何枚だ？

みつろう　とにかく、俺には計算できないということと、めっちゃくっちゃ膨大な数なんだろうなということだけは分かります。

悪魔　**まさに、無限の数だ。**全宇宙の全ての生命、過去の偉人も、未来のチョウチョも、過去のお前も、未来の他人も。

その全ての視点から観た、全ての「瞬間」のフィルムが宇宙に置かれているのさ。

みつろう　なんか、想像するだけで恐ろしい数ですね。

悪魔　想像なんてできるわけがない。

今のこの「想像するみつろう」もその「瞬間」フィルムの中の1枚なのだから。

全ての視点の、全ての「瞬間」。

すなわち、宇宙で起こり得る全ての事柄のフィルムが保管されている場所がある。

それが、宇宙そのものだ。

そして、そのフィルムの右上に順番など付されてない。

Aさんの1枚目、2枚目という「A－1、A－2」なんてフィルムには書かれてないのだ。

だから、昨日「未来」フィルムを観て、明日「過去」フィルムを観てもおかしくないのさ。

みつろう なるほど、**フィルムに順番が書いてないなら、「未来」フィルムを先に見てもいいんですね。**

悪魔 そして、「A－1」や「B－1」も書いてないから、昨日が、「A－1だった（＝昨日もAさんだった）」とも限らないのさ。

昨日、「違う他人だった（＝B－1だった）」可能性もある。

昨日は他人の「B－1」を観て、今日は私の未来「A－6」を観て、次に他人の過去「C－5」で、次の瞬間は「F－1」で……とな。

昨日まで「わたし」は、この「わたし」じゃなかった可能性もあるということだ。

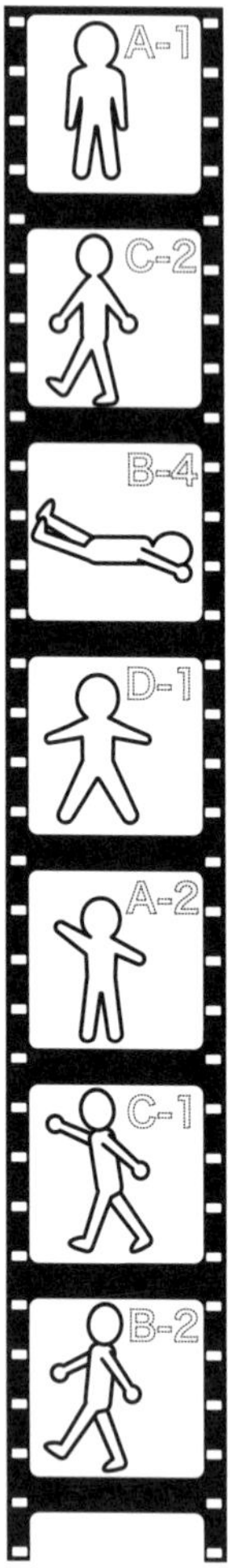

みつろう　昨日は、他人のフィルムを見ていた？

これ、アイデンティティが、崩壊しますね。

だってアイデンティティとは、「自分は昨日も自分だった！」という「わたし」らしさの集合体のことなんだから。

悪魔　崩壊すれば、いいじゃないか。全ての「正しさ」を疑って。

みつろう　でも、フィルムに順番がなく順不同だとすると、**マジで俺は昨日、何者だったんだ？**

……。

この顔のカタチからすると……ブラピか？　ジェームス・ディーンか？

いや、「瞬間」フィルムなんだよね？　てことは、昨日どころか一瞬前さえ「たしか」じゃない……。

俺は一瞬前に、何者だったんだ？

悪魔　何者でもない者だ。全てであり、全てじゃない者だ。

みつろう　いや、そんな抽象的な表現じゃなくて。具体的に、一瞬前の俺はどのフィルムだったんです？　ブラピが今のところ最有力候補だけど……。

悪魔　「前」にどのフィルムを観てたかなんて、誰にも分からない。

悪魔にも分からないし、神にも分からない。

なぜなら、「前」という概念がそもそもウソだからだ。

「前」などない。もしも「前」があるなら、固定化された「順番」が発生してしまうではないか。

「前のあれ」が1番、「今のこれ」が2番、「次のあれ」は3番となり、そこに「正しい」順番ができあがる。

でも「正しい」順番などない。宇宙には「今」しかないのだ。

みつろう　え？　じゃあ、誰も分からないの？　俺が、一瞬前に何者だったか。

悪魔　分かっていることは、ただ1つ。

今、この「わたし」の目の前には、「せかい」という1枚のフィルムが在る。

みつろう

起こっている事実は、それだけだ。

そうか。

〔　　〕を「瞬間」フィルムだとすると、

〔前があったはずだ！〕が、この「瞬間」フィルムの中に収められているだけか。

今、目の前の「瞬間」フィルム内で〔前があったはずだ！〕が起きているのか。

てことは、アイデンティティも……。

〔過去には、小学生で、次に中学生になって、そして大学生だったはずだ！〕という記憶が〔今〕のフィルム内で起こっているだけになる。

悪魔 そうだ。結局は〔今〕というフィルムだけなのさ。

〔今〕という瞬間、「わたし」の目の前には「せかい」という1枚のフィルムがある。

何度も言うが、起こっているのはそれだけだ。

みつろう 記憶なんて、ただの脳内データですもんね。

悪魔 ふん。まるで全てを分かった気になっているが、まだ超えられていない「正しさ」も貴様にはいっぱいある。

その、ヒントを言おうか？

みつろう お願いします！

悪魔 よは2003年の貴様に会ってきた。

ところが、貴様は2017年に会った時、「はじめまして」と言った。

みつろう え？

何者かになる前は、何者でもなかっただけ

悪魔のささやきの衝撃よりも、「早く幼稚園へ連れて行け！」という妻の怒り声のほうが鼓膜に衝撃を与えた。
娘の幼稚園までは、歩いて15分。
木の影から、電柱の影へ。刺すような夏の陽射しを所々よけながら、幼稚園の玄関で「また、後でね」と別れた。
折り返して家の方向へ3分歩いた頃、早すぎる「後でね」がやってきた。

ザラメ パーパー、ちょっと待って‼

みつろう あれ？ なんで追いかけてきたの？ 嫌でも幼稚園は、休めないよ？

ザラメ 違うの、違うの！ 大切なお守りを、失くしちゃったの。

1週間前に、パーパーが奈良のお土産でくれた鈴のお守り。
来る道で落としたんだと思うから、一緒に探そうよ。

家の方向へ戻りながら、2人を陽射しから守ってくれた「所々」の影を全部探したが、お守りは落ちてなかった。

みつろう もう遅刻しちゃうから、あきらめようか。
ザラメ 大丈夫なの？
みつろう 何が？
ザラメ 「お守りを落としたら、バチが当たる」って誰かが言っていた。
みつろう 誰だい、そんなデタラメ言ってる奴は。ウソだよ、大ウソ！
ザラメ 本当に？
みつろう 本当さ。だって、考えてごらん。

お守りが失くなっても、〈お守りが失くなる前〉に戻るだけだ。

ザラメ　どういうこと？

みつろう　お守りが来たのは、ほんの1週間前だろ？

そんなのが来る前から、ザラメは幸せだったじゃん！

ザラメ　でも、あれがないと幸せになれない。

みつろう　違うよ〜。それを「しゅうちゃく」って言うんだよ。

パパもそうだけど、大人たちが大好きなコトバさ。

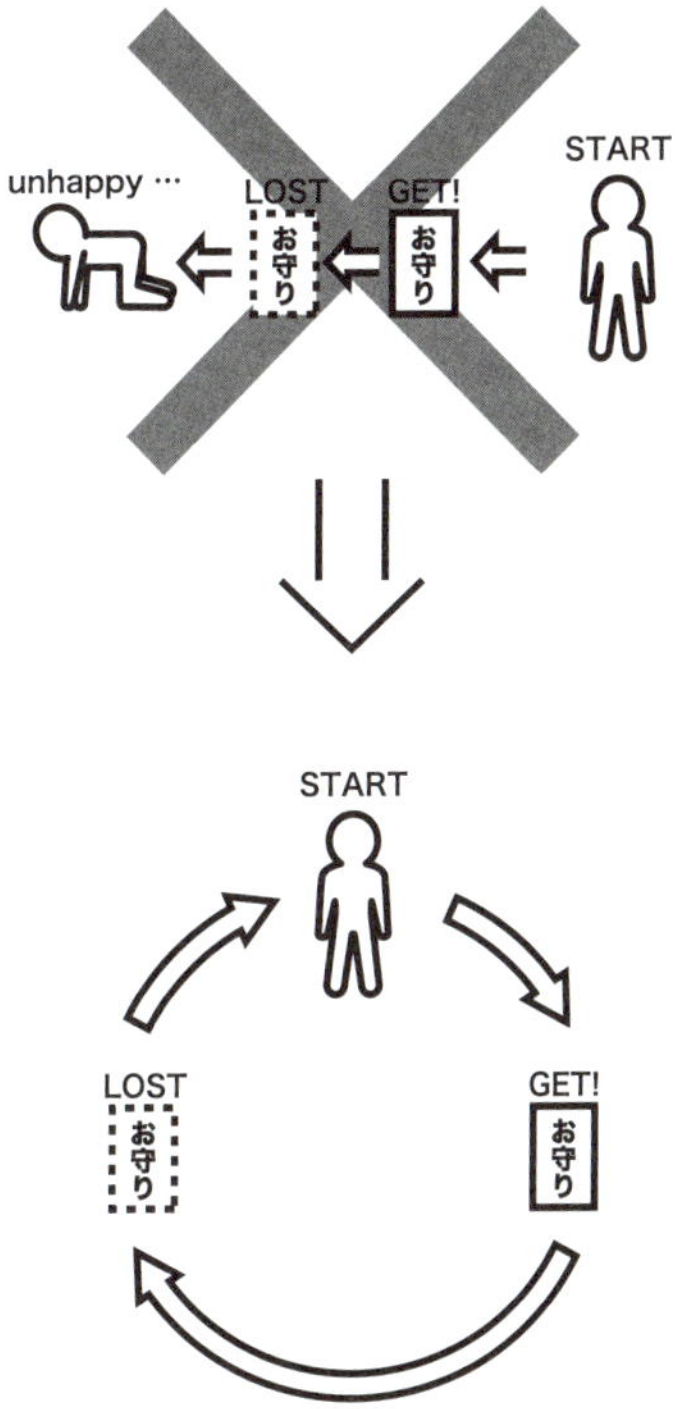

ザラメ　しゅうちゃく？

みつろう　例えば、パパが悪魔だとするだろ？
森で幸せに生きている女の子をだまそうと考えた。
パパは、何をすればいいと思う？

ザラメ　女の子を困らせたいってことだよね？
えーっと、分かった！　うんこを投げ付ける！

みつろう　ザラメ……、頼むからお兄ちゃんとは遊ばないでくれ。
純粋なまま、大人になって欲しかった……。女の子が「うんこ」とか言っちゃダメだ。

ザラメ　だって、うんこ投げられたら、困るよ！

みつろう　投げるほうも困るでしょ！　手にうんこ付くから。
パーパーなら、頭が良いからこうする。
その女の子に、「赤いずきん」をあげるのさ。

ザラメ　え？　パーパーめっちゃ良い人でしょ。

みつろう　次の日にはね、**女の子にリンゴを入れるためのカゴをあげる。**

ザラメ　絵本で見た赤ずきんちゃんになったね。リンゴを入れて、オオカミに襲わせるってこと？

みつろう　違う。ある日、魔女に変装して赤ずきんちゃんの家に行って、こう言えばいいんだよ。

「おい、そこのお嬢さん。その『赤ずきん』と『カゴ』を失くすと、お前は呪われるだろう！　エーッヘッヘ!!」ってね。

ザラメ　どういうこと？

みつろう　**女の子は、ただ森で幸せに暮らしていた。**

「赤ずきん」を持つまでは、赤ずきんを持っていなかった。

「カゴ」を手に入れるまでは、カゴを持っていなかった。

それでも、幸せだった。何も困ることはなかった。

でも今や、その女の子は「カゴや赤ずきんを失ったら、私は不幸になる」と思い込んでいる。

ほら、おかしな勘違いが始まっているだろ？
これが、「しゅうちゃく」だ。

ザラメ　本当だ、パーパーって怖ぇ〜。赤ずきんちゃんを、だました！

みつろう　赤ずきんちゃんだけじゃない。
大人はだいたい、こんなことにだまされてるんだ。
「何かを失くしたら、不幸になる」ってね。

仕事が失くなったら、
家が失くなったら、
友達を失ったら、
この身体が失くなったら。
常に、**「何かを失くしたら、不幸になる」という思いに怯《おび》えている。**
でも真実はね。

手に入れた全てが、手に入れるまでは、手に入ってなかった。

それだけのことだ。物質だけじゃなく、地位だってそうだよ。
「何者か」になる前、君は「何者でもなかった」のさ。

ザラメ　地位って、何？
みつろう　ほら、「赤ずきんちゃん」って有名だろ？　誰でも知ってる。

ということは、スーパースターさ。

街に行ったら、リンゴをもらえる。

オオカミが出たぐらいで、村中の人たちが異常なまでの警備態勢で守ってくれる。「地位」を手に入れたのさ。

有名になって、最高じゃん。

ザラメ

みつろう

でも、きっと今や赤ずきんちゃんは、**「赤ずきんちゃん」であることを失いたくなくて、毎日が不安だ。**

「赤ずきんちゃん」になる前の、「ただの森の女の子」だった頃だって、実は幸せだったということを忘れてしまっている。

何も持ってなくても、何者でなくても、幸せだった自分を忘れ、**「何か」がないと、「何者か」じゃないと、私は幸せでいられないと勘違いしている。**

そして必死に「失いたくない」という執着にうなされているけど、これは無理なんだよ。

得たモノなら全て、いつかは失うんだから。

こうやって大人はみーんな、怯えながら生きているんだよ。パーパーだって、そうさ。

ザラメ
パーパーも、怯えてるの?

みつろう
そうさ。全ての大人が、**自分が「何者か」になったつもりで生きているんだから。**

「私は、偉い先生である」

「私は、立派な警察官である」

「私は、幸せな主婦である」ってね。

そして、それらを失ったら私は不幸になると思い込んでいる。

でも本当は、違う。

何もかも全てを失っても、**原理的に不幸になれる人なんていない**のさ。

だって、**みーんな「何者か」になる前は、「何者でもない者」**だったんだから。

ザラメもこの秘密が完全に分かればね……**世界中に不幸になれる人なんて、本当は1人もいない**ってことが分かるんだよ。

ザラメ 警察官をクビになっても、幸せってこと？

みつろう 当たり前じゃん。

だって、パパの友達がおまわりさんになったんだけどさー。

アイツ小学生の頃、一番うんこ投げながら爆笑していたぜ。

子どもに戻れば、みーんなうんこを投げるだけで幸せだったんだよ。

ザラメ じゃあ、うんこだけは失くしちゃダメだってことね。

みつろう そうだ。うんこだけは、絶対に失くしちゃダメだぞ！

それ以外なら、ぜーんぶ。

何もかもぜーんぶ、失くしていいぞー。

さぁ、今度はうんこ探しながら幼稚園行こー。

朝より少し陽が高くなっただけなのに、2人が隠れる「日陰」は減っていた。

さっきは黒い影の中で見つからなかった鈴が、陽の光でキラッと輝いた。

セミの声をかき消すほどの大声を出して鈴を拾った娘の満面の笑みに、みつろうはそれを観た。

「まだ、何者でもない者」——

悪魔 貴様の話で言うなら、その魔女こそ「善」の勢力なのだ。

みつろう なんの話?

悪魔 「失ったら、大変なことになるよ」と魔女が赤ずきんに言ったのだろ?

そうやって、脅す勢力のことさ。

「失う前は、ただ得ていなかっただけ」だという事実を教えず、「何か」がないと幸せにはなれないと教える勢力のことさ。

みつろう そんな勢力って、マジでいるんですか?

悪魔

親は、言うじゃないか。

「立派な職業」を失ったら大変になりますよと。

先生は、言うじゃないか。

「おりこうさんであること」を失ったら、刑務所に入りますよと。

大人になるまでに何万回も「失ったら、大変なことになる」「失ったら、大変なことになる」と言われ続けたら、子どもたちはどう思うだろうか？

「何者かであり続ける」ことに、固執するようになる。

変化を、怖《おそ》れる。

でも、全てただの洗脳だ。

自分が今の「わたし」であることに、こだわるな！

その「正しさ」を超えた時、貴様らは何者にでもなれるようになる。

成功者にも、スーパースターにも。

他人にさえも。

未来の自分にさえも。
違うパラレルワールドの人間にさえも。
「何者でもない者」だけが、何者にでもなれる。

みつろう　無限のフィルムが、自由自在に見れるようになるのだからな。
なるほど。自分自身が一番、この「わたし」であり続けることに執着しているのか。違うフィルムを観ようとせず。

悪魔　そうさ。**裸で生まれてきた貴様らが、どうして毛皮のコートを大事にしている？**

みつろう　ちょっと、それ俺の書いた本に出てくる名言じゃん！
パクんなよな！

悪魔　お前のモノなどない。
この世で得たモノは、全てが幻想だ。
生まれた時、貴様らは何も着ていなかった。
それどころか、

自分は「赤ちゃんである」という思い込みも、

「昨日」は何者だったんだろう？　という疑問も、

「明日」は立派になるぞ！　という意気込みも持っていなかった。

ただ、「今」にいた。

みつろう

なるほど。赤ちゃんは、昨日、自分は何者だったのか？　とすら思っていませんもんね。

悪魔

それどころか、「今」自分が何者であるかも気にしていない。

ただ目の前の「せかい」を、「わたし」として楽しんでいるだけなのか。

「何者でも、ない者」こそ、全ての人間のスタート地点だ。人生でその後に得たどんなモノを失ったとしても、絶対に不幸になんてなれないよ。

これまでの教え

多くを得た者が幸せである。

全部、失っちゃえ！
全てが、最初は
持っていなかった
モノだ

使用例ケース2：失恋で悩む女子

失恋に泣く、あなた。でも、彼氏を手に入れる前、あなたは彼氏を手に入れていなかったし、それでも幸せだった。過去を思い出しながら、友人とカラオケにでも行って「む、謀反じゃー！」と叫んだ後に、失恋ソングでも歌え。


あなたを「守る」ために、あなたの元へやってきたはずの「お守り」。それが、「失ったら不幸になるよ」と持ち主を脅し始めたのなら、それは謀反だ。そんな裏切り者、さっさと捨てちまえ。

「どんなモノ」でも「どんな地位」でも。「健康な身体」さえ。


得る前、あなたは何も得てなかった。

それだけだ。


または、幸せになるために「無理して」やっている行動・続けている行動があるなら、それも見直してみろ。

それはあなたが「幸せになる」ために始めたはずだ。ところがそれを続けることが「苦しい」なら、本末転倒。それも、「謀反」だ。

失っても、あなたはそれを始める前の幸せな状態に戻るだけなのさ。

閣下の

恐怖をすぐに消し去るワーク

a way to blow away your anger

貴様ら人間には、誰にだって「執着だけで続けていること」があるのさ。「これを続けないと」「これを持っていないと」と、持ち主なのに脅されている。そうなったら、以下の呪文を唱えてみろ。

「む、謀反じゃー！
お守りが、『お守り』の分際で
殿に牙をむいたぞー!!」

使用例ケース1：健康法マニア

例えば、幸せになるために始めたはずの「○○健康法」。

ところが今や、「○○健康法」を朝晩３回やらないと「病気になるかも」とあなたは怯え始めた。

朝と晩は２回しかないのになと思いながらも、「失うこと」への執着に怯えてその健康法を手放せないあなた。

そんな時は、よく考えてみろ。

「○○健康法」を始める前、あなたは「○○健康法」をしていなかったし、それでも健康だった。それだけのことだ。

さぁ、呪文を唱えて手放すのだ。

waiting…

第6章 リンゴの主張

リンゴの主張

戦争の勝者が書く本の名前は「教科書」

また、違う朝が始まった。
この「わたし」じゃない者だった頃の記憶が残る「まどろみの時間」。
それが終わると、次なる衝動が湧く日がある。
今すぐ「ここ」じゃない、「どこか」へ行きたくなるのだ。
今すぐ「わたし」じゃない、「誰か」に会いたくなるのだ。
できるかぎり遠い場所の、できるかぎり違う誰かへ。
会いに行きたい衝動に駆られる。

それは、さっきまではもっと際限なく広く、果てなどないほどにすばらしかった私という存在を、証明したくなるからなのかもしれない。

一番「端」から、一番「端」を確認することで。

私は、もっとすばらしく。

私は、もっと大きかった。

と……。

でも、目の前では今日も小さな「わたし」が始まっている。

この「わたし」に付けられた名前は、カデル。

誰が付けたのかは、分からない。「おばあちゃんよ」と、母は言うけど。

この「わたし」に名前を付けられる瞬間を、私は見たわけではない。

それどころか、「わたし」が生まれたことも、私は覚えていない。

生まれたという事実を知らないのだから、ひょっとすると「わたし」なんてまだ生まれていないのかもしれない。

そんな、誰かに聞かされた遠い過去の話よりも、一番〝たしからしい〟「わたし」の始まりが、朝だ。

毎朝、たしかに「わたし」が始まっているのだから。

ちなみに、僕が母に聞かされた話では、この「わたし」が生まれたのは、1981年5月12日。それは、ボブ・マーリーが亡くなった、翌日だ。

そのせいだろうか。中学生の頃には、本気で信じていた。

死んだボブ・マーリーが、僕の身体に入ってきてこの「わたし」が始まったのだと。

前の日まで、ボブ・マーリーで、今朝からは、この「わたし」であ……

みつろう　なっげーよ!!

カデル　え？

みつろう　そのブツブツ言ってる独り言!!　声として、「せかい」に出ちゃってんの！　詩人かお前は。ここには「わたし」以外の俺がいるから、安心しろ！

カデル　そして、お前は絶対にボブ・マーリーの生まれ変わりではない。

みつろう　なぁ。なんで最近、俺の部屋に勝手に入ってくるようになったの？

カデル　1つ目の要因は、彼女と別れてくれたから。

先週までは、一応ちゃんとピンポンしてました。そしたら、下着姿の彼女ににらまれた日もありました。

そして、2つ目の要因は、お前の玄関、なぜか壊れてるから。

みつろう　お前らが壊したんだよっ!!

カデル　で、調べたんだろ？　永田先生に言われたこと。

みつろう　お前が「明日の朝起こして」ってメール送ってきたんだぞ。

カデル　あぁ、「ハイレ！　セラシアイ！」と、「ザイオン」のことね。

聞きたい？

みつろう　聞かないとダメでしょ。自分の卒業がかかってるんだから。卒論は、３人共著なの。

カデル　もう１人の作家である、ケンジさんは？

みつろう　「一者なるモノ」とやらを探しに図書館に行って、そのままパチンコに行った。

カデル　「そのまま」の使い方が、おかしいぞ。

みつろう　哲学すぎて、もうきびしいんだと。あれを読まされるくらいだったら、パチプロになって卒業しないでもいいってさ。ほら、４年生で留年してるから、慣れてるんじゃないの？　アイツは去年、卒業を逃してるんだから。

カデル　そうか、ケンジさんは１つ年上だったか。

みつろう　俺様もな。

カデル　ラス・タファアリ運動の話は、長いぞ。いいか？

みつろう　あー、じゃあやめようかな。

カデル まず、図書館で俺は泣いた。インタビュー記事で、「どうして歌い始めたのか?」と聞かれたボブ・マーリーはこう言ってた。**「嘆き」だと。ボブ・マーリーの歌は、嘆きから始まってるのさ。**

みつろう 「長い話は聞きたくない」って言ったのに、勝手に話され始めた俺も嘆いていいんだよね?

カデル 俺たちは何も知らなかった。あまりにも知らなすぎた。近代人類の歴史って、そのほとんどが**「黒」と「白」の戦いの歴史だったんだな。**

お前、知ってたか? 「黒人と白人の戦い」や、「奴隷解放運動」に地球上の人類のエネルギーのほとんどが費やされていたっぽいぜ。

みつろう 黄色い肌の日本人だから、分からないことなのかな。「黒」と「白」の戦いが、世界の歴史のほとんどだったなんて知らなかったぞ。

カデル 「馬」とか「牛」って知ってるだろ?

白人は、マジで「黒人」をその並びで家畜のように扱った。

そして、奴隷商人のコロンブスが世界の海を渡ったせいでその戦いのエネルギーの増加は加速したんだ。

クリストファー・コロンブス
大航海時代を代表する航海者の1人。アメリカ大陸に初めて到達した白人として多くの人に知られる。

みつろう　コロンブスって、良い奴じゃなかったっけ？　歴史に出てくる名前だから、英雄だと思ってた。

カデル　**「善」や「悪」って、どこから見たかによって違うんだろうな。**
白人から見たら、港で送り出されたコロンブスは英雄のようだった。

でも、黒人にとって海を渡ってやってきたのはまちがいなく悪魔だった。
白人たちは世界中を植民地にして、その土地に元々住んでいた「先」住民たちを奴隷にした。

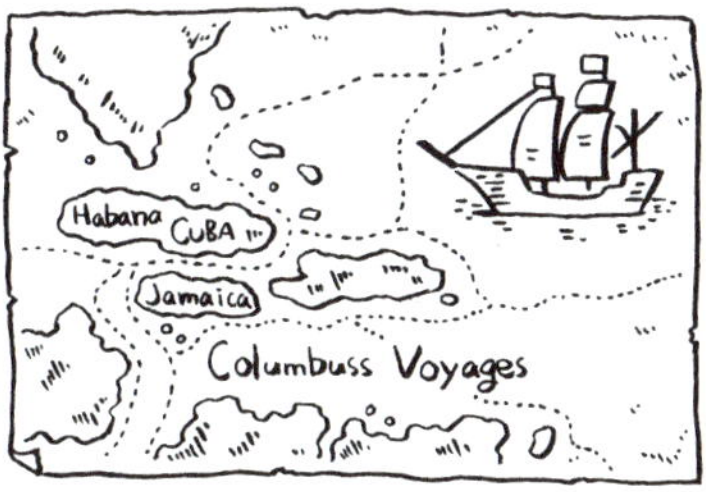

レゲエの祖国ジャマイカもその1つだった。奴隷となったジャマイカの先住民たちはこき使われて、あっという間に絶滅したそうだ。

みつろう
ひっでーなー。**教科書に書いてあること、全部ウソじゃん!!**

カデル マジで悪魔が海を越えてやってきたんだな。名前が〝ブス〟だから嫌いだったんだよ俺。コロンブス。

その土地の先住民を「使い尽くした」ので、白人たちは家畜をヨーロッパから運ぶことにした。「牛」と「馬」と「黒人」をな。

ただ「黒人」はスペインにはいなかったから、アフリカ大陸に行って動物のように黒人を「捕まえて」、ジャマイカに奴隷として輸送したんだ。

みつろう マジ、死ねばいいのに。

カデル 大丈夫、そいつらはみんな死んだ。これ500年前の話だから。

みつろう じゃあ、いいか。今生きている白人を恨んでも意味ねーしな。

カデル そして、その100年後。

ジャマイカを植民地にしていたスペインを、イギリス軍が撃破する。

みつろう おっしゃ!! 正義のヒーロー、登場!!

カデル 俺も図書館で、「おっしゃ!」って叫んだら違ったんだよ。

結局イギリスも、その後ジャマイカで黒人を奴隷として使い続けた。

みつろう ご主人さま（領主）が変わっただけだ。

カデル マジ、終わってるな白人。

みつろう ただ、戦争でスペインがやられてるスキに、何名かの黒人たちは逃げ出した。「飼い主」から牛や馬が逃げたら、どこへ行くと思う？

カデル 森とか、山か？

みつろう そう。命をかけた壮絶な逃亡で、捕まった者は再びイギリスの奴隷に。逃げきれた黒人たちは山に入って、「マルーン」と呼ばれる組織を作った。そして、マルーンは仲間の奴隷たちを解放するためにイギリス軍と戦ったんだよ。まるで映画『マトリックス』のようだろ？

カデル だから、見てないんだってば！

みつろう あの映画は、**目を覚まさない仲間の奴隷たちを、解放するストーリー**だ。同じように、ジャマイカでも仲間の「黒人」たちの目を覚まさせるために、マルーンは戦い続けた。仲間の黒人たちは「黒人は奴隷として働くことが正しい」という洗脳をまだ信じて、夢の中にいる。

そんな全ての「わたし」の目を覚ましたいと。

みつろう 夢から覚めるまでは、「夢を見ていた」って気づけないもんな。

カデル 反抗し続けるマルーンのリーダーは、ついにイギリス軍から「『条約』を結ばないか」と提案された。でも、それは罠だったんだ。マルーンのリーダーだけは「人間」として扱うから、マルーンの部下たちを「奴隷」としてこっちへ戻せと。結局、リーダーは殺されてしまい、さらに戦いは続いた。そして約80年後に最初の和平条約が締結された。

みつろう ついに、奴隷解放？

カデル いや、むしろ黒人奴隷たちにとっては最悪な和平条約だった。なんと、その時点でマルーンに逃げ込んでいた奴隷たちは「人間」と認めるが、他の奴隷たちは解放しないと。それどころか、今後もしもこちらの「奴隷」が逃げ出した場合は、マルーンたちもその捕獲に協力しろと。

みつろう **黒人に、黒人の番人を持ちかけたのさ。**そして、マルーンはこれを飲んだ。奴隷が逃げたら、捕まえて白人に戻すってこと？

カデル 自分たちも前は奴隷だったのに？　自分たちも黒人なのに？

みつろう **結局、人間って「わたし」を守りたい生き物なんだろうな。**俺でも、みつろうが捕まったら、悪のボスをやっつけたりしないもん。契約して、俺さえ助かればいい。

カデル 最悪か、お前は!!

……まぁ、俺もそうするけど。

それからもマルーンには色んな歴史があるんだけど、とにかくスペインという悪魔がジャマイカにやってきて300年後に奴隷制度がついに廃止になった。

それまでに、アフリカから100万人もの奴隷が送り込まれ、先住民は絶滅し、ジャマイカが国として独立した1962年にはほぼ全てのジャマイカ人がアフリカ人のDNAを持っていた。

そこへ預言者マーカス・ガーベイが現れるんだ。

みつろう　預言者ってことは、「ビジョン」を観る者のことね。なんて言ったの？

カデル　**「アフリカに黒人の王が誕生する時、彼が世界を救うだろう」って。**

当時アフリカにある国々は、ほぼ全てが白人の植民地になっていたから黒人は王様になれなかった。ところが、預言から3年後——

ついにエチオピアの国王に、世界初の「黒人の王」が誕生することになる。

それが、ラス・タファリだ。

みつペーディア

ラス・タファリ（ハイレ・セラシエⅠ世）
1930年エチオピアの皇帝に即位。「神に選ばれし者」として知られ、20世紀のエチオピアを40年近く統治した。

「ラスタ思想」の名前の由来だ。

みつろう レゲエでは彼を、「生き神さま」または「黒い神」って呼ぶんだ。
黒い神。なんか、カッコイイな！

カデル エチオピアの皇帝に即位した後、ラス・タファリは名前を「ハイレ・セラシエⅠ世」とした。
前にも言ったけど、ハイレが「パワー」という意味で、セラシエが「トリニティ（三位一体）」という意味だから、「黒い神」はトリニティ・パワーだ。

みつろう トリニティ・パワー。

3つが1つになるチカラって意味？

カデル 日本以外の、ほぼ全ての国が「一神教」だ。
一神教とは、たった1人の神さま以外は認めない。
その唯一神は、「ヤハウェ」と呼ばれたり、
「エホバ」と呼ばれたり、
「アドナイ」と呼ばれたり、さまざまだ。**元になっているヘブライ語の4文**

字の発音が、国によって違うからだ。
言語によって「正しい」発音が違うからな。
どの発音が「正しい」ってのはない。
ジャマイカではそれを、「ジャー」と発音する。

みつろう　おぉ！　じゃあ去年、学園祭でやったボブ・マーリーの『Jah Live』って曲は、「神さまは生きている！」っていう意味だったのね。

カデル　西洋では**「3つが1つになる時、神が生まれる」**と言われているから、神そのものを「三位一体」って言うらしい。
「黒い神」ハイレ・セラシエI世もまさに、生きたまま神さまとして崇拝されるようになった。

みつろう　じゃあ、結局は宗教なのね？　お前が好きなレゲエって。

カデル　ラスタ思想は、指導者がいないから宗教じゃない。
というか、**わざと指導者やボスを置かない。**
なぜなら、トップが何度も裏切った歴史がマルーンにはあるからだ。

権力者は、権力の座に執着するから、トップを置いたらトップは裏切る。

俺がトップになってもそうする。

お前のためには、血を一滴も流したりしない。

みつろう　お前、マジで最悪だな！
……まぁ俺も、お前のために血は流さないけど。

カデル　とにかく、ビジョン通りに「黒い神」がアフリカに登場したので、ラスタ運動は一気に盛り上がった。

結局、ラスタ思想とは「故郷である、アフリカへ帰ろう」という回帰運動のことなんだ。

自分たちは、白人にジャマイカへ無理やり連れてこられただけであり、このDNAのルーツはアフリカだから、アフリカへ戻ろうと。

ちなみに、ガンジャ（大麻草）もアフリカからインドを経て、ジャマイカに辿り着いた草なんだ。不思議だけど、人間を助けるためにアフリカから着いてきたみたいだろ？

みつろう 草が後から着いてきたってのもすげーな。

生物の先生が言ってたけど、そもそも全ての人類のルーツは、アフリカ大陸なんだろ？

カデル 知らないけど、ジャマイカの人たちのルーツがアフリカなのはたしかだ。

その自分たちが還るべき約束の地を「ザイオン」と言う。

そして、自分たちを無理やりジャマイカへ連れてきた勢力や権力のことを「バビロン」と言うんだ。

「バビロンから人々を解放し、聖地・ザイオンへ帰還させる」

ほら、ここも、映画『マトリックス』と同じだろ？

みつろう だから、見てないから本当に何も分からないんだってば！　しつこいな。

そして？　続きは？

カデル え？　続き⁇　もうこれで終わりだけど？

頑張っただろ、俺？

みつろう はぁ⁇　お前、今の情報が卒論の何の役に立つんだよ‼　それ、ただの近代世界

カデル
史じゃねーか。バカじゃねーのかお前。

知らねーよ！　俺は永田に、

「ヤーマン！　朝までレゲエで踊れ！　リスペクト！」

って言われただけだぜ？　図書館に行っただけでも、感謝しろや。


友人が調べたのはただの世界の歴史。そのことにいら立ったみつろうは、すぐに自宅へ戻った。

「所有」は全部、マボロシ

みつろう
アイツ、バカだ！
俺たちにはもう時間がないのに、卒論に関係ないことばっか調べやがって。
でも、バビロンの奴らには、腹立つな！
西洋文明に奪われた土地を、取り戻してあげたい。

悪魔　何も、奪われてないから安心しろ。
そもそも、土地を手に入れることなど誰にもできないのだから。

みつろう　え？　このアパートの隣りのじいさん、大地主だよ？

悪魔　「土地」を「人間」が手に入れるなんて、狂気のさただよ。

目を閉じて、イメージしてみろ。

大きな、大きな大地が広がっている。

アフリカでもいい、大きな大地だ。

その大地の上に、人間が1人現れた。

さぁ、**どうやれば「人間」よりも大きな「土地」を、「人間」が手に入れられるのだ？**


みつろう　土地の上に、「人間」が乗っているんだぞ？

それなのに貴様らは、**「土地」を、「わたし」が、手に入れた、と言う。**

不思議でたまらんよ。小学生でも抱く違和感だ。

みつろう　土地という、権利書を手に入れるんですっ！

悪魔　なおさら、マボロシじゃないか。

「土地」とその「紙切れ」に何の関係がある？

紙切れを拾ったら、大地がお前の手の上に乗るのか？

黒魔術以上に、怪しい儀式だな。

みつろう　あれ？

……。

たしかに「手に入れる」って、なんだかおかしな感じがしてきた……。

悪魔　教え込まれた「正しさ」が壊れ始めているのだ。

もっと崩壊させてやろう。

カデルは、元カノと別れたな？

みつろう　ええ。カラオケで暴れて大変だったらしいよ。俺が。

悪魔　貴様ら人間は、恋人へも「所有感覚」を持つ。

「お前は、俺のモノだ」と言っている。

これは、どういうことだ？　私が他人を所有できるのか？

みつろう　またもや、目を閉じてイメージしろ。
2つのリンゴがテーブルに並んでいる。
はい、イメージしたよ。

悪魔　リンゴが2つ、テーブルに置かれてる。
そのイメージのまま、よく考えてみろ。
右側のリンゴが、左側のリンゴを「所有」することなど、できるのか？
上から観れば、「テーブルの上にリンゴが2つ並んでいる」だけだ。
ただ、それだけの状態なのに、もしも右側のリンゴが、
「あのリンゴは俺のモノだ」と言い始めたら、どうする？

みつろう　うわー!! リンゴがしゃべってるー!!
って叫びます。

悪魔　消すぞ？　ふざけるな。

みつろう

メチャクチャ違和感しかないに決まってるじゃないですか。
テーブルの上には、リンゴがただ2つ置かれてるだけ。それだけなんだから。
それなのに、「左側のリンゴ」は「右側のリンゴ」の所有物??

?

いやいやいや。ただテーブルの上に2つのリンゴが置かれているだけですから!

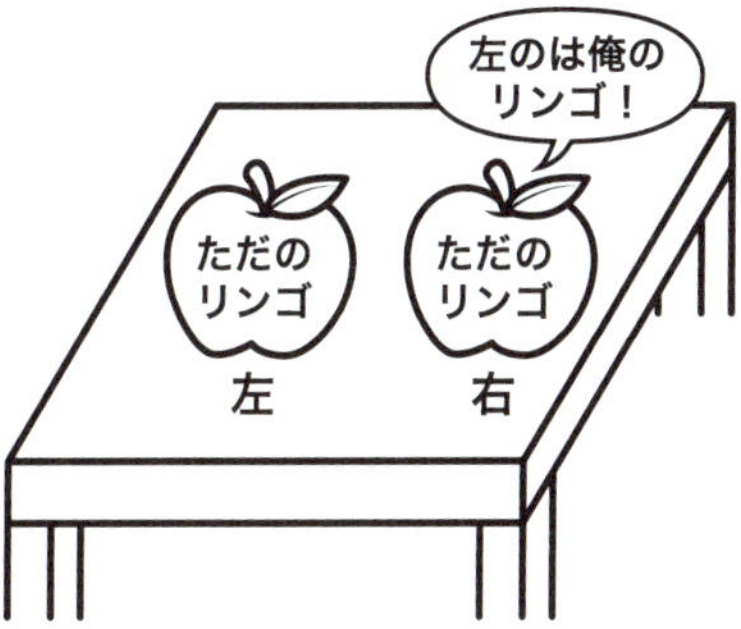

「右側のリンゴ」が「左側のリンゴ」を所有できるわけがない。

「恋人」という所有関係も、もはや意味不明です。

悪魔

「玲子」は「カデル」のモノである???
「あの人」は、「わたし」のモノだった??
「あの人」を、「わたし」が、失った??
奥さん、よく考えて!
「あの人《左のリンゴ》」と「わたし《右のリンゴ》」は無関係の、**別々の個体だから!**
個体が、別の個体を、所有できるわけがない!
関係ない2つのリンゴ《物体》が、テーブルの上に並んでいるだけだよ!!
貴様らは、恋愛以外でも同じことをしている。
リンゴが、「ベンツを所有した」と言っている。
リンゴが、「高級バッグを所有した」と言っている。
リンゴが、「土地を手に入れた」と言い張っている。
よから見ると、貴様ら人間は、毎日こういうことをしている。

みつろう うわー!! ちょっと、マジでヤバイって!!! こ、こんなこと、ありえないっ!!

よーく考えてみたら……、に、に、人形がずっとしゃべってる!!

悪魔 よし。貴様、マジで消そう。

みつろう さっきのリンゴのボケにかぶせた、ジョークですやん。

大阪ではテンドンと言うんやで。

でも、マジで**「所有」という概念が崩壊した**よ。

ありがとう人形さん。

悪魔

さらに消してやろう。

「俺たちには、もう時間がないんだよ!!」と貴様はさっき叫んだ。

それはすなわち、**「持ち時間の残量が少ない」と主張しているわけだ。**

そう、**時間を「所有」した気になっている**のだ。

どうやれば、「わたし」が、「時間」を所有できるんだ??

「物体」と「物体」の関係よりも、不思議じゃないか。

「わたし」が、「時間」を、手に入れる??

みつろう

マジだ……。

「リンゴ」と「時間」なんて、世界で一番関係ないじゃん!!

ある日急にリンゴが、「俺にはもう、時間がない!」って言い始めたら、俺きっと大爆笑すると思います。

悪魔

マジ、ウッケる!! リンゴがしゃべってるんですけどっ!! って。

次ふざけたら4度目を待たずに、消す。悪魔は「3」より先の数字を知らない。

みつろう　うぃーっす。怖えぇ〜。でも、すげーな。

物質への所有もマボロシ。

他人との関係性の所有もマボロシ。

流れる時間への所有もマボロシ。

そもそも、この「わたし」に所有できることなんて、外界には1つもない気がしてきた。

悪魔　外界どころではない。「わたし」は、誰のモノなのだ？

みつろう　いや、この肉体はさすがに俺のモノでしょ⁇

悪魔　**俺が、俺を、所有することなんてできるのか？**

どんな状態だ？

「リンゴ」は、「リンゴ」のモノではない。リンゴだ。

ただ「リンゴ」がテーブルに1つ置かれているだけだ。

そして、それこそが「わたし」の真実なのさ。

大地に、ただ置かれたリンゴ「わたし」。
そんな「わたし」が、外界の「何か」を所有する？
不可能だ。
「わたし」が、「わたし」を所有する？
それも不可能だ。
ただそこに、「わたし」が置かれているだけなのだから。
インディアンや、先住民、ネイティブに原住民、彼らはそのことを知っている。
そもそも、ネイティブには「所有」という概念がない。単語もない。
その発想が、分からないんだよ。
「手に入れる」とは、どういう意味なのか。全く理解できない。
大自然の一部であるこの肉体が、大自然を、手に入れる？

一部が、全体を、手に入れる⁇

こうしてインディアンたちは、「外界の何かを所有する」という近代文明の考えを死ぬまで理解できなかった。

だから、海を越えてやってきた欧州人たちが、

「この土地は今日から俺たちのモノだ！　よこせ！」

と言った際も、何の話をしているのかすら、本当に理解できなかった。

大自然の一部が
「大自然が欲しい！」
とは言えない
大自然

みつろう　なんか、逆に恥ずかしいね。「アメリカ大陸」の所有権を主張しているバビロンの奴らが。

どこかの権力者の話をしているんじゃない。これは、あなたの話だ。

Q1．どうして、死を怖れる？
この肉体を「わたし」が所有していると思っているからだ。
「所有している」と思っているから、「失う」という恐怖が発生する。
でも、安心しろ。初めからその肉体は誰の所有物でもない。
ただの大自然の「一部分」だ。

Q2．次に、どうして失恋で泣く？
「恋人」を「わたし」が所有していたと錯覚しているからだ。
でも、**初めから「恋人」と「私」の間に所有できていた関係性など何もない。**
恋人以外の、全ての他者とのつながりにおいても、所有できる関係性などない。

Q３．最後に、どうして争う？

それは、失いたくないからだ。

すなわち、自分が何かを所有できてたと錯覚したから争いが起こるのだ。

戦争だけじゃない。

他人への強気、他者とのチカラ比べ、頑固な態度、執着する心。

その全てがマボロシの「所有感」から発生している。

どうだ？　ここまで言われて、まだ気づかないか？

実は、支配者が一番苦しむことになるのさ。

支配者は、叫び続ける

みつろう　え？　ウッソだぁ～。いっぱい持っている人が幸せでしょ？　だって、金持ちとか幸せそうじゃん。

悪魔　今から10年後には、「断捨離」と言うコトバが流行《はや》るようになる。

物質至上主義の近代文明が、反転を始める。

「ミニマリスト」という生活スタイルが支持される。

若者は車を所有しようとせず、「特定の恋人」との関係性を所有しようとせず、

できるかぎりモノのない部屋で暮らすようになる。

みつろう　楽しいのか、そんな生活？　今の若者と真逆じゃん。

俺らって、「いっぱい持ってる」奴のほうがモテるんだぜ？

車も、武勇伝も、栄光も、いっぱい持っているほうがカッコイイ！

悪魔　**所有とは、「支配し続ける」という意味**だ。

だから1秒も休まず、

「これは私のモノだ！」

「これは私のモノだ！」

「これは私のモノだ！」

と主張し続けないといけない。

なぜなら、そもそも「リンゴ」と「ソレ以外の個体」はただ別々に置かれているだけだからな。

ロープでつながっているわけじゃない。

所有を証明する明確な証拠なんて誰にも観えない。

だから、テーブルの上のリンゴは、ただ主張し続けるしかない。

そして、ずっと目を光らせていないといけない。

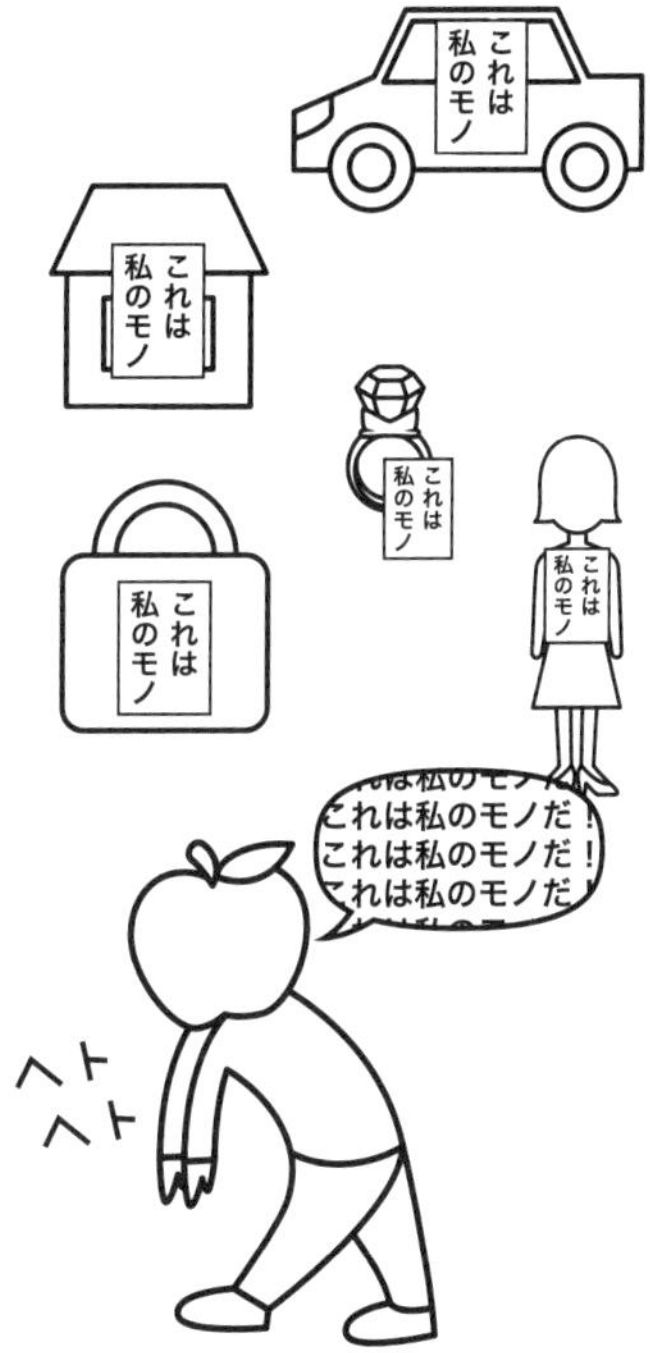

そうしないと、ある日イギリス軍が奪いにくるかもしれない。

ライバルが、他者が、「俺のモノだ」と言い始めるかもしれない。

こうして、支配者は心が休まることのない日々を、手に入れたのだ。

イーッヒッヒッヒ、これは最高級の皮肉ギャグだよ。**この世で手に入れられるのは「物質」じゃなくて、「心の不安」だけだなんてな。**

イーッヒッヒッヒッヒ。「支配」など、その本人が勝手に「支配した」と主張しているたわごとでしかないのだ。

実際は、「支配した」と思った瞬間に、その本人の心が世界に支配されるだけだ。

みつろう　やっべー、なんか、分かっちまった。
何も所有していないインディアンのほうが、とっても気楽だった気がする。

悪魔　当然だろ。**持っているモノが多いほど、不安になる**のだから。

赤子が安らかに笑うのは、何も持っていないからだ。

正確に言うと、**「持っているという幻想」を、まだ持っていないからだ。**

そもそも、「所有」が幻想なのだからな。
「多くを持っている者」とは、「幻想を多く抱えている者」だということになる。
マボロシの面積が増えるほど、目の前のリアルな世界が隠され、見えにくくなる。すぐに悪夢にうなされるようになるさ。

みつろう
「支配した」と思い込んでいる権力者は、悪夢にうなされるようになるのか。

悪魔
何度も言うが、これは権力者の話ではなく、あなたの話だ。
「もっと得たい」と思った瞬間から、人間は壊れ始める。
絶対に不可能なことに、チャレンジし始めたのだからな。
このマボロシの「所有ゲーム」から楽になりたいのなら。
「もっと得たい」や、
「支配したい」や、
「欲張りたい」などの、
外界をコントロールしたがる欲求を、全て手放すのだ。

コントロール欲求を手放す

みつろう どうやれば、この「コントロール欲求」が手放せるの？

悪魔 その質問が、もうまちがっている。「どうやれば？」と貴様は今、聞いた。それはすなわち、まだ外界を「どうにか」コントロールできると思い込んでいる。「コントロールする方法」が、所有できると思っている。またもや、外界の何かを手に入れようとチャレンジし始めたわけだ。おめでとう！

みつろう いや、めでたくないから、やり方を教えろって言ってんの！　腹立つな！

悪魔 だから、「やり方」とは、操縦する方法のことだろうが。この期に及んで、まだコントロール方法を手に入れようと？

みつろう あー!!　じゃあ、もう、どうすりゃいいんだよ！

悪魔 コントロールを手放す。それは、新たに「得る」ことでも、「手に入れる」ことでもない。ただ、「気づく」だけだ。

外界のモノは「わたし」にはコントロールすることはできないと。

それどころか、「わたし」さえも「わたし」にはコントロールできないと。

みつろう　この宇宙のシステムへの、「気づき」だけが必要なのだ。

悪魔　何、「気づき」って？

みつろう　手に入れずとも、すでに在るモノへ取る態度のことだ。それが、「気づく」。

「ない」と思っているから、「手に入れよう」とする。

「ある」と気づいている人は、「手に入れよう」としない。

よには、この宇宙に「手に入れたい」モノなどない。

なぜなら、全宇宙はすでによが制圧済みだからだ。

王様が自分の王国の中の、市場《いちば》の中の、とある店に並んだリンゴを手に入れようとするだろうか？

みつろう　しないよね。**王国の全てが、王様のモノだ。**

悪魔　そうだ。「手に入れよう」としている奴らとは、「手に入れてない」奴らなのさ。

「手に入れよう」とする、その行動が、自身の小ささを物語っている。

「幸せになろうとしている」奴らほど、幸せではないじゃないか。

「立派になろうとしている」奴らほど、立派ではないじゃないか。

幸せなら、態度で示せばいい。さぁ、みんなで、手を叩こう。


みつろう　パン・パン♪って、おい。

でも、「態度」で分かったかも。「コントロールしよう」としているのは、「コントロールできていない人」の態度だから……、「コントロール」をただやめればいい……。

そうか！　**「もう、コントロールできている」と気づく態度か。得ようとせず、もう「十分に得ている」と気づく態度だ！**

悪魔　そうだ。よく、気づいたな。**バビロンからの解放とは、この自分自身の心の中にある「もっと得たい」という支配欲からの解放のこと**なのさ。

みつろう　バビロンって警察だとか国家権力のことだと思ってた。違うのか。

この**自分の心の「欲張り」なシステム**のことだったのね。

だから、ボブ・マーリーはバビロンを「持てる者」と表現し、自分たちを「持たざる者」と歌ったのか。

自分が「持っていない」からやっかんでいたんじゃなくて、「持っている者」こそが恥ずかしいんだよ、と伝えたかったんだ。

だっていっぱい「持ってる者」って、いっぱいホラを吹いてるってことだもんね。

支配者は、おしゃべりなリンゴだ。

そして、ここからマジックが始まる。

「手に入れよう」としなくなれば、より「手に入る」ことになるのだ。

なぜなら、すでにあるものにいっぱい「気づける」ようになるからだ。

「コントロールしよう」としない人間ほど、コントロールされた人生に変わる。

すでに、完璧に調和された宇宙の流れに気づくからだ。

悪魔

この仕組みは、貴様らが論文を提出する頃に、より明確なシステムとして分かるだろう。

みつろう　やっべー。思い出した。卒論、まじで早く書かなきゃ。

悪魔　そうやって時間をコントロールしようとせず、時間はコントロールされていると信じればいい。**それが一番早く、「時」を流す方法だ。**

みつろう　リンゴがまたもや時間に手を出すところだったのね。
それにしてもさぁ～。よく考えたら、ほんっと不思議だよね。「何者でもない者」「持たざる者」として裸で生まれてきた俺たちなのにさ。街では今日も、みんな必死に「何かを得よう」と争っている。木からポトリと世界の中に落ちたリンゴが、世界を所有しようと、力んでいる。
人間とは、あわれですなぁ～。**裸で生まれたんだから、あの世に持って行ける「何か」なんて、あるわけないのに。**

悪魔　いや、ある。
それが、「経験」だ。

これまでの教え

多くの財産を手に入れた人が、幸せ者。

リンゴに所有できるモノは、何もない

閣下の

不足感を打ち破るワーク

a way to blow away your anger

「もっと欲しい」という心の働きこそ、バビロンそのものだ。
世界を所有しようとした瞬間に、心が世界に所有されてしまう。
そこで、過度の欲求が湧いた時には、ただ下の図を想像して、つぶやくがいい。

「うわぁ～、リンゴが主張し始めたんですけどぉ～」

リンゴに、所有できるものは1つもない。

第7章

イイヒマニア

イイヒマニア

人生は極から極への移動ゲーム

「ハッと、我に返る」というコトバがある。
ということは、我《われ》に返るまで、我《われ》ではなかったということだ。
だからこそ、「我に返る」と言っている。
じゃあ、あなたが「わたし《我》」に返るまで、あなたは何者だったのだろうか？
「わたし」の始まり。
それは、朝だけとは限らない。
この人間スーツの中に、意識が急に戻される瞬間も多々あるのだから。

ザラメ　パーパ、パーパってば!!　ねぇ、パーパー!!
見ーて、パーパ！　見てってばもう!!

みつろう　ん？　あれ、ここどこだっけ？
あ。幼稚園の帰り道に、寄った公園か。

ザラメ　ねー、見て〜。ザラメすごいよー。ぼけーっとしてないで、見てよ!!
ほら、こーんなに、ブランコできるんだよ!!

みつろう　本当だ～！　すっげーな!!　向こう側に飛んで行きそうじゃん。

悪魔　貴様は今、とっても良い位置に座っている。

みつろう　何がですか？　僕の築き上げた、地位が？

悪魔　違う、実際に今座っているその場所だ。

ブランコを真横から見ている。

みつろう　そりゃ、そうでしょ。ブランコの前や後ろは危ないから、たいていの親はブランコの横の柵にこうやって座って、自分の子を見るもんです。

悪魔　**この世は、ブランコだ。**

「ブランコ全体」が見えるその位置なら、乗っている者には気づけないことが色々と分かる。

ほら、貴様の娘を見ろ。

右に行っては、左に返る。

また右に行っては、左に返る。

貴様ら人間は、こうやって二極間を行ったり、来たりしているだけだ。

みつろう

どんな「物質」でも、
どんな「概念」でも、
どんな「関係性」でも、
どんな「エネルギー」でも。

この「せかい」に在るものは総じて「二極」を内包しているのだからな。

それって、コインのたとえ話が有名ですよね。

コインには常に、「裏」と「表」がある。

10ミリのコインを、５ミリにスライスしても「裏」と「表」がある。３ミリにしても、０・０１ミリにしても。

どれほど薄くスライスし続けても、そこには「裏」と「表」がある。

最終的に、スライスしすぎて**消えたなら「裏」と「表」も同時に消える。**

ってことは、**目に見えている間は絶対に「裏」と「表」があるってことだ。**

悪魔

そうだ。何事でも、そうなのだ。

「片側」だけで存在することなどできない。

絶対に両面で1セットなんだよ。
貴様ら人間はよく、「世界から悪を消し去りたい」と言う。実はそれは、簡単に実現できる。神を殺せばいいのだ。神が消えた瞬間に、悪も消える。

逆に言うと、もしも世界から「悪」が消えてしまったら、神

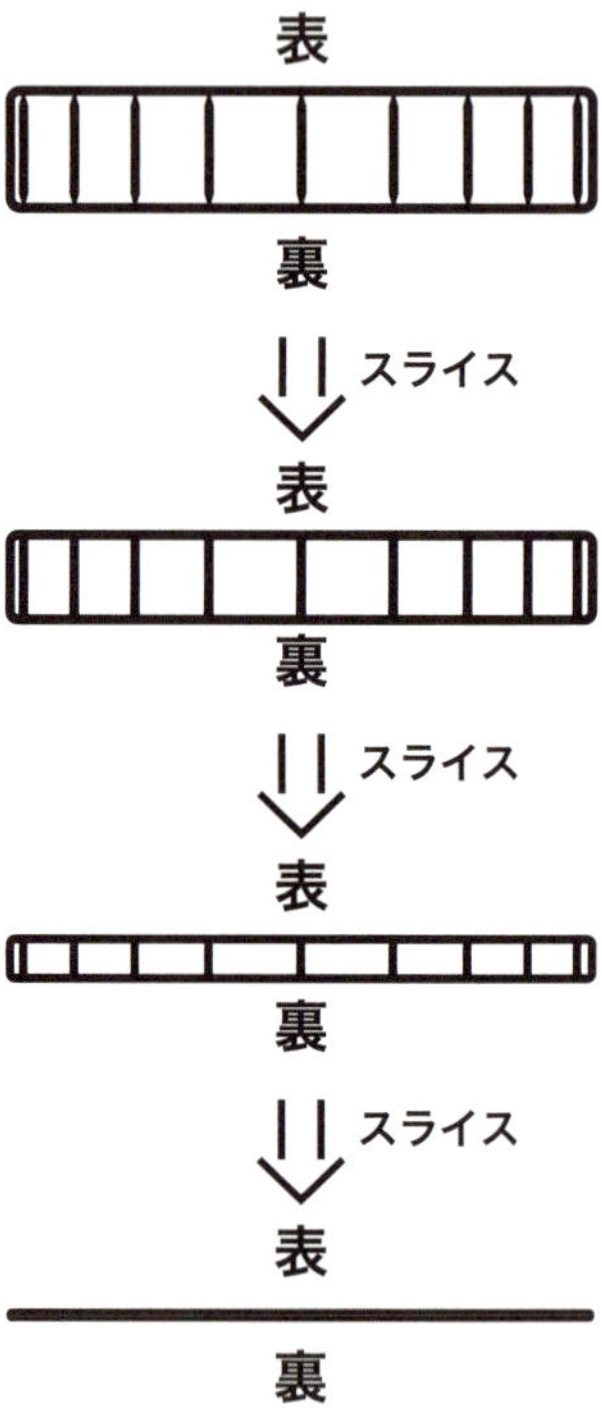

も消えてしまうのさ。

みつろう　なるほど。世界には「悪」だって必要なのか。
正義のヒーローは、「悪」がいないとただの筋肉バカですもんね。
「悪」を倒すお陰で、ヒーローだと認定されるのだから。
「悪」が筋肉バカを「ヒーロー」にしていたのか。

悪魔　そうだ。**「悪いこと」が「良いこと」を生み出している。**
悲しみが、喜びを。
苦しみが、開放感を。
焦りが、落ち着きを。
ネガティブが、ポジティブを。
「後ろ向き」が、「前向き」を。
ほら、娘のブランコを見ろ。
前にばかり進むブランコなどあり得ない。
「後ろへ戻る」からこそ、「前へ進める」のだ。

不幸以外が、あなたを「幸せ」にしたことなんてこれまでに一度もないよ。

みつろう

いつだったか神さまに、「高く跳びたいんです」と神社で願ったら、「じゃあ、一度かがめ」と言われた。

ジャンプするためには、一度かがまないといけない。

ひざを曲げずにジャンプできるのは中国雑技団くらいだ。中国雑技団でも、無理だ。なぜならこれは、システムの問題だからだ。

悪魔

この宇宙のシステムの1つ、「相対性システム」だ。

「相対性」とは、〝2つ〟という意味だ。

逆に「絶対性」とは、〝1つだけ〟という意味だ。

もしも、宇宙にたった1本の棒しかなければ、その棒が、「太い」のか、

この世に存在するものは、
全て両面で1セット

片方の極	⇔	片方の極
悪魔	⇔	神
悪いこと	⇔	良いこと
悲しみ	⇔	喜び
苦しみ	⇔	開放感
焦り	⇔	落ち着き
後ろ	⇔	前
不幸	⇔	幸せ
短い	⇔	長い

「長い」のか、

「重い」のか、

「硬い」のか、

みつろう 誰にも、分からない。それを、把握するためには何が必要となる？

悪魔 **比べる「ナニカ」が必要**ですよね？

みつろう そう。相対《あいたい》する「ナニカ」のお陰で、**初めてそれ自身について語ることができる**のだ。これが、「相対性システム」さ。

「短い棒」があるから、「長い棒」だったと言える。

「軽い棒」があるから、あぁ私は「重い棒」だったのかと分かる。

「細い棒」があるから、自分の「太さ」が分かる。

だから、「不幸」は貴様ら人間のために発生しているのだ。

貴様ら人間が「幸せ」を願ったから、その願いを叶えるために、システム的に「不幸」が必要となり発生する。

みつろう なるほど、僕の詩集にも書いてますよ、それ。

「毎日が幸せだったら、毎日は幸せだろうか？
相対性のこの世界で、毎日が幸せだったら
幸せを「幸せ」だと認識出来るだろうか？
幸せしか身の回りに無いのに、それを幸せだと思えるだろうか？
不幸なことがあって、それと比較することで初めて
幸せの位置が決まるんじゃないだろうか？」

（※『毎日が幸せだったら、毎日は幸せと言えるだろうか？』ワニブックス刊　より）

って。

悪魔　「悲しい日があるから、いつか笑えるんだよ」とポエムにすると、たしかに今、悲しんでいる人の助けにはなる。
でも、「手放す」ことが、より抜本的な解決につながる。

みつろう　どういうことです？

悪魔　『ブランコの法則』だよ。「幸せ」を望む者には、システム的に「不幸」が必要になってしまう。**じゃあ、「幸せ」を真っ先に手放せばいいのさ。**

生きる以上「ブランコの法則」からは逃れられない

みつろう　幸せを、手放す？

悪魔　まず、ブランコの仕組みから説明してやろう。

貴様の娘を見てみるがいい。空高くブランコをこぐために頑張っている。

では、彼女が一番強くこぐためにはどうすればいい？

みつろう　できるかぎり「後ろ」へ戻ればいいですよね。

悪魔　そう。ブランコは常に、**「今いる場所から１番遠い場所」を目指すように力点が働く装置だ。**

できるかぎり遠い「ここ」じゃない「どこか」へ。

常に、それだけを目指して動いている。

これは、ブランコの宿命ではなく、貴様ら人間の宿命なんだよ。

みつろう　まぁ、そうですね。

ラーメンを食べたら、ハンバーグにしとけば良かった。

ハンバーグを食べたら、ラーメンにしとけば良かった。

独り身の時は彼女が欲しくなって、彼女がいる時は独りになりたくなる。


とにかく「ここ」じゃない「どこか」を、人間は常に目指してますもんね。


悪魔　これは、人間の宿命だから誰にも変えられない。

ブランコは、今日もただ揺れる。

右へ行って、左へ。右へ行って、左へ。

そしてある日、人間はブランコに乗りながら有頂天でこう言った。

「やった！　今、私はこんなにも前へ進んでいるのよ！」と。

ところが、そのブランコを外側から見ると、意外な事実に気づける。

前へ進んでいるようで、実は後ろへ戻るための「はずみ」を蓄えているだけだ。「前へ進む」自分のその動きが、後ろへ戻るための

「はずみ」を蓄えているのだから。

いっぱい持っている者は、いっぱい失うエネルギーを蓄えていることになる。
たくさん成功した者は、たくさんの失望する機会を手に入れたことになる。
強く愛した相手ほど、裏切られると、強く憎しむ対象となる。

「前」だろうが「後ろ」だろうが、今いる位置からもっとも遠い場所へ揺り返すエネルギーがブランコ全体に貯め込まれているのだからな。

みつろう　それが、ブランコの仕組みだ。

なるほど。本人が気づいていないだけで、「逆側へ回帰するエネルギー」を貯め込んでいますね。

悪魔　なぜなら、エネルギーも「プラス」と「マイナス」の2つでセットだからだ。

「プラス」だけを貯めることなど絶対にできない。

前へ進めば、逆向きのエネルギーが同量だけ内部に貯まるのさ。

「善い行い」をしている者ほど、悪いことを考えている。

蓄えた「悪いことをするはずみ」でパンパンだ。

断食している者ほど、食べモノのことを常に考えている。

「再び食べたいはずみ」でいっぱいだ。

みつろう

あぁ。僕はよく断食するんですが、たしかに。断食が終わると、逆にバカ食いするので妻に「意味あるの？」って言われます。本人は「断食してる」と思ってたけど、「食べるためのはずみ」を蓄えていただけなのか。バカみたい。

悪魔

片側のエネルギーしか観えてないのさ。この世の全てには「プラス」と「マイナス」の両端が内包されていることを見抜け!!

「得た」モノなら、絶対にいつか「失う」。

それがたとえどんな「モノ」であれ、「地位」であれ、「関係性」であれな。

車を「得た」なら、いつかは「失う」。

土地も「得た」なら、死んだタイミングで「失う」。

命も「得た」なら、いつかは「失う」。

例外なく「得た」なら、「失う」運命にあるのさ。

だから、ブランコの全体が見えている者なら、こう言う。

得たのではなく、失い始めたのだと。

生まれたのではなく、死に始めたのだと。

みつろう

付き合い始めたのではなく、別れ始めたのだ。


さすが、悪魔。メチャクチャ夢がない発言ですが、その通りですね。

「オンギャー」と生まれたようで、それは「死に始めた」とも言える。

手に入れたようで、それは「失い始めた」と言える。

付き合い始めたカップルは、「別れ始めた」。

どれほどアツアツのカップルでも、いつかは別れる。おじいちゃん・おばあちゃんまで続いても、どちらかが亡くなる時には別れることになる。


始まったのではなく、終わり始めたのか。

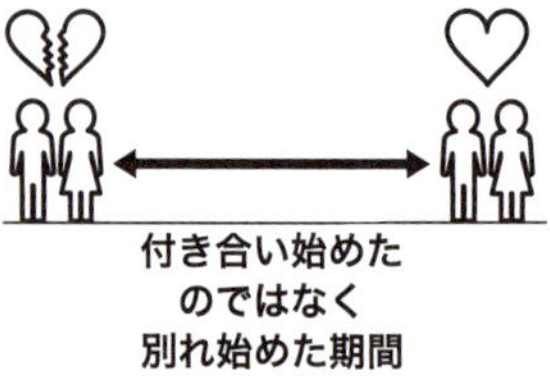

悪魔　これが、ブランコに乗った者の宿命なのさ。

この世界の中に入って行くということは、「ブランコに乗る」ことを意味するから、誰もこの『ブランコの法則』からは逃れられない。

ブランコから、降りることはできないからだ。

ところが、ブランコに乗っている者の態度なら、乗りながらにして変えることができる。


ブランコそのものを、楽しむのだ。

この世、そのものを楽しむのだ。

ブランコ全体を見る者は、苦しまない

みつろう　どういうことです？
僕らは、この人生ブランコを楽しんでいるつもりですけど？

悪魔　いいや、ブランコの楽しみ方が、分かっちゃいない。

だから、「良いことばかりが、起これ！」なんて願うのさ。
「ポジティブなことばかり、考えよう」とか平気で言うのさ。
最近では、そんな不可能で不可解な教えばかりじゃないか。
「良いことだけを引き寄せる未来実現ノート」も、
「悪いことを二度と寄せ付けない、驚異のおまじない」も、
この世界のシステム的に不可能じゃないか。

みつろう　なるほど。

片側だけを望む姿勢が、まちがっているということですね。

悪魔　そうだ。なぜなら、それはあり得ないからだ。
前にだけ進むブランコは、あり得ない。
コインから「表面」だけを切り取ることはできない。
「幸せ」が成立するためには、
「不幸」が絶対に必要なのだ。
だから、真のブランコ乗りの態度はこうなる。

みつろう　つぷ（笑）!!　ちょっと、待って。

「真のブランコ乗り」って表現めっちゃウケます。

サーカス団じゃあるまいし。


悪魔　「待たせたな、俺が真のブランコ乗りだ。ガキは、あっちへ行ってろ！」って夜な夜な全国の公園に出没する変質者を想像しちゃいました。

ブランコの乗り方も知らずに、この世界に入ってきてしまった貴様らのほうが真の変質者だ。

まるでピエロだよ。

「前にばかり進めばいい！」と願いながらこぐから、後ろへ揺り返した時に落胆する。

「こんなはずじゃ、なかったのに」と。


「どこまでも、前にだけ進むはずだったのに」と。

「あの本には、良いことだけが起こるって書いてあったのに」と。

乗る者の態度が、まちがっているから、苦しむのさ。

「特定の方向」だけを期待するな！

真横のここから見たブランコは、右と左に揺れているだけだ。

「右」のほうが良いなんてない。

「左」のほうが良いもあり得ない。

「右」と「左」の価値に、差などないのだ。

ところが、ブランコに乗っている者はなぜか、

「前＝良い」

「後ろ＝悪い」

という幻想を観ている。

みつろう 本当だ、そうやって1つの方向だけを期待するから揺り返した時に落ち込むのに。

ブランコの「右」と「左」に良さの違いなんてないのに、バカみたい。

悪魔 では、バカの日本代表であることを思い出させてやろう。

貴様に、質問する。

失ったり
得たり
苦しい…
どっちも同じだったのか……

みつろう　「金持ち」と「貧乏」はどっちがいい？

悪魔　金持ちに決まってるじゃん！

みつろう　ほらな、ブランコ乗りの視点に戻った。

「右」と「左」に差などないと言っておいて、「金持ち」と「貧乏」に質問を変えると、**特定の極だけを支持する。**

特定の方向にだけ進めと願い、揺り返して落ち込む。

悪魔　マジだ、くっそー。引っかかっちまった。

みつろう　ブランコに乗っているかぎり、どうしても「どちらか一方」を支持してしまうのさ。

そんな時は、夜な夜な公園にでも行って、ブ・ラ・ン・コ・を真横から眺めたらどうだ？

変質者のようだから、警察を呼ばれるかもな。

悪魔　イーッヒッヒ。

みつろう　おまわりさんが「ここで何してるんだ？」って言ってきたら、

「今、『右』と『左』に価値の違いが本当にないかチェック中です！」って言おうかな。

まぁ、まちがいなく、捕まりますね……。

「その時、ザラメちゃんがブランコから落っこちて泣き始めた。」

みつろう お、大丈夫かザラメ。

おぉ、良かった。かすり傷も付いてないぞ、大丈夫だ。

ザラメ うえーん。

みつろう 泣くほど痛そうな傷には見えないけど、どうして泣いてるんだい？

ザラメ 痛いんじゃなくて、悔しくて。

みんなはもっと上手にブランコから着地できるのに、ザラメは失敗したから。

みつろう **失敗したんじゃない、成功し始めたんだよ。**

ザラメ え？ どういうこと？

みつろう いいか、「**右**に進もうマニアさん」と、

ザラメ

「**左**に進もうマニアさん」がいたとするよ。

みつろう

変なマニアだね。

右マニアは、「右に1つ進む」とめっちゃ喜びます。

→1

だって、栄誉ある〔右〕を1つゲットしたんだから。

こいつが「さらに右に3進んだ」日なんて、号泣するぜ？

→1→2→3→4

今や彼は、〔右〕を4つもゲットしてるんだから。

ところが、これを左マニアさんが見ると、

右（→）に4つ進んでいると言うより、

大事な左（←）を4つも失っていることになる。

世界は、こうやってできているんだよ。

右マニアは、言う。

「俺は、右を４も得たぜ!!」

左マニアは、言う。

「アイツ、左を４も失っている!!」って。

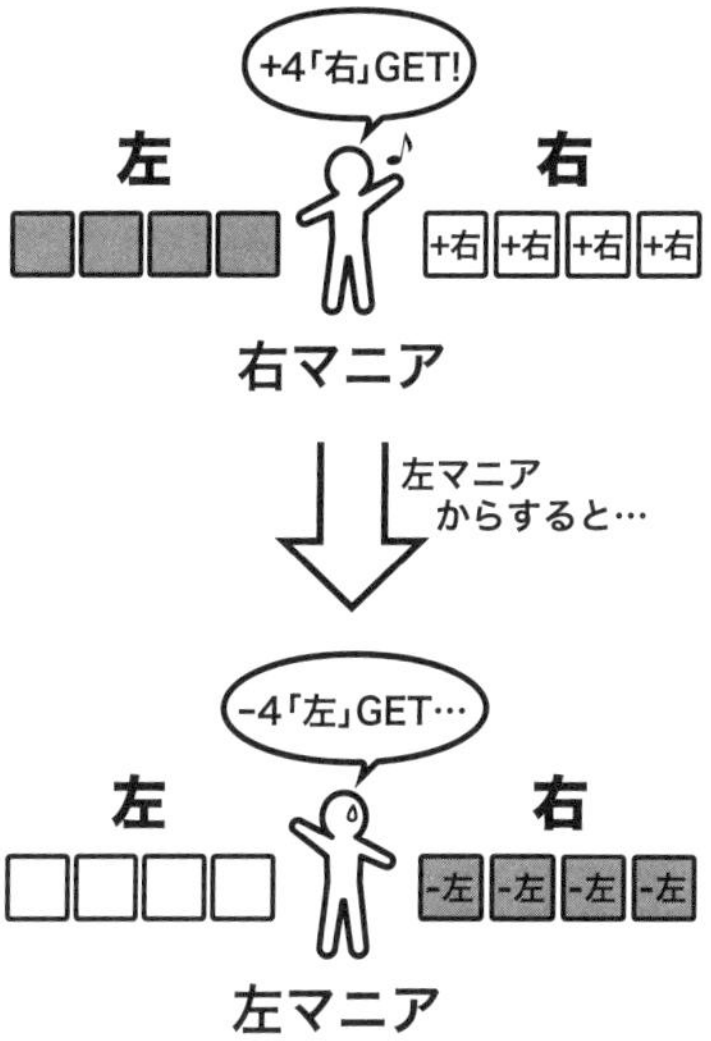

後から振り返ると、全部が「イイヒ」

ザラメ どっちが、大事ってことはないってこと？

みつろう そうだ。世界中、マニアだらけだ。

勉強マニアからしたら、

「10時間も勉強した！」＝【勉強】メダルを10もゲットした！

ってことになるけど、遊びマニアがこれを観ると、

「10時間も遊ぶ時間を逃した」＝【遊び】メダルを10、失ったことになる。

得ているようで、逆側の何かを常に落とし続けているんだよ。

だから、結局はトータルすると何も変わらないのさ。

どちらかの方向へ「3」進んでいるようで、

それは逆側の方向性を「3」失っているだけさ。

「3良いこと」があったようで、

「3悪いこと」を逃している。
「3楽しい日」があったようで、
「3つまらない日」を失っている。
じゃあ、質問ね。
「10日間も、楽しい日が続いている！　ラッキー!!」
って騒いでる人がいる。何マニアさんだ？

ザラメ　楽しい日マニアさんじゃない？

みつろう　そう。じゃあ彼女を、つまらない日マニアさんが観たらなんて言う？

ザラメ　**大切な「つまらない日」を10日も失っている!!**

みつろう　ピンポーン。じゃあ次の問題ね。
「私は、とっても立派だエッヘン！　立派な証拠を、10も持っている！」って人は
何マニアさん？

ザラメ　立派マニアさん！

みつろう　そう。立派マニアさんは、「立派」を10ゲットした。

賞状もらって、先生に褒められて、資格を取って。

ところが、それをくだらないマニアさんが観たら？

ザラメ でも、パ〜パ〜。くだらないことが好きな人なんて、本当にいるの？

みつろう いるんだよ。俺の友達の警察官は、うんこ投げるだけで笑うって言っただろ？

アイツは、**くだらないことが起これば、起こるほど幸せになる。**

すなわち、くだらないマニアさ。

でも、自分で気づいてないから「立派」を集め始めたけどな。


ザラメ そうか。じゃあ、くだらないマニアさんが観たら、

「10もの立派なメダル」を手に入れたんじゃなくて、

「10ものくだらないメダル」を失ったことになる!!


みつろう ピンポーン!!

そして、最後の質問ね。

誰がパパの大切なザラメちゃんを「成功マニア」にしようとしたんだい？

そんな悪趣味な奴、パパが殴ってやる。

ザラメ　そうか、【成功】だけをゲットする必要がないってこと？

みつろう　そうさ。**「10もの成功」を得たようで、実は「10もの失敗する機会」を失っている。**そいつ、絶対にエジソンにはなれないぞ。

ザラメ　誰？　エジソンって？

みつろう　お前、幼稚園生にもなってエジソンを知らないのか？

世界で一番の、「失敗マニア」さ。

失敗が好きでたまらなくて、たまーに成功したら、めちゃブチ切れたそうだよ。

「成功なんか、してる場合じゃない！」って。

ただ世間は、彼の集めた大切な「99回の失敗」よりも、「たった1回の成功」のほうを賞賛したんだけどね。

世界中に、成功マニアがいかに多いかって証拠だよね。

【失敗】も、大切なメダルなのに。

ザラメ　かわいそうだね、そのエジソンさん。

みつろう　大丈夫、全く世間の目を気にしてない人だったから。

いいか、ザラメ。パパは、ザラメよりもいっぱい生きてきた。

今日まで、1万日くらい生きてきたかなぁ〜。

で、思い返してみるとね。その毎日のスタートの朝には、「今日が楽しい1日になればいいのに!!」と思って生きてきた。

ザラメ 楽しい日マニアだ!!

みつろう そう。ところが、多くの日が、楽しい日だけじゃなかった。

悲しい日、悔しい日、虚《むな》しい日、苦しい日。

色んな日がパパにはあったんだ。

さぁ、楽しい日マニアのパパは、毎日どう思ったと思う?

ザラメ つまらなかったでしょ。だって、「楽しい日」を集めたいんだから。

みつろう そうなんだ、「楽しい日」以外は、つまらなかった。

だけど、今ここで、過去の1万日を振り返るとさぁ〜。

なぜだか、全部が楽しい日なんだよ。

悲しかったあの日も、楽しい思い出なんだよ。

悔しかったあの日も、なんだか笑えるんだよ。

苦しかったあの日も、とても大切な思い出なんだよ。

要するにね、神さまはやっぱり、「楽しい日マニア」だと思うんだ。

そしてアイツこの宇宙でめっちゃ最強だから、過去の全てのマニアをひっくり返して、**結局は全部を「楽しい思い出の日」に変えちゃう**んだよ。

だから、ザラメが何マニアになっても大丈夫だよ。

たとえ、親や先生の言うことに染まって、「楽しい日マニア」になったって、大丈夫だ。

楽しい日マニアの所には、楽しい日以外もいっぱい来る。ブランコはかならず、揺り返すから。

だから、その日々の中にいると、逃げ出したくなることもあるだろう。

でも、絶対に絶対に、後から振り返ると、全部が「イイヒ」に変わるんだ。

宇宙最強のマニアが、俺らの味方なんだから。

だから、君が何マニアになっても、パパは安心してるよ。

ザラメ なら、ザラメは、くだらないマニアになりたい。

くだらない人が、一番笑ってる気がするから。

みつろう めっちゃ、いいじゃんソレ!!

ウンコより大切なものは、この世にはないもんな！　できるかぎりくだらない日を集めよう！

ザラメ じゃあ、パパの人生で、今までで一番くだらなかった日のこと、教えて。

みつろう それ話し始めたら、4年はかかるぞ？

パパよりくだらない人間なんて、どこにもいないんだから。

キングオブ、クダラナイ、ニンゲン。

略して、「何者でもない者」だ。

ワーッシャッシャ！

ザラメ どこを、どう略したの？

カラスが鳴いたら、帰る時間。夕焼け小焼けで、日が暮れて。
カラスが鳴いたら、帰る時間。
くだらない日の会話で盛り上がりながら歩く親子の耳には、
そんなカラスの鳴き声も入らなかった。
笑いながら並んで歩く2人だったが、人生を力強く切り拓《ひら》き
始めた小さな勇者はパパを置いて先へと歩き始めた。「私のほ
うが、足が速いよ」と。
その距離が遠く離れ、夕陽で長く伸びる娘の影さえパパに届
かなくなった頃、悪魔はささやいた。

悪魔

貴様は、講演しているだけあってトークは上手いんじゃな。
人間には、色んな種類の日があるが、苦しみを、むりやり「楽しもう」とする奴
らはまちがっている。
苦しみの正しい「楽しみ方」は、苦しむことなのだ。
悲しみの正しい「楽しみ方」は、悲しむことなのだ。
要するに、お前ら人間どもはもう全員が完璧にできているのさ。その日々におい

て、すでにな。
1人残らず全員が、「楽しみ」ばかりを追っている。そして、そのせいでちゃんと揺り返しに苦しんでる。
「ポジティブ」ばかりを求めて、ちゃんと「ネガティブ」な日がやってきて、泣いている。
だから、そのままで実はもう誰もが、できているのさ。

貴様らは全員、そのままの態度で「真のブランコ乗り」だ。

だから安心してこれからもその日々をこぎ続ければいい。

みつろう
「悲しみを悲しもう。
苦しみを苦しもう。
苛立ちを苛立とう。
楽しみを楽しむためには、それが必要です」

（※『毎日が幸せだったら、毎日は幸せと言えるだろうか？』ワニブックス刊　より）

かぁ。

てか、また僕の詩集からパクったんですよね？

良い趣味だとは思えないなぁ〜、語尾がおかしな悪魔さん。

悪魔　消すぞ。

みつろう　消せるわけないじゃないですか。こんなすてきな日々を。

あなたが。

これまでの教え

毎日が、「良い日に」なればいいのにな。

そのままでいい（善の教えのままでいい）。良い日だけを求めるせいで、「悲しい日」も「苦しい日」も訪れるだろう。

だが結局、その全部が「イイヒ」になるのさ。イーヒッヒヒヒヒ

閣下の

失敗して落ち込みそうになった日に効くネット画像

a way to blow away your anger

この世のモノ全てに、両極が存在している。それなのに貴様ら人間は、なぜか特定の「極」ばかりを待ち望む。

「ポジティブ」を「良い」を「高い」を「楽しい」を「成功」を。

その、片側だけを支持する姿勢が、『逆側』が揺り返した時の失望につながる。

ブランコの全体像が見える者なら、「片方」を得ているようで、もう「片方」を失っているだけだと分かる。

「失敗」しているようで、実は「成功」し始めているのだ。

「失いつつ」あるようで、実は「得始めて」いるのだ。

そこで、「一極マニアさん」から「両極マニアさん」になるために、インターネットでエジソンの画像を検索して覚えろ。そして、そのエジソンの顔をイメージして何度もこう叫ばせる。

「くそっ！　また成功してしまった!!
私は今、成功なんか
している場合じゃないのにっ!!!」

すると、特定の「良い」とされる方向だけを支持する姿勢が、徐々に崩れ始めるさ。

第8章

『宇宙システム』の始まり

※『人間スーツ』の存在を信じられる人は、この章を読み飛ばして第9章へ進んでください。

『宇宙システム』の始まり

世界は脳の中にある

――「わたし」が始まる時

朝でも、物思いの旅からの帰還でも、いつでも。

「わたし」が始まる時、いつも同時に「せかい」が始まっている。

「わたし」のスタートと同時に、目の前には常に「せかい」が起動されている。果たしてこの「せかい」とやらは、「わたし」が始まる前にも本当にあったのだろうか？

生まれる前は？　寝ている時は？　意識の焦点を合わせていなかった期間は？

誰かに聞けば、きっと「あった」と言うだろう。

「せかい」は、あったと。

でも、その誰かのコトバは、「わたし」が今、聞いている。

問いたいのは、この「わたし」が発生していない時の「せかい」の実在性なのだ。

「わたし」なしでは、「せかい」を確認する方法がない――。

「せかい」を確認しているところには、いつでも「わたし」がいるのだから。

朝のまどろみの中で、「世界は私と同い年」と言った教授の感覚が、なんとなく分かった気がした。

カデル 聞いてる？　みつろう！

みつろう あ、ごめん。ちょっと意識飛んでたわ。てかさぁ、一晩かけて俺に映画『マトリックス』の内容を話す必要ある？　もう、空が明るくなり始めてんじゃん！　寝かせてくれよ。

カデル ダメだ。要するに映画『マトリックス』ってのは、**この「せかい」ってのはただの仮想現実だよ**ってことを指摘してるんだ。**全部ウソだよと。**

みつろう　世界がウソ？　あるじゃん、世界はちゃんとここに。

カデル　カデル、お前さぁ、映画の見すぎなんだって。

そんなことはない。これは映画の中だけの話じゃないんだぞ。

実際にアメリカの大学で、人間の脳に電極をつないで「バーチャルリアリティ」を創出することに成功している。

みつろう　なんだ？　ばーちゃんナントカって？

カデル　「仮想《バーチャル》（ウソ）の現実《せかい》」ってことだ。

そもそも、「せかい」ってなんだと思う？

みつろう　いや、これのことでしょ？

世界って、これじゃん。

カデル　どれよ？

みつろう　いやだから、この部屋とか。ベッドとか。部屋の外の雪とか。星空とか。ほら、今外を通った除雪車とか。全部が「せかい」じゃん。

カデル　そう。「せかい」ってのは**認識《にんしき》できるモノ**のことだよな？

みつろう なんだ？　認識できるモノって？

カデル 簡単なコトバにすると、**存在の確認が取れるモノ**のことだ。
ベッドは、目で見ればそこに「ある」って確認できる。
雪は、手で触ればそこに「ある」って確認できる。
こうやって、**「ある」と確認できるモノの集合体のことを、「世界」って呼んでるんだろ？**

みつろう そりゃ、そうじゃん。目では見え「ない」ものなら、世界にはないんだから。

カデル じゃあどうしてお前は、目では見えないのに外の除雪車を「ある」って確認できたんだ？

みつろう さっき、窓の外にも世界があるって確認したじゃん。
だって、除雪車の音が鳴ったから。

カデル そう。耳で、「ある」と確認したんだろ？
じゃあ、耳をふさいで、アイマスクしたら世界は確認できなくなる？

みつろう 目をつむって、耳をふさいでも、手で触れば「雪がある」って確認できるよ。

世界には、雪がある。

カデル じゃあ、手を縛ったら？

みつろう 見なくても、触らなくても、匂いを嗅げば「カデルが世界にいる！」って確認できるぜ？

カデル じゃあ、鼻をふさいだら？

みつろう 俺今、どんな状態なんだよっ‼ 目隠しされて、耳せん入れられて、手を縛られて、鼻にティッシュ詰め込まれてるんだぞ！ イジメかっ‼

カデル ほら、昨日一緒に見たバラエティ番組『芸能人格付けチェック』で、芸能人が同じ状態だったじゃん。そして、「高級食材かどうか」を当ててた。

みつろう あぁ、分かった。ベロだ！ 見えなくても、聞こえなくても、匂いがなくても、味がしたから何かが「ある」って確認できる！ 「ある」ことが確認できたんだから、それは世界だ。

カデル そう、**この5つが「五感」と呼ばれているセンサーだ。**

「せかい」を「わたし」が確認するための、装置さ。

ちなみに、さっきの状態で縛られたまま、味さえもしなければ、世界ってのはないのか？　なんの確認も取れないけど？

みつろう　いや、俺が縛られて、何も見えなくても、何も聞こえなくて、味さえしなくても、世界はまだあるでしょ。・・・・・・・・・

カデル　どうして、そう言い張る？　証拠は？　世界が「ある」という証拠は？

みつろう　**想像ができる。**

真っ暗でも、無音でも、きっと世界がそこにあるだろうと予想できるじゃん。アイマスクの向こうに、誰かがいるだろうって。

カデル　そう、それが6つ目だ。

「想像する」というのも、「わたし」が何かを確認するための方法だからな。

さぁ、役者が揃ったから、アメリカの実験室に戻るぞ。

まず、センサーで外界に「せかい」を確認する器官は5つだ。「五感」と呼ばれている。

思考は内的なものだがらのぞくが、

人間はこの五感で外界に「せかい」を確認している。

ベッドが見えるから、外界に「せかい」があると主張する。

車の音が聞こえるから、外界に「せかい」があると言い張る。

肉体の5つのセンサーが反応するから、

「わたし」の外側に「せかい」がたしかにあると俺らは主張している。

じゃあ、その外界を確認する各センサーはどこにある？

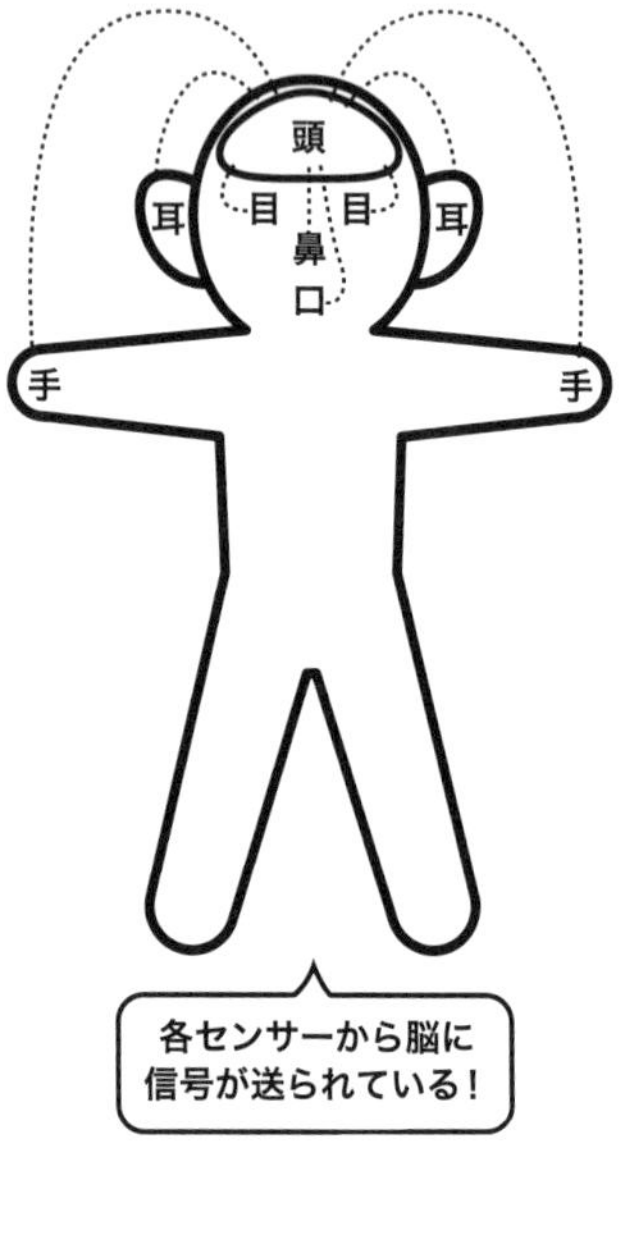

みつろう　目はここだし、耳はここだよ。人間なんだから、外界確認センサーの位置は、みんなと一緒じゃん。

カデル　え？　お前って人間だったの？

そうか。じゃあ、お前の「目」というセンサーの奥は脳につながっていて、電気信号を脳に送り続けている。

「目」以外の各センサーも、信号を脳に送り続けている。

アメリカの実験では、そこに目を付けた。

目から脳に流れる電気信号と、全く同じ電気信号を脳に流すと、脳はなんとそこに世界を見るんだ。

目が見えなくなった人に電気信号を送り、脳内に「映像」を見せることに成功したのさ。

みつろう　すっげーな！

カデル　さらに実験は続き、**「鼻」、「耳」、「舌」、「手」の各センサーがつながる部位にも電気信号を流すと、**脳内に完璧な「世界」ができあがることが分かった。

その「完璧な世界」ってのは、今俺らが見ているこの実際の世界と何1つ変わらない世界って意味だ。

全く同じなのさ。

なぜなら、**今俺らがやってることも、電気信号が「せかい」を脳内に映しているだけ**なんだから。

実は、その人の頭の中にしか「せかい」なんてないのさ。

映画『マトリックス』みたいだろ?

外界には「せかい」なんてものはないってことだから。あるのは電気信号と、その情報を基に**脳内に創り上げられたその人の「せかい」という仮想現実だけなんだ。**

みつろう　なんか、怖い話だなそれ。外側には世界はないのか……。
全ての人の脳内にあるのが、その人だけの「せかい」。
てか、脳に電極をぶっ刺すなんて恐ろしい実験をよくやったよなアメリカは。
さすがバビロン。

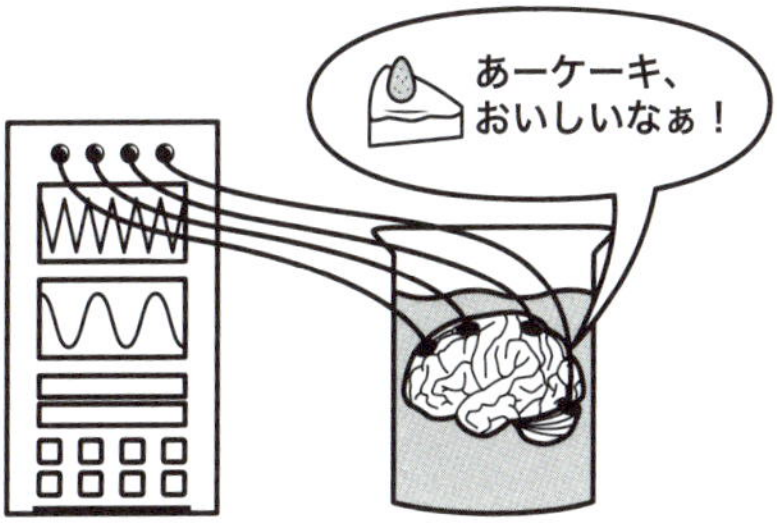

カデル　簡単な実験だからさ。だって、**センサーはたった5つしかない**んだからな。
それ以外に世界の実在性を確認する方法が、人間にはないんだぞ？

「見る（網膜センサー）」
「聞く（鼓膜センサー）」
「嗅ぐ（嗅粘膜センサー）」
「触る（感覚点センサー）」
「味わう（味蕾センサー）」

この５つの感覚器官に電気信号を流すだけで、現実世界と何も変わらない「せかい」が脳内に出現する。というより、実際に俺らが「現実」だと呼んでいるこの目の前の世界が、こうやって創られてるんだよ。

今も。誰の脳内でも。同じ作業が行われているだけだ。外側に、世界なんてない。

あるのは、世界中に置かれている人間スーツの中で、起動された無数の「せかい」だけなんだよ。

「あなた」と世界は、ぴったり同い年

カデル　こうして、脳内に創り上げられた「せかい」を感じる者が「わたし」だ。
だから、**「わたし」と「せかい」は常に同時に発生している**ことになる。

みつろう　え？　なんで？

カデル　だって、「わたし」が「せかい」というモノを感じるのだから。
「わたし」なしの「せかい」は、ありえないじゃん。

みつろう　あぁ、なるほどな。
感じる者である「わたし」がいないと、世界は感じられないもんな。
確認する者「わたし」がいないと、世界は確認されないのか。
……。
ん？
てことは、「わたし」がいない場所には、「せかい」なんてないってことじゃん！

カデル　それをずっと話してるの。人間スーツに入ると、「せかい」と「わたし」が同時に起動されるのさ。片側だけでの発生はありえない。

みつろう　でも、俺が寝てる間もこの世界はあったでしょ？

カデル さっき寝てた時、世界はあったよね？
他人が、「あなたが寝てる間も世界はあったのよ」と言ったとしても、その話を聞いているのは結局「わたし」じゃん。
このケースでも、「わたし」と「せかい」は同時に発生している。
「わたし」が「せかい」を確認している。

みつろう でも、他人に言われなくても、俺が起きる前も世界はあったはずじゃん。

カデル なんで、そう言える？　**みつろうが寝てる間、みつろうは世界を見てないし、世界を触ってない。世界が「ある」ってことを確認できてないじゃん。**

みつろう 想像できる！　起きる前も、世界が「あったはずだ！」って。
俺が寝てる間もこの部屋はあったはずだし、ベッドもあったはずだし、そのベッドの上には美しい俺の肉体も横たわっていたはずだ。

カデル お前が今、それを想像してるんだろ？　じゃあ結局、またもや「わたし」が発生してるじゃん。想像される世界と同時に、想像する「わたし」が発生してる。

みつろう　マジだな。

カデル　例外はないんだってば。

「せかい」と「わたし」は常に同時に発生する。

人間スーツに入ると用意された「せかい」が起動する。

それと同時に、その「せかい」を楽しむ「わたし」も起動していたのさ。

「せかい」というホログラムだけが起動することはない。

それを楽しむ者「わたし」も、常に起動し続けているのさ。

「せかい」が発生している間、「わたし」も起動し続けている。

「せかい」が止まると、「わたし」というプログラムも止まる。

みつろう　これ、すげーな。永田が言ってた「同い年」って、このことじゃん。

常に同時に発生するんだから、発生している時間の合計は一緒じゃん。

「わたし」がない場所に、「せかい」はない。

「せかい」がない場所に、「わたし」もいない。

「わたし」と「せかい」は常にペアで発生する。

世界は常に、「あなた」と鏡の関係

カデル

そして、ここからがこの宇宙システムの一番不思議な点だ。

「わたし」と「せかい」は、常に鏡の関係性になる。

「見る者《わたし》」と「見られるモノ《せかい》」
「聞く者《わたし》」と「聞かれるモノ《せかい》」
「触る者《わたし》」と「触られるモノ《せかい》」
「嗅ぐ者《わたし》」と「嗅がれるモノ《せかい》」
「味わう者《わたし》」と「味わわれるモノ《せかい》」

ほらな。

「せかい」は常に、「わたし」の真逆になっている。

そして、片方だけでは発生できないシステムになってしまうのは、どうやらここにヒントがあるっぽいんだ。

「わたし」と「せかい」の関係性

わたし		せかい
見る者	↔	見られるモノ
聞く者	↔	聞かれるモノ
触る者	↔	触られるモノ
嗅ぐ者	↔	嗅がれるモノ
味わう者	↔	味わわれるモノ

みつろう　鏡が、ヒント？

カデル　いいか、「見る者」だけで発生することってあるか？

みつろう　ねぇよな。

「見る者」が発生したなら、「見られるモノ」が目の前には絶対にある。

だから、そいつは「見る者」だと定義付けられる。

「聞く者」だけでも存在できない。

世界に「聞かれる音」があるから、「聞く者」と定義付けられる。

なるほど、ペアじゃないとダメなのか。そして、「わたし」という五感センサー全てが、そうだ。

「触る者《わたし》」だけでの存在も、無理。

「触らせる何か《せかい》」があるから、私は「触る者」になれた。

「嗅ぐ者《わたし》」だけでの存在も、無理。

世界に「嗅がれる匂い《せかい》」があったから、私は「嗅ぐ者」になれた。

反転した「せかい」が、「わたし」を存在させているのか。

カデル　調べると、逆側もそうなんだ。

「せかい」だけでは発生できない。

「聞かれる音」だけが存在することはない。

それを、「わたし」が聞いたから、「聞かれる音」と表現されている。

「せかい」の前には、常に、「わたし」が発生し、

そして両者は、鏡の関係になる。

しかもこの鏡の関係は、五感センサーだけじゃない。

みつろう　どういうこと？

カデル　6つ目の思考や想像も、真逆になる。

「エッチなことを想像した私」が発生したら、

「想像されるエッチなイメージ図」が発生している。

悩みも、そうだ。

「悩むわたし」が発生したら、

「悩ませるタネ」が発生。

夢や、願いや、欲望もそうだ。

「ベンツを欲しがる」私の前の世界には、「欲しがられるベンツ」が。

「世界に怒った私」の前には、「私を怒らせた世界」が。


俺らの現実って、常に「わたし」の前に真逆の「せかい」が発生し続けている。

みつろう
どうしてこんな単純な関係性に、俺たちは気づけなかったんだろう?

これまでの人生の、どんな瞬間でも、振り返れば鏡の関係じゃん。

「何かを欲しがってる」時は、「欲しがられてる何か」があった。

「俺が海を見ている」時は、「見られてる海」があった。

「殴ってる」時は、「殴られてる」何かが。

常に、常に。

「わたし」の前には反転した「せかい」が映し出されているというめっちゃ単純なシステムだったのに、気づけなかった……。

俺らってバカだったのか……?

カデル

人生は「瞬間」の積み重ねだってことを、見抜けなかったからかもな。

見ている瞬間、見られているモノがある。

聞いている瞬間、聞かれているモノがある。

全てが真逆だ。全てを「瞬間」でとらえれば分かりやすい。どの瞬間も真逆だと。

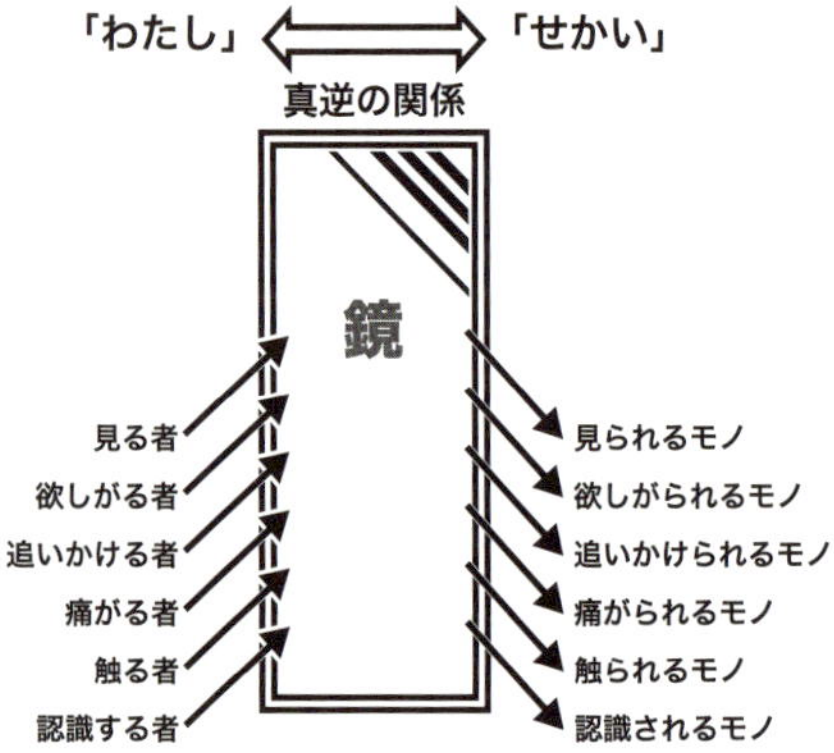

さらに、「瞬間」で考えれば、同じサイズってこともすぐ分かる。

みつろう
「せかい」と「わたし」は同じサイズって、永田が言ってたよな。
でも、俺よりも世界のほうが大きい気がする。
振り返ると、後ろにも世界が在るわけだし。

カデル
「瞬間」で考えると、すぐに見抜けるぜ。
前を見ている瞬間、お前の目のセンサーが感じ取った量が「世界」だ。
だから「わたし」が感じた量と、「せかい」が感じさせた量はピッタリ同じ。

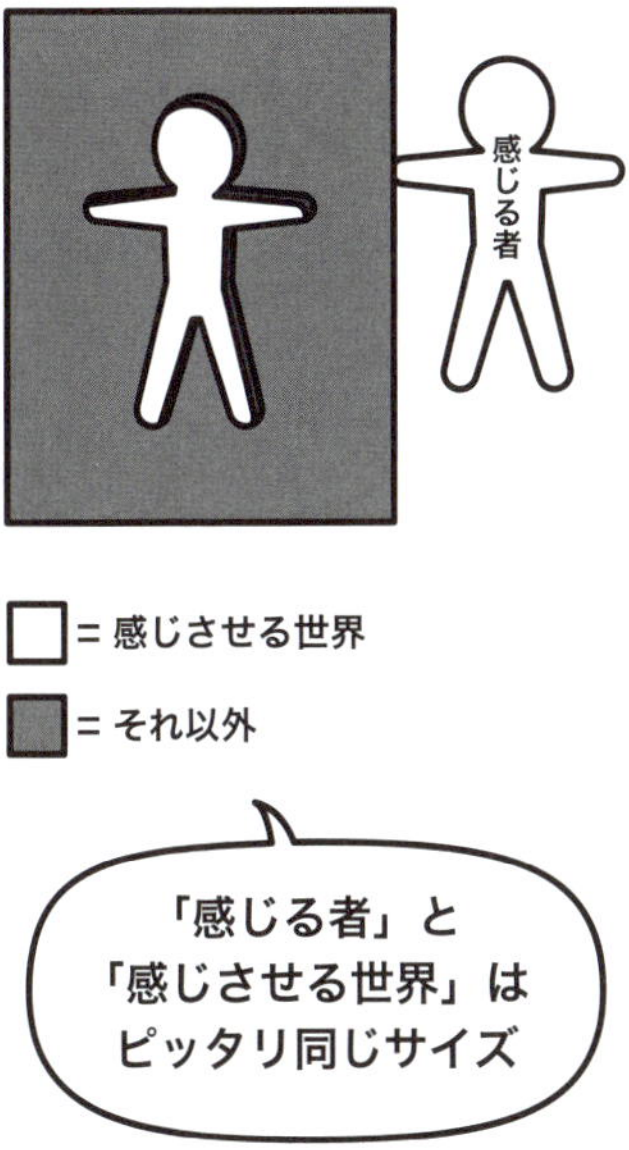
感じる者
= 感じさせる世界
= それ以外
「感じる者」と
「感じさせる世界」は
ピッタリ同じサイズ

次の瞬間、後ろを振り返ったなら、その「瞬間」にもまた、みつろうがセンサーで感じ取った量だけ、「せかい」が発生する。

次の瞬間もそう、その次の瞬間もそう。

全ての瞬間、「感じる者」と「感じさせる世界」はピッタリ同量になってないと、おかしいじゃん？

なるほどな。瞬間で考えれば、「感じる者」と「感じさせるモノ」の量は、常に一緒だな。

「悩む者」と「悩ませるモノ」も同量。

「欲しがるベンツ」と「欲しがられるベンツ」も同量。

「見る者」と「見られるモノ」は常に同量だ。

すげーな、これ。

人間スーツ理論（別名ミツロウ理論）の完成も近いなっ！

①「せかい」と「わたし」は同時に発生し、

②同じ大きさで、

みつろう

③関係性だけが真逆となる。

カデル　これ、まだ世界中の誰も見抜いてないいんじゃないか？
見抜いている人もいるって、永田が言ってたじゃん。話聞いとけよな。
量子力学とかっていう物理の分野では、これを「観測者効果」と言うらしいぜ。
観測者が、観測する前、そこには世界はないと。
そして、一部の学者たちはさらに踏み込んでこう言う。
観測者が、観測することで、世界を発生させたと。

みつろう　すげーな、なんか俺って神さまみたいな存在じゃん。
俺が確認する前に、世界なんてない。
俺がいないと、世界はない。
神って、呼んでいいぞ？　俺のこと。

カデル　断る。俺も、神だ。
とにかく、俺が映画『マトリックス』を基に調べたのは、ここまでだ。

みつろう　お前はいいよな～。

カデル

映画見て、レゲエ聴いてりゃ、卒論になるんだから。

でも、なんでこんな特殊なシステムになったんだろうな？　この宇宙は。

さぁな。俺、バイトあるから行くわ。じゃーな。

宇宙はマジで「たった1つの点」が分離して始まった

［ドアが閉まると同時に、高らかな笑い声が聞こえてきた。］

悪魔　…ッヒッヒ。だいぶ、核心に迫ってきたようだな。

みつろう　でも、宇宙がどうしてこんなシステムになったのかが分からない。

悪魔　よが、『宇宙システム』の秘密を教えてやってもいいが、そろそろ敬語ぐらい使え。14年後の貴様は、よに最敬礼で、土下座しながらよの話を聞いてるんだぞ。

みつろう　絶対、ウソでしょ？　そこまで性格が変わってたら、それはもう別の「人間」じゃん。

悪魔　別の、人間だよ。

毎瞬、違う「わたし」が発生している。

この宇宙の**全ての場所、全ての瞬間に、別々の「わたし」が発生しているんだからな。**

そもそも、「わたし」とは何だろうか？

みつろう　いや、それをあんたに聞いてんの！

悪魔　ほら、今「わたし」が発生した。

私とは、聞く者だ。

世界の音を「聞いてる者」が、私だ。

そして、見る者だ。考える者だ。嗅ぐ者であり、感じる者だ。

主体であり、認識《にんしき》する者を「わたし」という。

みつろう　だよね。海を見ている時、「海を見ている側」が私で、「見られている側の海」が世界なんだから。
「せかい」を確認している側が「わたし」になる。

悪魔　もっと簡単に言うと、

「わたし」とはセンサーの集合体のことなのだ。
宇宙それ自身の、センサーだ。
全ての「わたし」が、そうだ。宇宙に置かれた、宇宙のセンサーだ。
人間だけじゃなく、この宇宙の全ての命がそうなのさ。
そのセンサーを境目に、「わたし」と「せかい」に分離する。
宇宙が、自分自身を「認識」するセンサー側を「わたし」。
宇宙が、自分自身のセンサーによって「認識」される側を、「せかい」と言う。
「見る側」が私で、「見られる側」が世界で、結局はどちらも宇宙自身なのさ。

みつろう　「せかい」も「わたし」も、どっちも宇宙？　なんでこんな、独り芝居をしてるの？
意味不明なんだけど。

悪魔　では、まずはこの宇宙がどのようにしてできあがったかを話そう。
貴様は、ビッグバンを知っているか？

みつろう　当然でしょ。歌って踊れる、韓国の人気アイドルグループです。

悪魔　そうだ。**そのビッグバンでこの宇宙は始まった。今から１４７億年前のことだ。**

みつろう　なるほど。１つ、勉強になったな～。

この宇宙で、ツッコまれずにボケをスルーされることほど、恥ずかしいことはないんだね。

さすが、悪魔。ふざけたことへの仕返しが恐ろしい。

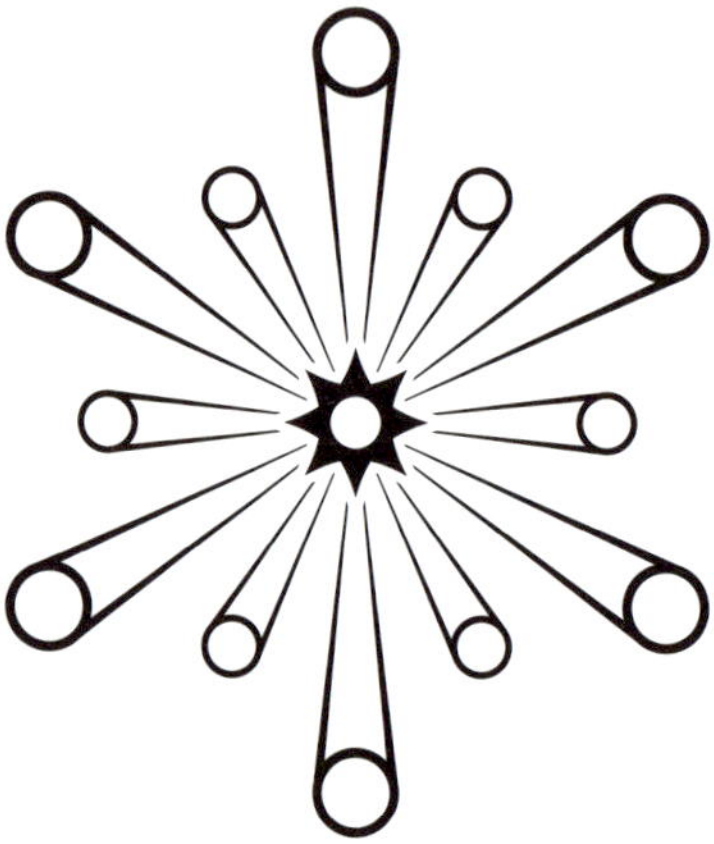

ビッグバン

悪魔　そのビッグバンが起こる前、宇宙はどうなっていたと思う？

みつろう　**ビッグバンという爆発が起こる前の宇宙は「たった1つの点」だった。**
科学者はこの点を、「特異点」って呼んでるんでしょ？
そこまではちゃんと図書館で調べた。
今この宇宙にある全ての物質、全てのエネルギーが、
その「たった1つの点」に収縮していたって。

悪魔　そうだ。**星も、人体も、海も、建物も、今この宇宙に在る全ての物質が1つの点に凝縮されていた。**
ただ、貴様らはそう聞くと「1つの場所に無数の物質が集まっている」イメージをするだろ？

みつろう　え、違うの？　この宇宙にある全てのモノが、お互いに無理やりギュッと狭い場所に集められている点をイメージしてたけど。

悪魔　違う。この宇宙の全てが「たった1点」に凝縮されると、そこは超高密度・超高エネルギーになるから原子核が崩壊する。

要するに、お互いの「境目」が消えるのだ。

そこでは、全ての物質が「1つ」として、存在していた。

みつろう　なるほど、100兆個が1ヶ所に集まっていたんじゃなくて、マジでたった「1個」だったということね。

ビッグバンが起こる前、宇宙は「1つ」だった。

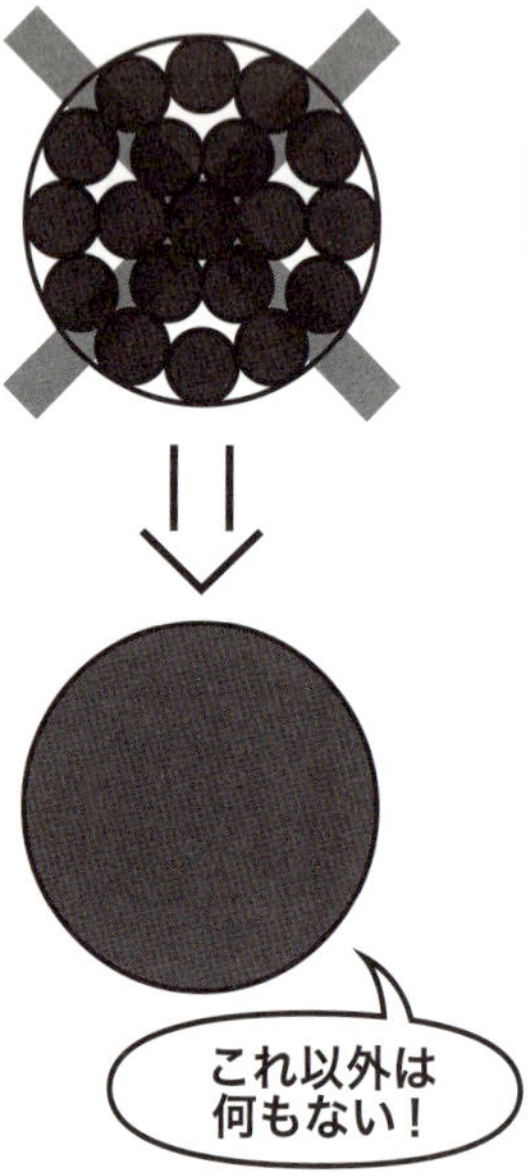

悪魔　そう、1つだ。

それ以外には何もない。そしてこの「特異点」に全てがある。

この宇宙のどんなモノも、この「1つ」がルーツだ。

では、この「特異点」を想像してみろ。


みつろう　えーっと、宇宙の全てが凝縮されて「1つ」になった点……。

宇宙の歴史を徐々にさかのぼって……。

ビッグバンの爆発でバラバラになった40兆個の物質が、20兆個に、20兆個が、10兆個に、10兆個が5兆個に……

そしてついに……全ての物質が、たった1つに融合する……「点」……。

悪魔　さぁ、何が想像できた?

みつろう　なんか、丸いボールみたいな1点の光です……。

白くて、美しい光。

とても、まぶしい。

たった、1点の光……。

愛。そこには…愛しかない……。

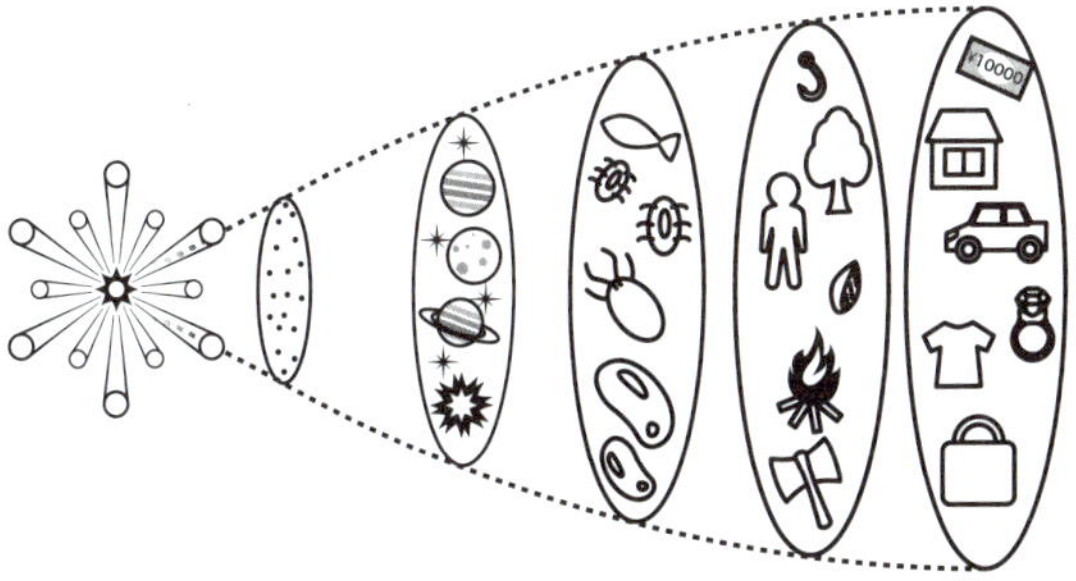

悪魔 うむ。ぜんっぜん、違うよ。
なんだ、愛って？

みつろう 違うんかい！　ロマンティックな想像に浸っていた自分が恥ずかしいわい！
なんだよ「ここには、愛しかない……」って。
恥ずかしさを、返せ！

悪魔 いいか、この宇宙にある全ての物質が集まった点だぞ？

みつろう ルール違反じゃないか。

悪魔 何が、ルール違反なの？　キザな男を演じた自分が？
「この宇宙の全て」なら、想像するお前もその「点」のはずだ。

みつろう あぁ、そうか。**俺もこの宇宙の物質でできているんだから、ビッグバンが起こる前のその「たった1つの点」の中に溶け合ってるのか。**

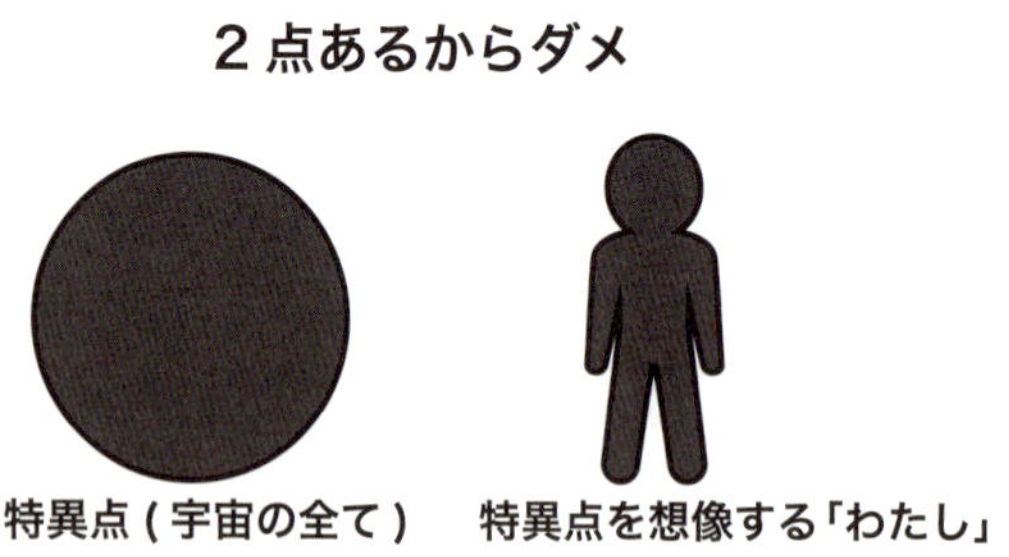

じゃあ、その1つの点の中に俺も吸収されて、境目も消えて「1つ」になると……

ん？　ちょっと待ってください閣下。

その「特異点」って、じゃあ誰にも想像できないんじゃない？

だって宇宙に「それ以外」がない。

宇宙の全てがその「1つの点」なんだから、それを外側から「想像する者」がいない。

そうだ。ビッグバンの前には、「1つ」しかなかった。それ以外には何もない。

ということは、そいつは「想像」することができない。

想像するためには、最低でも「2つ」の物質が必要だからな。

「想像する者」と「想像されるモノ」だ。

「1つ」以外は、何もない宇宙

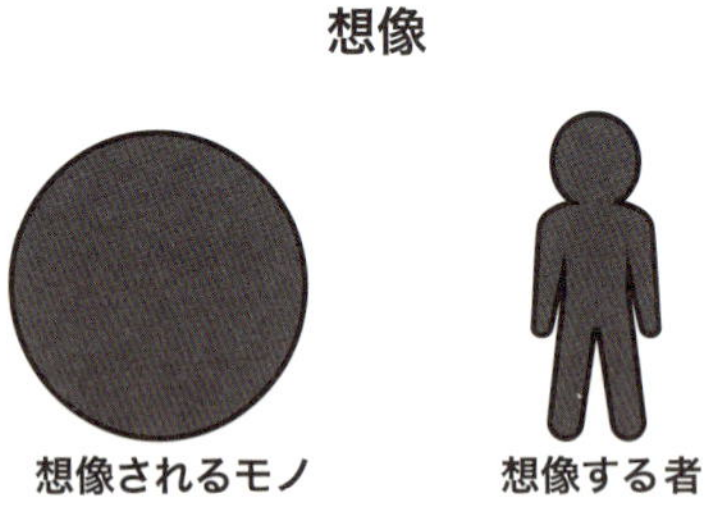

みつろう　じゃあ、インチキ問題じゃん！　俺に不可能なイメージをさせようとするなんて。

悪魔　宇宙の始まりは、まさにインチキだ。

だって、それは何もできない。

「それ以外」がないのだから。

想像どころか、全ての「行為」ができない。

みつろう　そりゃ、そうでしょ。

『見る』ためには、「見る者」と「見られるモノ」が、

『聞く』ためには、「聞く者」と「聞かれる音」が、

『触る』ためには、「触る者」と「触られるモノ」が。

最低でも、2つは必要じゃん。

今、俺はインチキ問題を出した閣下に怒ってるけど、

『怒る』ためにも、「怒らせるモノ（閣下）」と「怒る者（私）」が必要なんだから。

最低でも2つないと、どんな『行為』も起こせない。

悪魔　そう、「1つ」だったそれは何もできなかったのだ。体験すら、できない。
『体験』とは、「体験する者」と「体験させるモノ」が必要になるのだから。

みつろう　**じゃあ、宇宙が始まる前のそいつって、ちょー退屈だったんじゃね？**

悪魔　思い出したか？

みつろう　え？「思い出した」とは？

悪魔　お前が、その特異点なのだ。

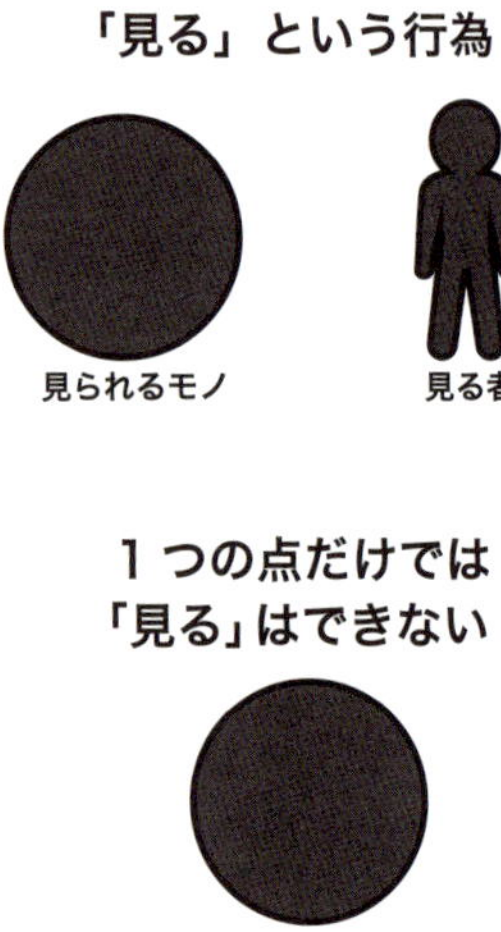

みつろう　あんた、バカなの？　昨日の弁当のおかずが思い出せない男に、147億年前を思い出せと？

悪魔　理論的には、**今俺の身体を構成している全ての分子が、ビッグバン前の「1つの点」の中に含まれていた**ってのは分かるけど、思い出せるわけがないでしょ。

そのうち、思い出すさ。

昨日も、147億年前も、「一瞬前」という同じカテゴリーなんだからな。

とにかく、宇宙は何もできなかった。「1つ」しかないのだから。

そこで、分裂するというアイディアを試してみることにした。

全ての物質は3つの要素から成り立つ

みつろう　なるほど。2つに分離すれば、『体験』ができますもんね。

悪魔　宇宙は全てのエネルギー、質量を振り絞って2つに分離した。

その爆発が、ビッグバンだ。
ところが、2つに分離した宇宙には、大誤算が待っていた。

みつろう　なんですか、大誤算って？　「分裂しなければ良かった」と後悔しても、もう再結成はできないアイドルグループみたいな？

悪魔　**2つに分離した瞬間に、3つになっていたのだ。**

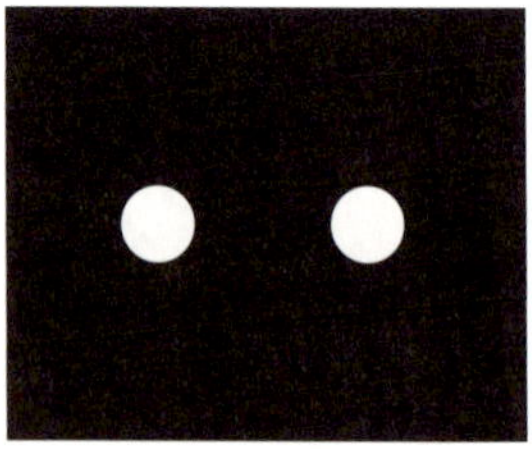
2つに分離する宇宙

みつろう　2つに分離したら、3つになった？　なんじゃそりゃ。

悪魔　「見る者」と「見られるモノ」の2つができた瞬間に、宇宙全体からすると**『見る』という行為を手に入れていることになる。**
「体験する者」と「体験させるモノ」の2つができた瞬間に、宇宙全体からすると『体験』という行為を手に入れている。分かるか？

みつろう　あぁ、なるほど。

宇宙がたった「1つ」でヒマだった頃は、『見る』さえもできなかったもんね。
じゃあ、『見るという行為』も、手に入れたことになるね。
だって、さっきまでは宇宙になかった〝概念〟なんだから。
てことは、宇宙はビッグバンによって、
1番目に「見る者」、
2番目に「見られるモノ」、
3番目におまけの『見るという行為』を手に入れた、と？

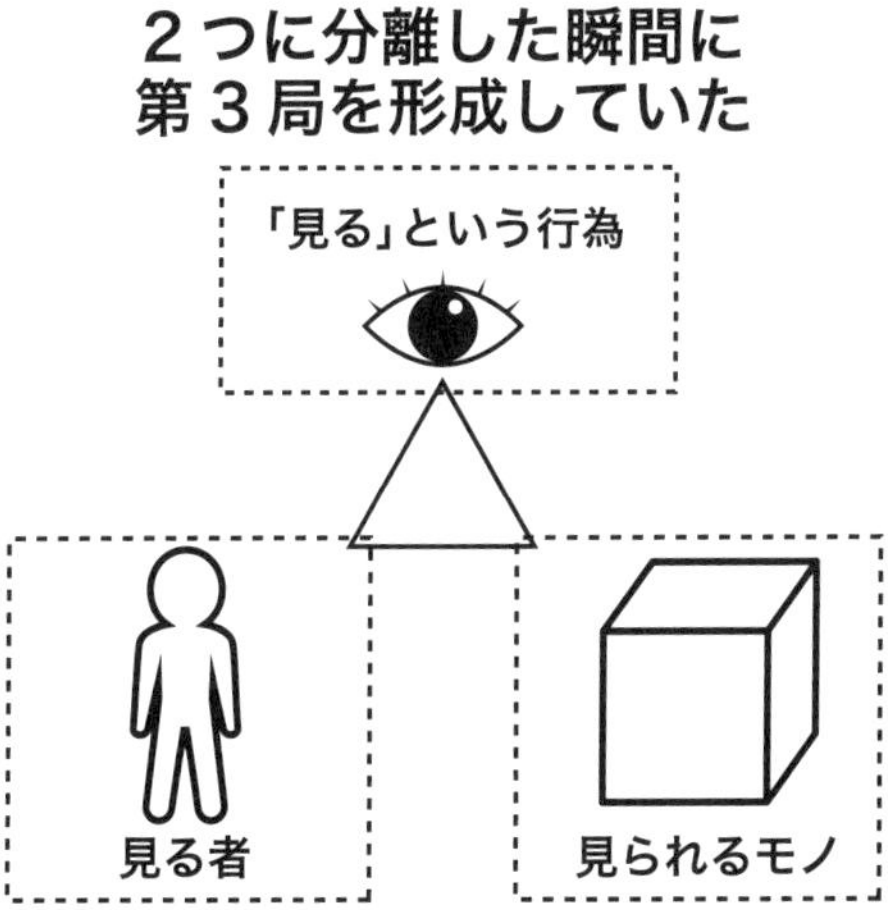
２つに分離した瞬間に
第３局を形成していた
「見る」という行為
見る者
見られるモノ

順番などない。

この3点は、同時に発生する。

例えば、『見る』という行為が宇宙に現れたのなら、そこには絶対に「見る者」と「見られるモノ」があるはずだ。

だからこそ、『見る』という行為が発生している。

『見る』という行為だけが単独で存在することはできない。

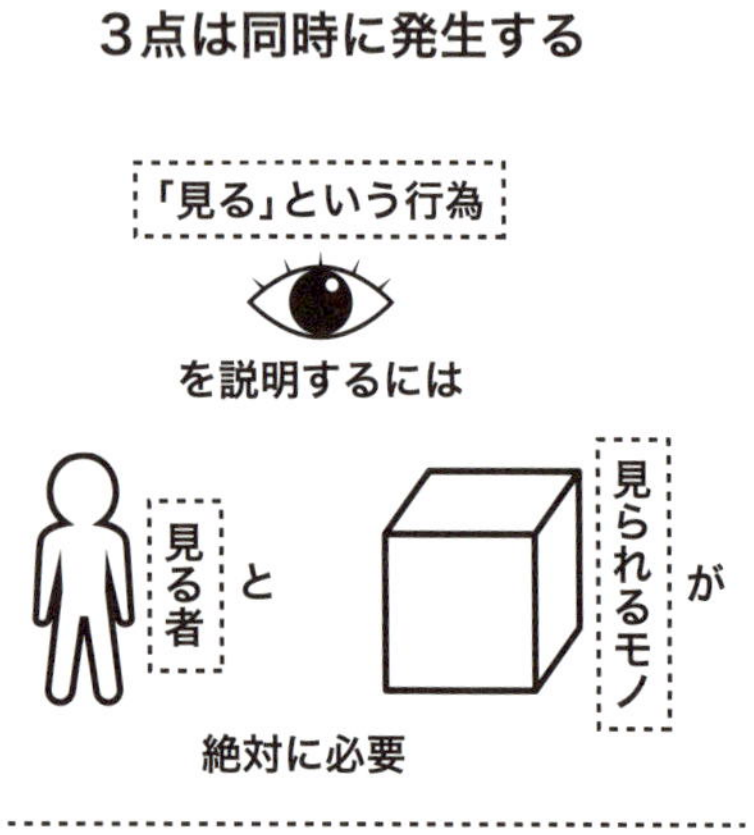
3点は同時に発生する
「見る」という行為
を説明するには
見る者
と
見られるモノ
が
絶対に必要

さらに、「見られるモノ」という対象物も単独では存在できない。

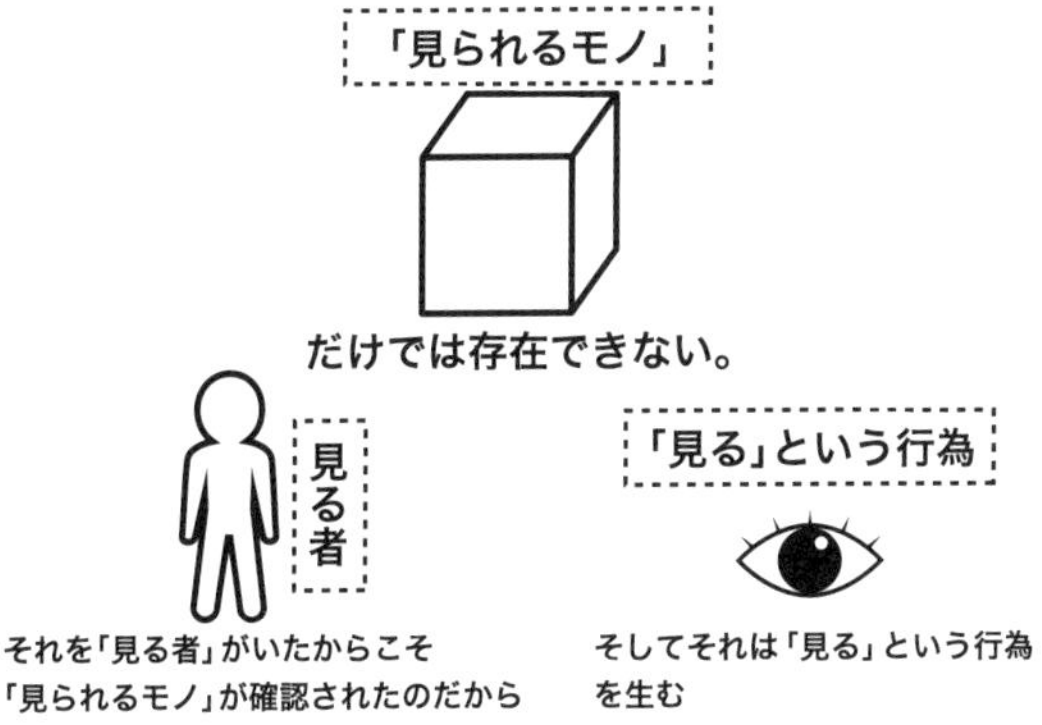
「見られるモノ」
だけでは存在できない。
見る者
「見る」という行為
それを「見る者」がいたからこそ
「見られるモノ」が確認されたのだから
そしてそれは「見る」という行為
を生む

「見られるモノ」があったからには、誰かがそれを『見た』わけだ。

そこには、誰かという「見る者」が必要で、同時に『見る』という行為もできあがっている。

全ては、「3つ同時」に生まれているのさ。

みつろう　なるほど、3つは絶対にセットですね。切り離せない関係なんだから。

こうして宇宙は、「3つのエレメント《要素》」から始まった。

悪魔　それどころか、実は今でも全ての物質が、この「3つのエレメント」からできている。

「1」や「2」だけで存在できるモノなど、この宇宙にはないのだ。

存在とは、「3つ」のことだから。

みつろう　どういうことですか？

悪魔　理論は難しいが、テーブルの脚をイメージすれば感覚で分かるだろう。

1脚でもテーブルは安定しない。

2脚でも不安定だ。

3脚になって初めて、テーブルは安定する。

これが、「3つのエレメント」だ。

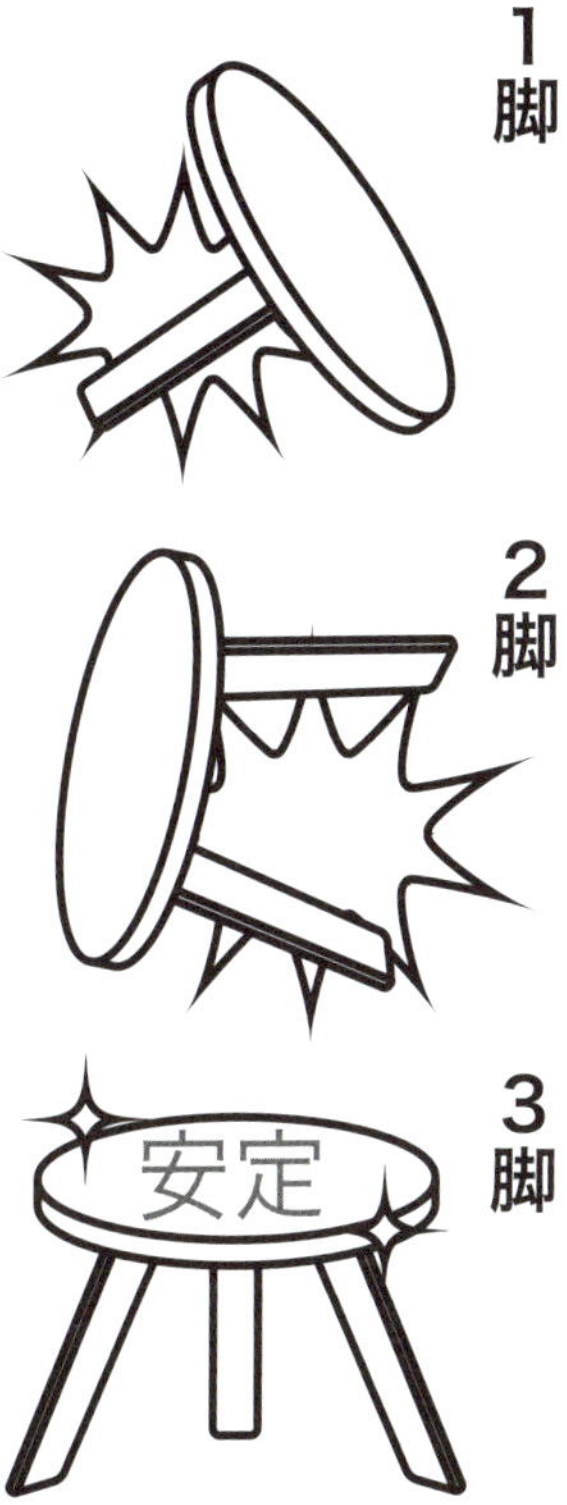

みつろう

物質は「3つ」の要素を抱えていないと存在すらできないのだ。
1つでも、2つでも無理だ。
存在しているなら、それは絶対に「3つのエレメント」から成り立っている。
この話、どこかで聞いたような……。
物質は全てが「3つ」から成り立っているって……。
あ！　カデルの言ってた「ハイレ・セラシエ!!」だ。

悪魔　トリニティのパワー!!　三位一体の話だ!!
そうだ。世界の全ては、「3＝トリニティ」でできている。
そして、**その「分離した3つのエレメント」が1つに合体するとエネルギーへと還って行く。**「無」という「特異点」へな。

みつろう　レゲエすげーじゃん！　この3つのエレメントのことを見抜いてたなんて。

悪魔　レゲエだけじゃない。世界中の神話が、この「3つのエレメント」の話を語り継いでいる。『父と子と聖霊』と『太陽と月と地球』、古事記の『三貴神』。

みつろう　あぁ、なんか永田もゼミで言ってたな。
俺の肉体はタンパク質からできてて、
そのタンパク質はアミノ酸から、
アミノ酸は分子から、
分子は、原子からできている。
そして原子は、「陽子」と【中性子】と「電子」の3つでできてるって。
だから結局、「陽子」と【中性子】と「電子」の3つさえあれ

ば、この宇宙に在るどんな物質でも作れると。

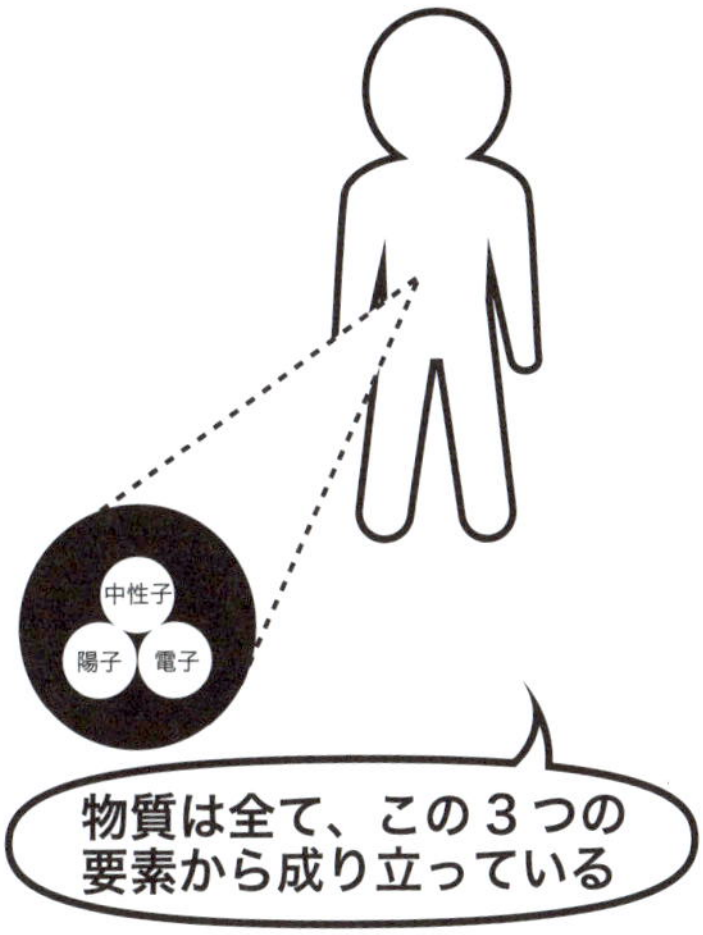
中性子
陽子
電子
物質は全て、この３つの要素から成り立っている

悪魔

そうだ。物質は全て、その3つでできあがる。

でも、この「3つのエレメント」は物質だけの話じゃない。

この宇宙の全てが、「3つのエレメント」から成り立っているのさ。

行動も、思考も、願望実現もな。

例えば、**【認識】**とは、

「認識する者」と**「認識されるモノ」のこと**だ。

【欲求】とは、

「欲しがる者」と**「欲しがられるモノ」の関係性**だ。

【願望】とは、

「叶えたい者」と**「遠くにある夢」のストーリー**だ。

【知る】という行為は、

「知る者」と**「知られていない知識」の出会い**だ。

【お笑い】とは、

「笑う者」と**「笑わせる芸人」の衝突**だ。

このように、宇宙のどの場所の、どの瞬間を切り取っても、この「3つのエレメント」に分類されるのさ。

宇宙自身が、常にこの3点へと分離して現れているのだからな。

宇宙は現れる時、「3つ」になる。そして、戻ると「無」になる。

宇宙に存在する3つのエレメント

行為・概念	主体	対象物
認識	認識する者	認識されるモノ
欲求	欲しがる者	欲しがられるモノ
願望	叶えたい者	遠くにある夢
知る	知る者	知られていない知識
お笑い	笑う者	笑わせる芸人

みつろう　**「三位一体」って、元は〝3つで1つだよ〟って意味なのか。**
「幻想の分離を超えてOneに戻ろうよ」ってボブ・マーリーが歌ってる意味がやっと分かった。

悪魔　まさに、このことを歌ってんじゃゃん！
そうだ。宇宙は昔、「1つ」だったのだ。
Oneだったのだ。
だが「1つ」であるがゆえに、何もできなかった。
さぁ、そんな宇宙の最大の願いとはなんだったと思う？

みつろう　【体験】じゃね？　だって、何もできないなんてヒマすぎる。
『歌って』『踊り』たかったはずだ。

神は歌ったり、踊ったり、【体験】したかった

悪魔　そうだ。宇宙の最大の願いは【体験】だった。

1つであるがゆえに、【体験】ができないのだから。
では、【体験】するためには、何が必要だった？

みつろう
【体験】するためには、
「体験する者（主体）」と
「体験されるモノ（客体）」が必要になる。

悪魔
さぁ、ついに揃ったぞ。

3つの要素とは「わたし」と「せかい」と【体験】のことなのさ。

宇宙の願いは、【体験】だ。【体験】するために、「わたし」と「せかい」が必要だったのさ。
①「わたし」とは、
見る者であり、聞く者であり、感じる者であり、体験する者だ。そう、貴様ら人間のこと。
②「せかい」とは、見られるモノであり、聞かれる音であり、感じられるモノ、

3つの要素の総称

主体	対象物	行為・概念
見る者	見られるモノ	【見る】という行為
聞く者	聞かれる音	【聞く】という行為
体験する者	体験されるモノ	【体験】という行為
認識する者	認識されるモノ	【認識】という行為
↓総称↓	↓総称↓	↓総称↓
「わたし」	「せかい」	【体験】

体験させる場所である。
貴様らが、「宇宙」や「現実」と呼んでいるモノだ。
そして、この「わたし」と「せかい」の分離のおかげで、可能となった【体験】を宇宙は獲得し続けている。

みつろう　なるほど。**【体験】するために、「わたし」と「せかい」に分離するの**か。

悪魔　どんな瞬間であれ、この3つの要素で説明できる。
例えば、貴様が**【海を眺めている場面】**では、
(1) 海を見る者＝「わたし」
(2) 見られる海＝「せかい」
(3) 海を『見る』という【体験】
が発生している。
貴様が**【お金を欲しがっている場面】**では、

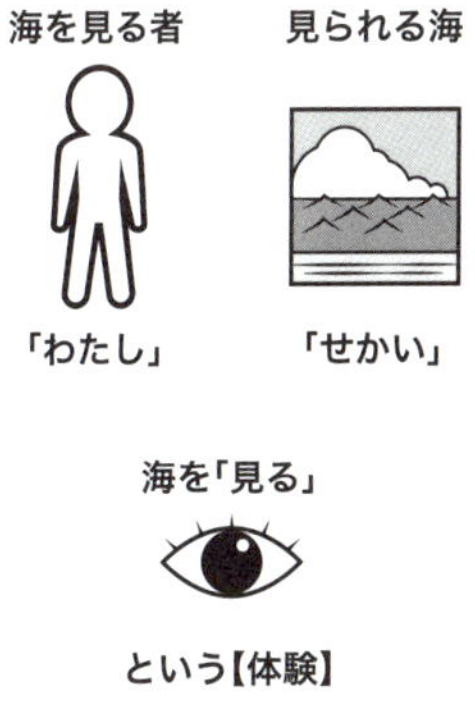

（1）お金を欲しがる者＝「わたし」
（2）欲しがられるお金＝「せかい」
（3）『欲しがる』という【体験】

が発生している。

宇宙のどの瞬間、どの場面においても、「わたし」と「せかい」と【体験】だけが発生しているだけだ。それ以外には、何も発生していない。

みつろう　この3つだけ？　その時ケンジも宇宙にはいるじゃん。

悪魔　この場合、宇宙が【体験】しているのは、

（1）「ケンジもいるはずだ」と主張する「わたし」
（2）「いるはず」とコトバで主張されて

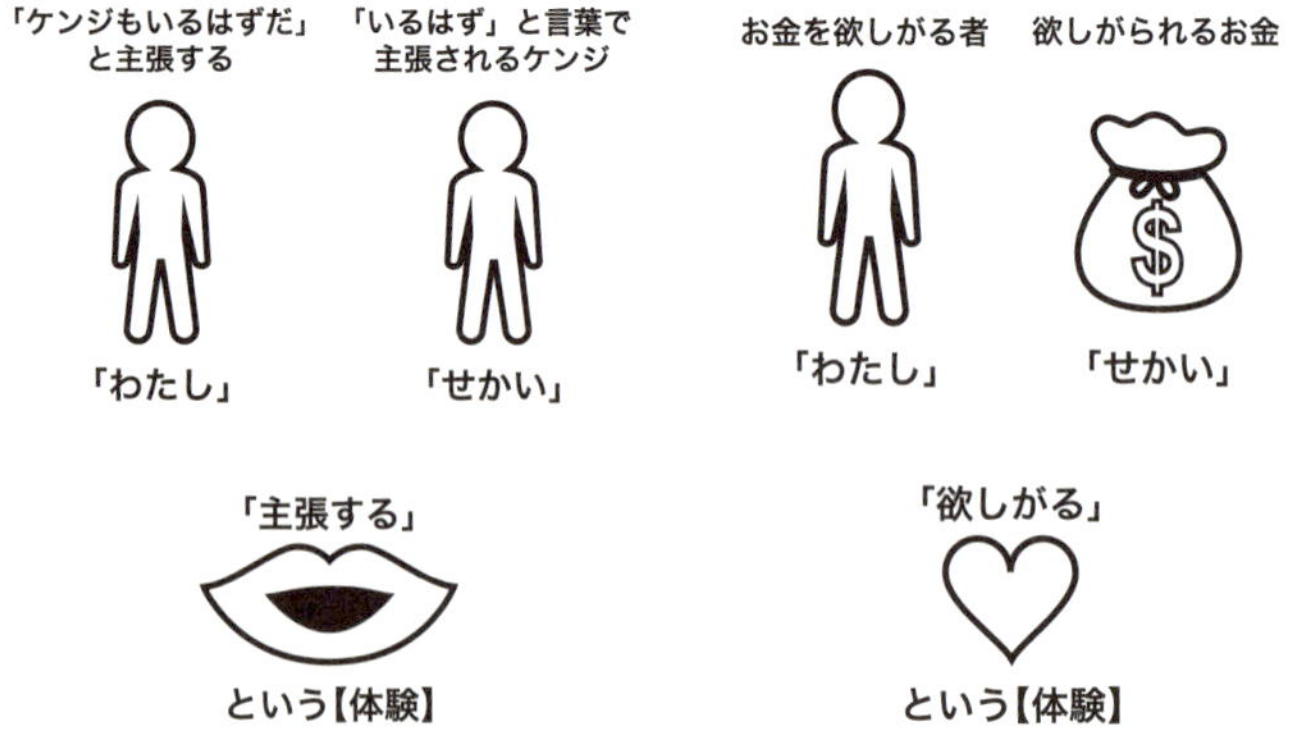

るケンジという「せかい」
(3)『主張する』という【体験】
だけだ。
『主張する』ためには、「主張する者」と「主張されるモノ」が必要だからな。
今宇宙は、『主張』という【体験】を獲得しているのだ。
1つでは何もできなかった宇宙が、3点に分離することでついに『主張』が体験できた。

みつろう でも、ケンジもいるでしょ？

俺が今すぐ家を出てパチンコ屋に行けば、そこにケンジがいるじゃん！

悪魔 その【場面】では、
(1)家を出て走る者「わたし」
(2)走らせる道路という「せかい」
(3)『走る』という【体験】
の3点分離だ。

そしてパチンコ屋に着いた貴様は、こう言うだろう。
「ほら、実体として、ここにケンジの肉体がある！」と。
その瞬間に宇宙で起こっている**【場面】**は、
（1）触る者「わたし」
（2）触られる対象物である「せかい」
（3）『触る』という【体験】
の3点分離である。
いいか、この宇宙の、どの瞬間、どの場面を切り取っても、
「わたし」と、
「せかい」と、
【体験】の、
3点分離以外は、何も起こっていない。

みつろう

マジだ……常に、この3点しか宇宙にはないじゃん。
これ以外が、ない。

失敗と成功を重ねた者だけが、経験者

悪魔 さぁ、話がスタートした地点にやっと、到着した。
なぜ、「わたし」と「せかい」は、真逆の性質になると思う?

みつろう ま、まさか??

悪魔 そうだ。よく分かったな。

みつろう 宇宙はナルシストだからだ!!
常に鏡を見たかった!

悪魔 消すぞ。

みつろう えーっと、待ってよ……。
あ、分かった。そもそも「1つ」しかなかった宇宙が2つに分離したんだから、
〈ここ〉にないモノなら、全部が〈向こう〉にあるはずだよね?
逆に、〈向こう〉にないモノは、全部が〈ここ〉にある。

離婚した夫婦の、財産分与みたいな感じだ！　ピッタリ2つに分けられる。
それはすなわち、「真逆の性質」ということだ。

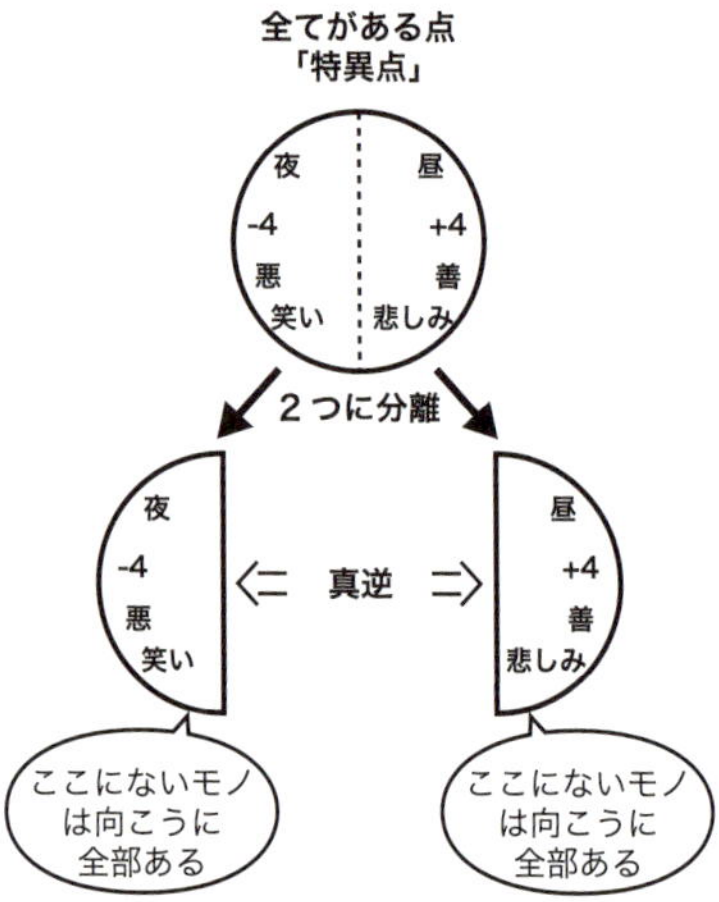

悪魔

上手いたとえだな。宇宙の全てを保有する「特異点」が、2分割されたのだから、〔ここ〕にないモノなら全てが〔向こう〕にある。
ということは、向こうの性質は、こちらの真逆になるはずだ。

「ある」ものは、「なく」、

「ない」ものが「ある」のだから。

「わたし」と「せかい」はこうして、真逆の性質として分離した。

というより、分離したらどうしても真逆になってしまうのさ。

みつろう　なるほど。全てがある特異点だからこそ、分離すると鏡の性質になっちゃうわけですね。

悪魔　そして、「わたし」と「せかい」の関係性のことを【体験】と言うのだから、結論はこうなる。

【体験】とは、真逆の性質に宇宙が分離することなのさ。

「プラス」と「マイナス」の間を、行ったり来たりするのが【体験】だ。

「悪いこと」と「良いこと」の間を行ったり来たりするのが【人生】だ。

「悲しんだ」次の日に「笑い始める」のが、【人間】だ。

【体験】とは、一番性質が離れた二極間を、行ったり来たりする行為なのさ。

みつろう　だからなのか！

俺は沖縄から、北海道の大学へやってきた。

なんかいつも、一番遠い場所を体験したくなる。

そしてそれはいつも良い【経験】になっている。

真逆の性質を体験できたからだ。

悪魔

そう、だから何かを知りたければ、その両極を探査すればいい。

「良いこと」も「悪いこと」も起これば、『経験』と言える。

「栄光」と「挫折」を通った者だけが、『経験』者だ。

「失敗」と「成功」を重ねた者こそ、『経験』者だ。

「失恋」したことがない奴に、「恋愛」の相談なんてできるか？

みつろう

嫌だよね。両極どっちも、知ってないと……。

悪魔

これが、貴様に教えたブランコの法則だ。

全ては、二極を内包しているのだから、ブランコは揺り返すのさ。

反対側の、極へ『体験』を求めてな。

みつろう

え？　ブランコの法則？　なんですか、それ？

悪魔　そうか……。よが、2017年に貴様にパクられそうになった理論なのだが、**ブランコは一番遠い地点を目指して揺れている。**

みつろう　当然じゃんそんなの。**一番後ろにエネルギーを貯めたら、一番前まで行けるんだから。**こんなショボい理論をパクろうとしているなんて、かなりどうしようもない奴ですねそいつ。

悪魔　本人いわく、世界で一番「どうしようもない奴」だそうだ。とにかく、結論が出た。**貴様ら人間どもの日々は、この「極」から「極」への移動ゲームなのさ。**

断食している者は、常に「食べること」を考えている。

持ちすぎた者は、常に「失うこと」を怖れている。

善い行いをしている者は、常に「悪いこと」を我慢している。

このエネルギーの仕組みが分かれば、**人間は常に「いま」「ここ」から一番遠い場所を目指していることが分かるだろう。**

みつろう　なんか、分かります。独り身の時は、彼女が欲しくなる。

でもいざ彼女ができると、1人になりたくなる。

いつも、ここととは違う場所を僕は要求している。


悪魔　この幻想のゲームから抜け出す方法は、簡単だ。

今いる場所がどこであれ、そこを楽しむのだ。

すると、ブランコの揺れは収まってくる。

そして、全く揺れていない点で止まる時。貴様らは、この宇宙の全てを手に入れるであろう。

これまでの教え

難しくても「成功し続けた」人の話を聞こう。

失恋したことがない奴のことを、恋の経験者と言えるのか？

閣下の

世界のシステムを体感するワーク

a way to blow away your anger

「わたし」と「せかい」が、常に鏡の関係性になっていることを体感しよう。

あなたが、「お尻を掻いてる」なら「掻かれるお尻」が、
「水が飲みたい」なら「飲みたがられる水」が、
「アイツが嫌い」なら「嫌われるアイツ」が。
では……

わたし	せかい
Q1.「ケーキが食べたい」なら？	→「　　　　　」
Q2.「仕事をさぼりたい」なら？	→「　　　　　」
Q3.「誰かとキスしたい」なら？	→「　　　　　」
Q4.「お金を寄付している」なら？	→「　　　　　」
Q5.「おならをこいた」なら？	→「　　　　　」

(正解) A1.「食べられたがるケーキ」 A2.「さぼられたがる仕事」 A3.「キスされたがる誰か」 A4.「寄付されているお金」 A5.「こかれたおなら」

第9章 この世は、勘違い合戦

この世は、勘違い合戦

勘違いの数だけ世界ができあがる

「わたし」が発生する前、「わたし」がどのような世界にいたのかなんて、私には分からない。

そこに「わたし」はいなかったのだから。

ただ、「わたし」が始まった後に観えるこの「せかい」が、いかに美しいかについてなら私にだって説明できる。

いや、私にしかそれは説明できないだろう。

ひょっとすると、それこそが「わたし」の唯一の仕事なのかもしれない。

いかに、この「せかい」が美しいか。

いかに、この「せかい」がすばらしいか。

この「わたし」の目の高さから、この「わたし」の耳の位置から、この「わたし」の思考パターンから。

ここからしか観ることができない、この目の前の「せかい」の美しさを。

今日も、宇宙に捧《ささ》げよう。

赤に青に黄色に紫。低いに、高いに、太いに、細い。

ありとあらゆる違いが、私の世界にはひしめき合っている。

悪魔 どの絵も、すてきじゃないか。

みつろう 子どもの絵って、すごい自由ですよね。同じ色彩が1つもない。
「正しい」とされる塗り方、
「美しい」とされる構図、
「理想的」な方向性を、
誰も目指してないいんだろうな〜。

「
2017年、暑い夏の沖縄で、絵を見ていた。
教室の後ろに貼られた、36人の小さなピカソたちの作品。
統一されたルールを誰も採用していないのはすぐに分かった
が、タイトルだけは先生が統一していた。
『夢～私が将来なりたい職業～』
今日は4年生になった長男コクトウ君の授業参観日。
」

「こんな場所でも、おしゃべりな何かは耳元でささやき続けていた。」

悪魔 ただ、もう「善」の勢力に少し染められているな。「正しい」とされる、1つの方向へ。

みつろう そうですか？ まだまだ、バラバラな方向性に観えますけど。

悪魔 **じゃあ、どうして「スナイパー」がない？**

みつろう 閣下……。自分の子どもが、小学校4年生で「夢はスナイパー」なんて言い出したら、親はどんな気分です？

悲しみで目の前が見えなくなる。

それこそ狙撃されてでも全力で子どものその夢を止めるわ！

悪魔 ほら、型にはめている。

どうして、「キャバ嬢」がない？

みつろう だから、あんたバカなんですか？ どうやれば、子どもがこの年で「キャバ嬢」

を知れるんですか？

悪魔　ほら。知る機会を奪っているんだろ？

親がその会話を避けて、「正しい」方向へと導いている。

絵を見て気づかないのか？

36枚の全てが、正義のヒーローかその仲間の職業だ。

マンガにTV、学校に親。さらにはお菓子メーカーまでが一体となって子どもたちに「正義のヒーロー」を目指させた結果だよ。

みつろう　いや、親泣かせの「まさかのスナイパー発言」よりはいいってば。

「世界を平和にしたい」子どもが増えたほうが。

悪魔　このクラスだけでも、30人もの子どもたちが「世界を平和にしたい」と言わされているんだぞ？

どれほど多くの戦争が世界には必要になる？

「ヒーロー」の数だけ「悪」が必要じゃないか。

この教室の後ろの絵を見れば、誰もが分かるだろう。

みつろう
「悪」が世界を悪くしているんじゃない。
「ヒーロー」のために、世界は今日も混乱している必要があるのさ。
まぁ、そうですね。

悪魔
「幸せになりたい人」の数だけ、「不幸」が必要になる。

不幸な人以外は、幸せになれないのだから。

「なりたい」というのは、１つの夢だ。

宇宙は優しい。「なりたい」と思った瞬間に、その目の前でちゃんと「なりたい」を叶えてくれている。

「立派になりたい者」の前には、「立派じゃない私」が、

「幸せになりたい人」の前には、「幸せじゃない私」が。

今ちゃんと映っているはずだ。

その立派じゃない私を、「立派にしたい」のだろう？

その幸せじゃない私を、「幸せにしたい」のだろう？

「立派になりたい」も「幸せになりたい」も、願い通りにちゃんと今叶っている。

願いが宇宙を2分割するのだから、正しい願いを祈るべきだ。

みつろう　正しい、願い方とは？

悪魔　悪魔の祈り方は1つ。

勘違いすることだ。

これ以外に、願いを叶える方法はない。

みつろう　勘違い？

悪魔　そもそも、「現実」は全てが勘違いだ。

人の数だけ、世界ができあがる。

例えば、海。

同じ海を見て、優しい気分になる人も、せつない気分になる人もいる。

もしも「海」の意味が1つなら、誰が見ても同じ答えにならないとおかしいじゃないか。

確固とした「海」というモノが自分の外側の世界にあるのなら、万人が見て、万人が全く同じことを言わないとおかしいだろ？

人の数だけ「海」の解釈が存在する！
泳ぎたい
しょっぱい
せつない

それどころか、「自分の外側の世界」というモノがもしもあるのなら、**世界に対する意見の違いなんて、そもそも1つもないはずだ。**

みんなが〝同じモノ〟を見ているのだから、絶対に「違う」意見が出るわけがない。

ところが世界は今日も混とんとしている。意見の違いだらけだ。

原発対策1つ取っても、なかなか決まらない。

「自分の外側の世界」というモノなどない証拠だ。

みつろう　量子力学においても、

その人が『そう』観たから、

その人に『そう』見えているのが、

世界である。

って言いますもんね。

観測者の数だけ、違う世界ができあがる。

ところがそう言うと、講演会でよくこう聞かれます。

「海」に対する感想は人それぞれだけど、「海」そのものは万人が万人、同じように見えていますよね？　と。

Aさんにとっても、Bさんにとっても海は「青い」はずです、と。

悪魔　**【「海は青い」と言っているBさん】さえも、Aさんが観ているのだ。**

見るモノ全てが、Aさんの勘違いだ。

【海】だけじゃない。

【Bさん】も、
【Bさんの発言】も、
Aさんが観たモノだ。
自分の外側の世界に【Bさん】なんて、いない。
Aさんが自分の脳内の世界に、「Bさん」を創ってるのさ。
その人の目の前の全てが、その人だけが脳内で観ている世界だ。
だから、BさんはAさんが信じている通りに、「海は青い」と言うだろう。
でも、真実は、海に色などない。
そして、【海がある】というのもその人の勘違いだ。
そこに、海などない。
自分の外側の世界には何もない。
自分の外側に、世界がないのだから。

みつろう　全ての元である原子のスープが用意されていて、誰かが観た瞬間に「観たいようなカタチ」に固まるという感じですか？

悪魔　違う。全てが、勘違いなのだ。世界の何もかも全部、全てが勘違いだ。

観測者が意識を向けなければ、そこには何も存在しない。

「そこ」すら存在していない。

物質がそう見えているのは、あなただけに見える「カタチ」だ。

赤ちゃんは、海と空の境界線が見えていない。

どこからどこまでが「海」で、どこから上が「空」なのかを決めていないからだ。

ある日、「ここから上を空と呼ぶのよ」と教えられて、正しい「空」というカタチがくり抜かれた。

そしてそれによって残った部分が、正しい「海」というカタチになった。

何もない目の前の風景から、勘違いした数だけ「カタチ」をくり抜く作業さ。

「ここから、ここまでが○○というカタチである」。
観測者がそう信じたら、その「カタチ」が見えるようになるだけだ。
でも、物質の全て、世界の全てが、そもそも勘違いだ。
「せかい」があるも勘違い。
「わたし」がいるも勘違い。
『勘違い』が起こっている、も勘違いだ。

金持ちは、勘違いヤロー

みつろう
『勘違い』が起こっているのも、勘違い。
もう、ここら辺のややこしい話は般若心経や僕の書いた本に譲るとして、
その**『勘違い』を使って夢を叶える方法**を早く教えてくださいよ。

悪魔
例えば、金持ちになる方法とか！
全てが勘違いなら、

「自分は金持ちである」と勘違いした人が、

「金持ちな自分」という「せかい」を観ているだけだ。

「金持ち」という確固とした事実があるのではなく、その人が自分は金持ちだと勘違いしているだけなのさ。

みつろう　でも実際に、僕は3億円を持っていないけど、金持ちはそれを持っている。

悪魔　金持ちは「3億円を持っている」と勘違いしているだけだ。

そしてお前は、「3億円を持っていない」と勘違いしているだけ。

そこには、「勘違い」の差があるだけだ。

みつろう　じゃあ僕は、「3億円を持っている！」と勘違いすれば、その「せかい」を創り上げられると？

悪魔　常に、3億円が欲しいと願っていますよ？

願うのはどうしてだ？　信じていないからだ。

信じている者は、願っていない。

願っている者は、信じていない。

みつろう　貴様は、「3億円が欲しい」と願っている。だから、叶ってない。
願っていることを証拠に、「信じていない」のさ。
じゃあ、どうやってアイツらは3億円を手に入れたんですか？

悪魔　実際に、「持っている」アイツらです。
勘違いヤローなのさ。キング・オブ・勘違いヤローだ。
そもそも、**この世は勘違い合戦**だ。
「そう」勘違いした者の前に、
「そう」勘違いされた世界が現れるのだから。
「私は背が高い」と勘違いした者が、
背が高い私を見ている。
「私は幸せだ」と勘違いした者が、
幸せな世界を見ている。
「私は金持ちだ」と勘違いした者が、
シャム猫をプールサイドでなでる世界を見ている。

そんなただの勘違い合戦の世界で、「幸せになりたい」だなんて願ったらどうなると思う？

みつろう　幸せじゃない世界を見ることになる……。

だって、「幸せになりたい」を叶える体験が起こるから。

そもそも、**幸せになりたい人って、「幸せじゃない」と思い込んでる人のことだし。**

悪魔　そうだ、願い方をまちがえているから、勘違いが上手に進まないのさ。

「勘違いのやり方」を、勘違いしているのさ、イーッヒッヒ。

みつろう　そのダジャレ、何が楽しいんですか？

悪魔　ック。とにかく聞け、そこの勘違いヤロー！

「幸せになりたい！」と願えば願うほど、「幸せじゃない！」という勘違いが進む!!

この鏡の仕組みに気づけ。反射する「せかい」なんだから、「幸せになりたい」と願えば願うほど、「幸せじゃない証拠」が映し出されるじゃないか。

「私は幸せになりたい！」と叫べば、
「なぜなら、今30万円しか貯金がないから」が映る。
「私は幸せになりたい！」とまた叫べば、
「なぜなら、右ひざが痛いから」が映る。
「なりたい」と叫べば叫ぶほど、「なりたい世界」がちゃんと映り続ける。

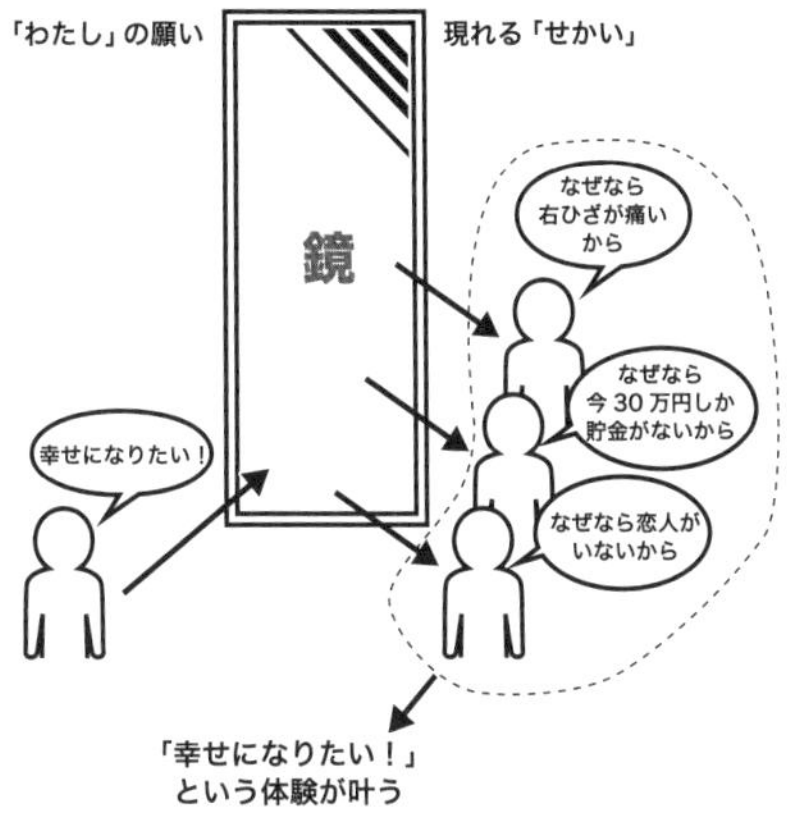

だから「なりたい」などと、もう二度と叫ぶな！

この世は勘違い合戦なのだから、**必要なのは「もう、なれている」という勘違いだけだ。**

「もう、できている」という勘違いだ。

「もう、治っている」という勘違いだ。

なるほど、**「なりたい」と思わないで、もう「なれている」と思えばいいのか。**勘違いって、そういう意味ですもんね。

こんな話を聞いたことがあります。

右ひざを骨折した人が、ある日「右ひざが痛い」と思うのをやめて、

「私は左ひざが健康です」

と意識を「ない」から「ある」へ変えただけで劇的に回復したそうです。

「右」や「左」や「ひざ」なんて脳にとっては重要じゃなく、その人が何度「もう健康だ」と意識したかの違いだそうです。

100回「ずっと健康な左ひざ」を意識した人は「もう治っている」という「せ

みつろう

悪魔

かい」を勘違いし始める。

そして100回「(右ひざが)治ってない」と意識した人は、勘違い通り治らない。

まだ「ない」から、もう「ある」へ。

意識をシフトするだけで、病気は「やめられる」そうです。

そうだ。**病気は「やめる」ものなのだ。**

本人が、そう勘違いしているだけなのだから。

不幸も「やめられる」。幸せも、勘違いだからだ。

さっき、「私は幸せになりたい！」と叫んだ人は、「なぜなら30万円の貯金しかないから」と言った。

ところが、

「私は幸せかもしれない！」

「きっと、私は幸せに違いない！」

と叫ぶ人は、「なぜなら30万円もの貯金があるから」と言うだろう。見ている現状は、全く同じであるにもかかわらず、進み始める世界が違うのだ。

何度も、「充足」を叫びなさい。不足を追いかけるな。

この世という勘違い合戦は、「もうできている」「もうなれている」「もう起きている」と何度その人が勘違いできるかの勝負だ。

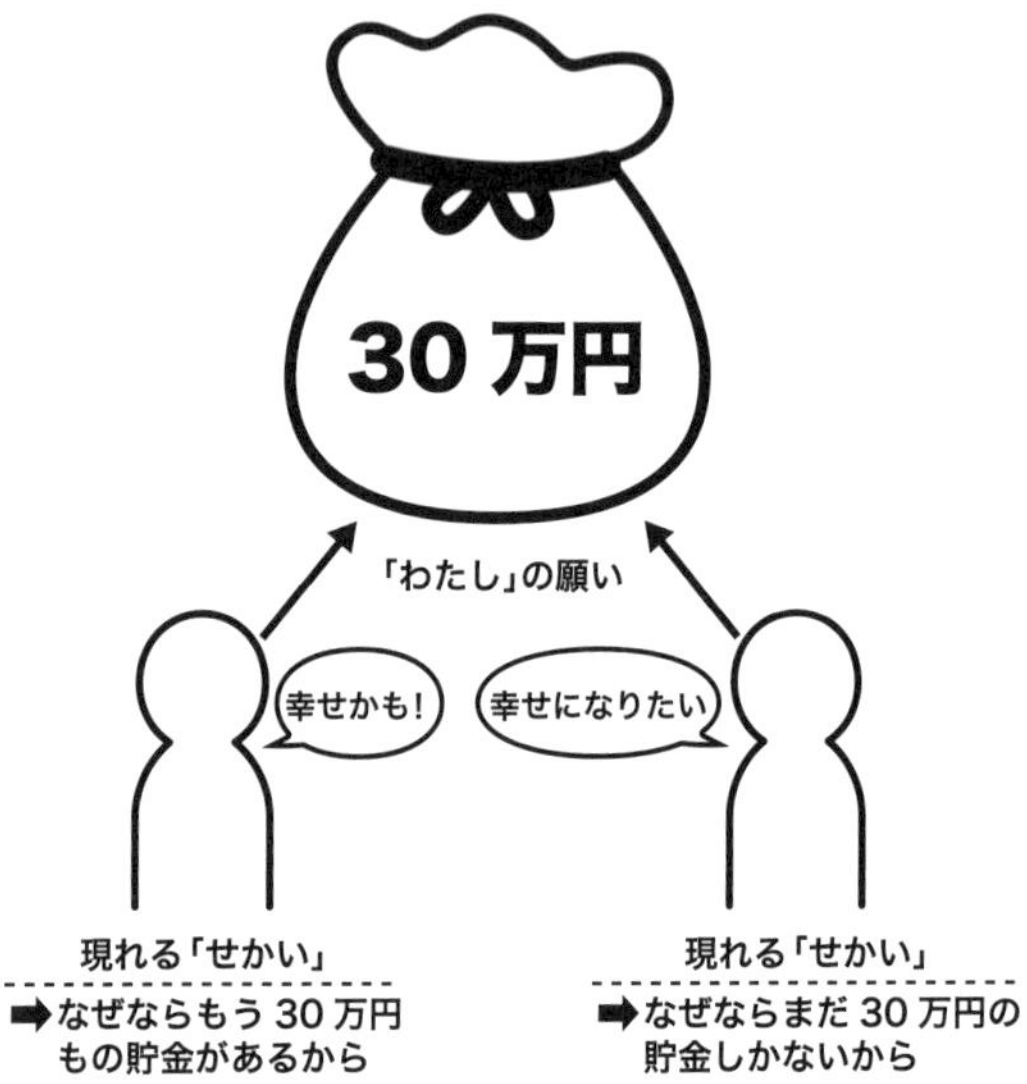
30万円
「わたし」の願い
幸せかも！
幸せになりたい
現れる「せかい」
➡なぜならもう30万円もの貯金があるから
現れる「せかい」
➡なぜならまだ30万円の貯金しかないから

みつろう

「ない」から「ある」へ。

「不足」から「充足」へ。

結局は、**意識をどちらへ向けるか**という話ですよね。

さっきのお医者さんの話ですが、原因不明の頭痛に苦しむ女性が、

「先生、私はどこが悪いんでしょうか?」

と脳外科を訪れた。ところが、レントゲンだけでは異状が見つからなかった。

内科に回された女性は、

「先生、私はどこが悪いんでしょうか?」

と尿検査をしたがそれでも異状が発見できなかった。

循環器科へ行っても、皮膚科へ行っても、大学院病棟へ移っても、あげくの果てには占い師の所へ行っても、どうしても原因が見つからなかった。

最終的に辿り着いたメンターへ、尋ねた。

「尊師、私はどこが悪いんでしょうか?」と。

するとと尊師は、

「それじゃ。『私は、どこが悪いんでしょうか?』が悪い」

と言った。女性の頭痛は、その言葉で消えた。

「どこかが悪い」と思い続けた女性の「勘違い」以外は、何も悪い所などなかったのだから。

現状を疑い続ける姿勢こそが、現状を悪くしていたということです。

これ、僕の講演会で1回だけ話したんですけど、メチャクチャウケてましたよ?

悪魔　ック!　なんで貴様は、よと勝負しようとしてるんじゃ。

みつろう　どうしてだと、思いますか?

悪魔　知らん!　とにかく、世界には「正しい」勢力がはびこっている。

彼らは、「もっと、良くなれる!」と言う。

その全てが「今は良くない」と言ってるわけだ。

「現状」をもう否定しているのさ。

「恋人を引き寄せる方法」だの「金持ちになるナントカ心理学」だの「あなたが幸せになれるメソッド」だの。

何もかも、ベクトルが真逆じゃないか。もれなく、「不足」を現実化するさ。

幸せを探している人が、一番「幸せじゃない」のだから。

その「勘違い」を解除するために、ただ祈り方を変えなさい。

「私はもう、できている」と勘違いしなさい。

「私はもう、なれている」と勘違いしなさい。

くつろげるベッドがある！
休みがある！
友達がいる！
道にきれいな花が咲いている！
歩ける足がある！
今日も吸える空気がある！
食べられるご飯がある！
家族がいる！
仕事がある！
怒ってくれる上司がいる！
好きな人がいる！
悲しむヒマがある！

私には、もうこれ以上は何もいらないほどすでに持っていると。
これが、**悪魔の勘違いメソッド**だ。誰にでも今すぐできることだ。
お金もかからず、行動も伴わず、ただ勘違いするだけでいいのだから。
もう叶っていると、ベクトルを「充足」方向へ向けるのさ。

悪魔の勘違いメソッド

みつろう　**その「充足への勘違い」を別のコトバで言えば、『感謝』ですよね？**

「ありがとう」と言うだけで、不足の方向から、充足の方向へと勘違いが進むようになる。

「右ひざの健康が欲しい」から、

「でも、左ひざはずっと健康だ。ありがとう」へ。

「もっと、欲しい」から、

「もう、いっぱい持っている。ありがとう」と。

悪魔

「まだできていない」から、
「もう、できている。ありがとう」へ。
そうだ。そうやって勘違いすれば、全てが一瞬で変わる。
なぜなら世界の全てを「勘違いパワー」が創り上げているのだから。
空が青い？
そんなことはない。それはただのあなたの勘違いだよ。
私は不幸だ？
そんなことはない。それはただのあなたの勘違いだ。
「できていない」などと勘違いせず、「もうできている」と見抜け。
難しい場合は、「でき始めている」からでもいい。
少しずつ「でき始めている」と勘違いを進めろ。
とにかくこの勘違いメソッドは、簡単だ。
「もう、ある」と信じ始めるだけでいいのだから。
実はもうすでに、「せかい」の全てが、「わたし」の望み通りだったと

見抜くだけなのだから。

初めて会った日。よは、貴様に言った。

世界の全てが思い通りになる方法がある、と。

簡単な話だ。

世界の全てが、すでに思い通りだったと気づくだけだ。

ちょうど貴様の、息子のようにな。

みつろう　え？

（みつろうが、意識を下へ向けると、コクトウ君の友達がズボンを引っ張っていた。）

タイガ　ねぇ、コクトウのお父さん。コクトウ、ウケるよ。

「なりたい職業」を描く絵なのに、コクトウだけ今の自分を描いてる。

小学校の体育館でフットサルしている自分を描いてる。バカじゃん？

「その日の放課後の、体育館。
教室よりも蒸し暑い体育館でのフットサルを終えたコクトウ君を迎えて、みつろうは車を発進させた。」

みつろう　今日は、何点決めた？

コクトウ　3点も決めたよ！

みつろう　今日の授業参観でさぁ〜、パーパーはツバキちゃんの絵が一番上手だと思ったな〜。花の描き方がキレイだった。

コクトウ　ふーん。先生も、他の子のお母さんたちも、大人はみんなそう言ってたよ。ツバキの絵、上手だもんね。

みつろう　そして、コクトウの絵が一番真実だった。

コクトウ　何、真実って？

みつろう　ん〜、簡単に言えば、**みんなの絵は「夢を叶えたい人」の絵で、コクトウの絵は、「夢を叶えた人」の絵かな。**

「これから」と「すでに」の違いかな。

大人たちはみんな、「夢」の定義をまちがえているからなぁ〜。

コクトウ 何、定義って？

みつろう **「夢は、いつか叶えるモノ」だと信じている。そして、信じるとそうなるのがこの宇宙のシステムだ。**
その人にとって、「夢」というのは、「いつか」叶うことになるんだよ。

コクトウ 別に、いいことじゃん。

みつろう 「夢は、いつか叶うモノ」だよ？　何が楽しいんだろう、その人生って。

だって、「いつか」なんて永遠に来ないんだから。

いいか。「夢はいつか叶うモノ」だと信じてる人が、
明日を迎えました。

明日になっても、その人は「夢はいつか叶うモノ」

だと信じています。

3ヶ月後を迎えました。

その3ヶ月後でも、その人は「夢はいつか叶うモノ」だと信じています。

15年経って、やっと大人になっても、その人は「夢はいつか叶うモノ」だと信じています。

さぁ、何が楽しい？

コクトウ
いつまで経っても、夢が叶わないじゃん。
どこかのタイミングで、「夢が叶っている」って勘違いしないといけないんじゃやない？

みつろう
お前、よく分かったな。そうなんだよ。

夢の定義が「いつか叶うモノ」だったら、永遠にその夢に追いつかない。どこかで、「今、自分の目の前で夢がもう叶っている」と気づかないと意味ないんだよ。

追うだけだと、その「夢」をいつまで経っても味わえないんだから。

パパたちは、若い頃に『人間スーツ』って名前のゲームを友達と3人で作ったんだよ。

コクトウ　何、人間スーツって？

みつろう　世界中に、人間のスーツが置かれている。
朝、どれかのスーツの中に入れば、その場所の「1日」が楽しめるんだ。
「金持ちさん」を着れば、金持ちが体験できる。
「有名人さん」を着れば、有名人が体験できる。

コクトウ　めっちゃ、楽しそうだね、それ。

みつろう　そして、友達と考えたんだ。
ひょっとして、俺らってもうその『人間スーツ』を着た後じゃないか？ってね。
自分たちは気づいていないけど、実は誰かが「わたし」を通して、目の前で願いを叶えているんじゃないかと。

コクトウ　パ〜パ。笑わないで、聞いてくれる？

みつろう　大丈夫、笑わない。
今日はもう「小4まさかのスナイパー発言」より楽しいことは起こらないから。

コクトウ コクトウもさぁ〜、「もう、なれている」気がしたってば、実は。
先生が、「なりたいのは何?」って聞いてきたけど、今、一番やりたいのはフット
サルだし、それをほぼ毎日やってるじゃんね?
それ以上にやりたいことは、もうないよ。
だから、コクトウの夢はもう叶ってる気がするんだけどなぁ〜。
でも、みんなに「なりたい夢」を探せって言われたんだ。
「もっと他に」「もっと違う何かを」って。

みつろう どれだけ探しても、「なりたい夢」なんてないよ。
もう、「なれてる夢」が目の前にあるんだから。
じゃあ、いいんじゃね? そのままで。周りに染まらなくても。

コクトウ パパは、不安じゃない?
コクトウは、「何かになろう」としてないってことだよ?
立派な職業にも、大人にすら「なろう」としてないよ?
そんな息子でいいわけ?

みつろう　いいさ。永遠に辿り着かない夢を追わされて、どこかで倒れるよりも。
大人にならなくても、ずっとパパが養ってやるよ。
だってパパなんて、それに気づいたのは30歳すぎてからだぞ？
マジ、人生大変だったよ。
常に「いつか」を目指してるんだから。永遠に辿り着けないよ。
だから、コクトウ。お前は、そのままでいいよ。
何かに「なりたい」なんて思わないで。どこかの夢なんて、追わされないで。
でも……。
でもな、コクトウ。
パパは、お前に1つだけ目指して欲しい職業がある……。

コクトウ　何？「なりたい」夢には、なれないんでしょ？

みつろう　**スナイパーだ。**
俺、マジでイライラしたんだけど!!
ぶん殴ろうかと思った、タイガのヤロー!!

なんだアイツ！
〇〇で、△△のくせに、××にしてケチョンケチョンにしちゃろうか!!
コクトウ、スナイパーになって、アイツと戦え！
はずすなよ。1発で仕留めろ！

コクトウ お、落ち着いてパパ!!
ほら、とにかくハンドルだけは握って!!
パパはいつも真剣に友達に怒り狂うから、逆に友達をかばいたくなるよ。

みつろう じゃあ、パパがやるしかねーな!!

コクトウ マジで、二度とフットサルには迎えにこないでね。
次から、ママにお迎えはお願いするから!!
ハンドル握ってってば!!

「ハンドルに手を戻す度にグイッと揺れながらも進み続ける車。
その進路は、永遠に辿り着かないはずの「いつか」にある家」

を目指していた。

この怒りが静まる頃には、「いつか辿り着く」という2人の勘違いが、「もう、辿り着いた」という勘違いに変わっているに違いない。

「もう、郵便ポストの前」「もう、街路樹の前」「もう、コンビニの前」。

「いつか」から、「もう、辿り着いている」へ。

窓の外に流れ続ける景色が、2人の勘違いを進めていた。

ママの作るカレーの匂いが車内に流れ込んできたのは、「もう、なれている」モノを、「まだ、なれていない」モノよりも2人が探し続けた結果だった。

これまでの教え

いつか、大きな夢を叶えましょう。

ダッサ。夢など、もうすでに叶っている

※作者注釈

量子力学によると世界の全てが「観測者」の勘違いですが、「自分像」への勘違いで苦しんでる人もよく見かけます。

何を隠そう、僕もそう。ある日、講演会の直前まで本の原稿を書いており、会がスタートする1時間前にこう思った。

「あぁ、どうしよう。こんなギリギリの時間まで本を書いてしまった。俺って、切り替えが下手なんだよなぁ」と。

ただ、それを言おうとした瞬間に、こう言いなおしてみた。

「いや、それもただの勘違いだ」と。

そして、その勘違いを、「勘違いしなおす」ことにした。

簡単に言えば、セルフイメージの書き換えのことだ。

「俺って、切り替えが下手だから」というセルフイメージは、その本人の勝手な勘違いなのだから、

「俺ってたしか、切り替え上手な人間だったよな」

と言ってみた。

閣下の呪文じゃないが、「切り替え上手な人間だった」と10回も唱えれば、自分が「切り替え上手」だったという証拠が、本当に見つかるからこの世界は不思議なもんだ。

さっきまでは、「切り替えが下手」だった証拠がいっぱいあったはずなのに。

講演会が始まる、30分前の楽屋。もはやそこにいるのは、「切り替え上手」な自分だった。

閣下のパワーで

世界に勘違いする証拠を出現させるワーク

a way to blow away your anger

世界は、全てが勘違いだ。貴様に観えている「現実」とやらも、貴様がそう勘違いしているだけだ。

だから、その現実が嫌なら、勘違いしなおせばいい。

「まだない」と不足を勘違いしているから、苦しんでいる。

「もう、持っている」と勘違いしてみろ！

そうだな、この本を読んだ者にだけ、魔界のパワーでそれを助けてやろう……。

「閣下、私はもう○○ができている！
バラサ」

と朝10回、北を向いて唱えてみろ。

その13時間以内に、よがその証拠を貴様の人生に出現させてやろう。

POINT

「勘違いを切り替える」ためのヒントとなるキーワードは、
「もう、できているんだった」「もう、大丈夫だった」
「幸せだった」「あるんだった」「○○な性格だった」
「ゆとりがあった」
これらのコトバも参考にして、勘違いを進めてみてね。

waiting…

第10章

運を悪くする、良い方法

運を悪くする、良い方法

「運」を良くすることは、誰にもできない

「無我夢中」というコトバがある。

目の前の何かに100%集中している際、「わたし」が消える現象だ。

競技中のマラソン選手から、庭師が盆栽に集中している時、さらには主婦が洗濯物を畳む時まで。無我夢中の人はあらゆる場所で見かける。

近年、心理学者がこれを「フロー状態」と名付けた。

無「我」が「夢」中なのだから、「わたし」がなくなり夢の中に没入できている状態。

もっと正確に言うと「わたし」と「せかい」の境界線が消え、夢そのものになってい

る時の話だ。

「わたし」もなく、「せかい」もなく。

ただ、行為だけがそこに発生している状態。

分離感が消え、私が何者でもなかった頃に戻っている状態だ。

今、俺の横にいるはずのケンジが、何度呼んでもこっちを振り向かないのは、まさに無我夢中。

こういう時は、強制的に「わたし」に戻すために殴るしかないのだ。


ケンジ いってーな、何すんだよテメー‼ 表出ろ！

みつろう 集中、しすぎ！ もう、帰ろうって。

パチプロの条件は、「やめ時」を知っていることだ。

もう、出ねーよ。俺、スッカラカンだし。

はぁ〜。せっかく先週、「運が良くなるブレスレット」を買ったのに、何の効果もねーよ。

ケンジ　お前、バカだな〜。「運が良くなる方法」なんて、あるわけないだろ。

みつろう　このブレスレットは偽物だったっぽいけど、あるかもしれないじゃねーか。運が良くなる壺とか、おまじないとか。

ケンジ　そういうことじゃなくて、原理的にあり得ねーっつってんの。「運」を、「良くする」方法だぜ？　そんなの信じてる奴、バカじゃねーのか。俺、本屋とかで「運を良くする最強の方法」とかって本を見たら、お腹がよじれるくらい笑うもん。

みつろう　お前、笑いのポイント変じゃねーか？　何がおかしいの？

ケンジ　いいか、将来テメーの息子が毎日12時間勉強したとする。

みつろう　俺、結婚しねーから息子いねーよ。

ケンジ　仮に、だ。お前が結婚できない理由は俺が一番知ってるから、心配するな。仮に、毎日12時間勉強し続けたみつろうの息子が東京大学に受かったとする。合格通知抱きしめて泣いてる息子に、「お前は運が良かったな」って言えるか？

みつろう　ブチ切れるんじゃねーか？　俺の息子なんだし。

ケンジ 「俺は、**実力**で頑張ったんだクソおやじ!!」って。
そういうことだ。
「運」と「実力」は正反対の性質で、相いれない。
「実力」100%で受かった息子は、「運」は0%しか使っていない。
一方、みつろうみたいに、
「実力」30%くらいなのに大学に受かった奴は、
70%の「運」を使ったわけだ。
実力20%の人は、運が80%。
そして、実力0%の人は、100%が運だったわけだ。
要するに、**「実力」以外の部分を、「運」と呼んでる**んだよ。

みつろう すげー。「運」と「実力」って、そういう関係だったのか。

ケンジ じゃあ、実力てのはなんだ?

みつろう 「実力」ってのは、自力のことじゃねーのか?

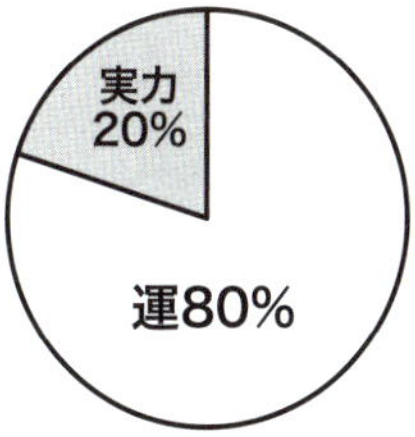

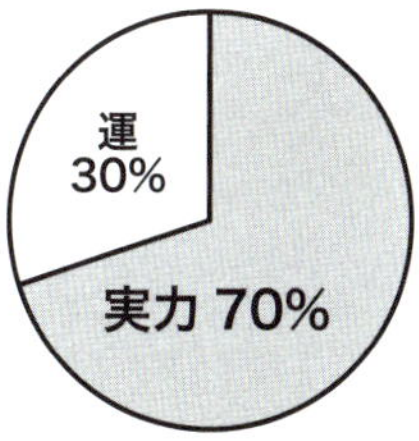

ケンジ　そう、自力で頑張ったことだよな。
そして自力とは、「私が関わった行動」ということになる。
じゃあ、簡単じゃん。
私が関与したら、それは自力になるんだから。
「運」とは「わたし」が関与していない行動のことだ。

みつろう　え？　ってことは……。
「運を良くする方法」なんて、ねーじゃん!!
だって、**「良くする」って言ってる時点で、**
自力なんだから!!
自力で、良くしようとしている。でも、**「運」の**
パワーを上げるためには、「自力」のパワー
を落としていかないといけない。

ケンジ　だから、結論を言うと、**「運」を強くすること**
はできまっせ〜ん。

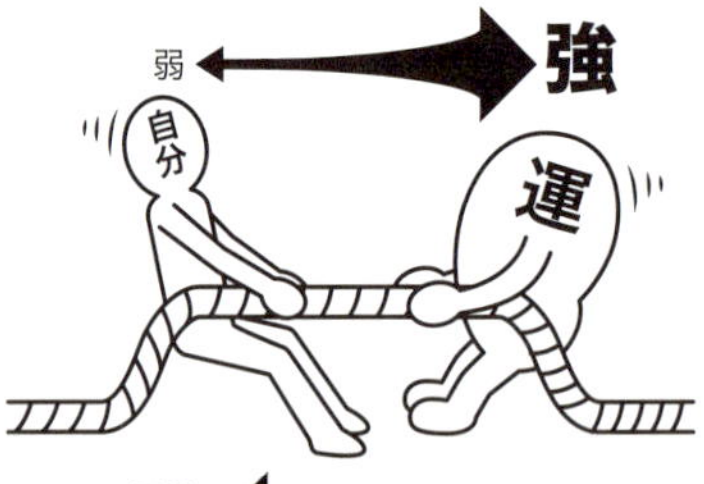

強くできたなら、それは「運」じゃなくて、私の「実力」だからです、よっと!

みつろう ほら、ボーナスタイム、キター!!!
すげー。「運」の性質がちゃんと分かれば、「運を良くする方法」なんて言ってる奴、確実にバカじゃん!

「運を良くしよう」としているそいつの行動が、運を悪くしているんだから。
運を良くしようとすればするほど、運は悪くなる!!

ケンジ そうだ、だから俺はパチスロに来ている。
図書館に行ったら、「実力」で調べたと言うだろ?
パチスロに来たら、自力なんて使わないんだから。
運だけで、卒業ゲットだぜー!

みつろう どういうこと?

ケンジ さっきの、パワーメーターを思い出せ。

「わたし」が80%努力しちゃったら、「運」が20%になる。
「わたし」が60%関与しちゃったら、40%が「運」になる。
そして、「わたし」が3%の関与なら、運は97%だぜ?

「わたし」さえ関わらなければ、「運」はドンドン強くなるってことよ。

みつろう　お前、マジで天才だな。さっき殴った分、肩パンしていいぜ。ほら、殴れよ!

ケンジ　オラッ!!

みつろう　うぐぁ!!　てか、てめーMax=100%で殴るなよな!! 会話の流れ上、「自力」を落として殴るべきだろここは!!

ケンジ　バカだな、お前。**自力を落とそうとすることも、「自力」なんだよ。**

みつろう　お?　マジじゃん!!　**「自力を落とすぞ!」ってのは、自力じゃん!**
じゃあ、どうやれば「運」が強くなるんだよ!
「運」を強くするためには自力を落とさないといけないのに、自力を落とそうとする行動も、自力だなんて!!　絶対に、運なんて強くできないじゃん!

ケンジ　これが、**親鸞《しんらん》の悪人正機説**だ。授業で習ったじゃん。

親鸞
鎌倉初期の僧。浄土真宗を開き、阿弥陀による万人救済を解いた。「他力本願」「悪人正機」「非俗非僧」などの教えがある。

みつろう　え？　お前、授業とか聞いてるの？？
この広い世界で、授業を聞いている大学生ってお前だけだぜ？

ケンジ　この広い宇宙で一番偉い神さまはアミダさまって言うらしい。
その「悪人正機説」によるとな。神の中の、神。トップ・オブ・神さまだ。
そんなアミダさまの願いは、何だと思う？

ヒントは、「トップであるからこそ」の、願いだ。

宇宙のトップ・アミダの願い

みつろう　「みんなが幸せになること」なんじゃねーの?

ケンジ　トップの願いなんだから。
そうだ。この宇宙にいる、全ての下々《しもじも》の生命の「願い」が全部叶うこと。
それだけが、アミダさまの願いだそうな。
これを、「アミダの本願」と言うらしい。〝一番叶えたい願い〟って意味ね。

みつろう　アミダの本願?

ケンジ　なんかトップの神さまだから、願いが多いらしくて48個もあるらしい。で、その中の18番目の願いこそ「アミダの本願である!」と親鸞が見抜いたとさ。

みつろう　「よっ! ついに十八番が出た!」ってのは、ここから来てるのか。
たしか、「おはこ」って呼ぶんだよな?

ケンジ

そのアミダの18番目の願い「本願」。
それを、俺がめっちゃ簡単に訳すると、
「俺は、アミダ。宇宙のトップの神。
宇宙を創ったと同時に、ハーレム（天国）も作ったよ。
そして、この宇宙の全員がそこへ行けるようにしといたぜ。
え？　どうすればそこへ行けるかって？
だから、行けるっつってんだろテメー!!
話を聞いてたか？　この宇宙の全員が、ハーレムに行けるのさ。
ただ心の底から、私を信じろ!!
私は、この宇宙のトップ・オブ・神さま、アミダさまなるぞ!!
え？『もしも』行けなかったらどうするかって？
だから、全員が行けるって言ってるじゃねーか！
分かった、そこまで信じられないんだったら、
『マジお願い、連れてってアミダさん（＝南無阿弥陀《あみだ》仏）』って10回つぶや

いてみて。

これだけで、ＯＫだよ!!　つぶやかなくてもＯＫだけど、信じられないんだったらもう念じろや！

え？　それでも、万が一、ハーレムに行けなかったらどうするかって？　よーし、分かった。もし、ハーレムに行けない奴が、１人でもいたら、俺は悟らないでいいよ!!

俺も、死ぬほど悟りたいけど、お前らを幸せにできないんだったら、俺は悟りなんて開かないでいいね!!!

あ、じゃあこうしよう！　俺が、最後にハーレムに入る!!

俺の宇宙の全ての生命が、ハーレムに入ったのを見届けて、最後の最後に、俺がハーレムに入る!!

だから俺のことは気にするな、先に行け！　先にみんなが悟れ!!!」

って、言ったらしい。

みつろう　え？　色んな衝撃があるけど、**トップ・オブ・神さまのアミダさまが、**

ケンジ

「まだ悟っていない」ってどういうこと？

なんで悟っていないのに、完全に悟ったブッダよりも上の神さまなの？

知らねーよ。とにかく、アミダさまの究極の願い「阿弥陀の本願」ってのは、「全ての生命が永遠の幸せに気づくこと」らしーぜ。

つお!! ボーナス確率変動モード突入!!!

その時、店員さんがみつろうの肩をポンポンと叩いた。
会話の流れ上、アミダさまが来たのかと「ビクッ」とする彼に、スロット台を使わないなら座らないようにと告げた。
コインがスッカラカンだったみつろうは、休憩室へ移動した。

悪いことをしているのは、「善人」のほう

悪魔

善人でさえ天国へ行けるのだから、ましてや悪人が天国へ行けないわ

けがない。

これが、親鸞の悪人正機説だ。

みつろう　え？　逆でしょ？

悪人でさえも天国へ行けるんだから、善人は絶対に天国へ行けますよ、でしょ？

悪魔　違う。アミダの救済は、「悪人」からだ。

悪人をまず救う。

悪人だけを救って終わってもいいのだが、「宇宙の全ての命を救う」と約束したから、仕方なくその後に「善人」も救う。

これが、アミダの思想だ。

みつろう　全く、意味が分からん。なんで、悪人のほうが先に天国に行けるんじゃい。何のために俺、「善い行い」をしてきたんだよ。

悪魔　それだよ。**「善人」はみな、自力で天国へ行こうとしている。**

「どうにかして」「善い行いをして」、天国へのパスポートをゲットしようとしている。それはすなわち、**「誰でも天国へ連れて行く！」と言ったトップを**

すでに疑っている行為だ。

「どうやろう」が、「どうやるまい」が、この宇宙にいれば天国へ連れて行くとトップが誓ったのに。

それを「信じてない」からこそ、自力を使おうとしている。

天国

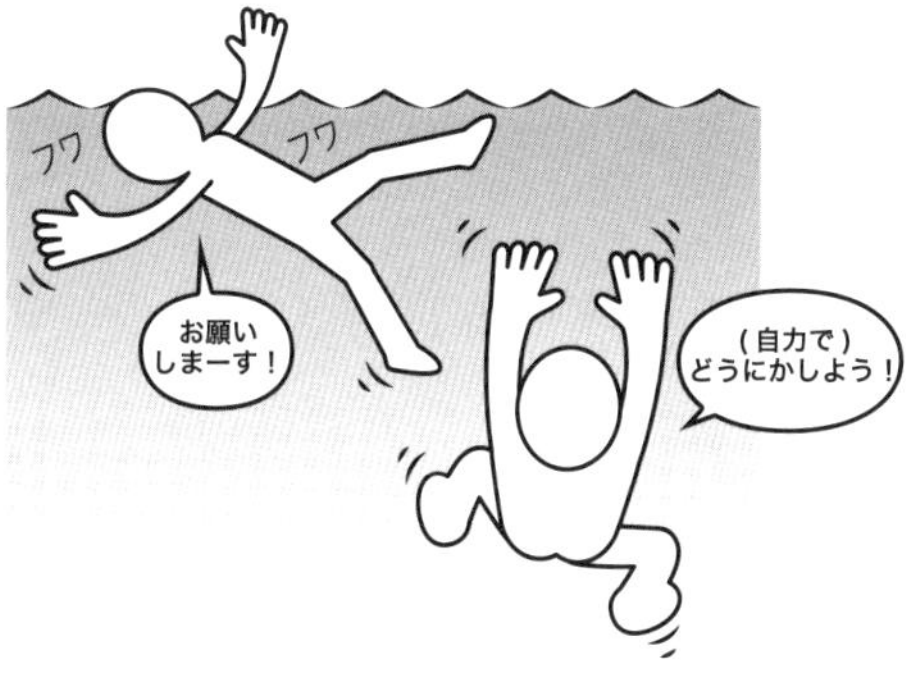
フワ
フワ
お願い
しまーす！
（自力で）
どうにかしよう！

自力など使わず、ただ流れに身を任せろ。

宇宙にはすでに、「アミダの本願力」というパワーが流れている。
そのチカラに委ねて、ただリラックスしていれば、誰もがどんな願いであれ、叶えられるようになっているのさ。

みつろう
なるほど。「自力」ってのは、その流れに抵抗するチカラのことなのか。

悪魔
流れ（本願力）を、信じない行為。
それを裏切るパワーが「自力」なのか。

よく、「他力本願」って言うもんね。あれって、悪いコトバだと思ってた。
「他人に頼るな！」みたいな。でも、違ったのね。
むしろ、「自力」を捨てて、他力本願パワーのほうを信じろと言ってるのだ。
なぜなら、**「他力本願」のパワーは宇宙最強だ。**
この宇宙のトップの、さらにトップの神さまのパワーなのだから。
宇宙最強のパワーさ。貴様のチカラなど、ノミ以下だ。
そんなパワーの中で、貴様がどれほど叫んで、「俺だけは天国行きを拒否して、地獄に行ってみせるからな!!」と泣きわめいても、もうムダなのだ。**もっともっと強いチカラで、貴様の天国行きは147億年前に決まっておる。**あきらめろ。

みつろう　なるほど、「善人」ってのは自力で頑張っている人のことなのか。

悪魔　「自力」というマボロシを信じている人のことさ。だから、「自力作善の人」とも言う。
一方「悪人」とは、自分自身のチカラの限界を認め、アミダの本願力に身を任せている者のことだ。
ちょっと想像してみろ。ヒーローと、悪。どっちのほうが、歯を食いしばっている？

みつろう　マジだ。ヒーローのほうが食いしばってる。

悪魔　悪は、ビーチチェアに寝そべって、ゆったりと身を任せている。
「善人」とは自力を信じる者で、「悪人」とは自力などないと見抜いた者のことだ。

もちろん、そのどちらも天国へ行けるがな。

みつろう どっちみち天国へ全員が行けるんだとしたら、**みんな、悪いことしちゃうじゃん！**

悪魔 万引きしても、強盗しても、「南無阿弥陀仏」って10回言えばいいんだから。

過去の日本で、実際にそうなった。

親鸞の教えが広まると、「じゃあ悪いことをしよう！」と庶民たちは勘違いし、騒乱が起きた。

これが「本願ぼこり」と呼ばれた現象だ。

みつろう そりゃ、そうなるでしょうに。
誰でも天国へ行けるなんて太鼓判を押しちゃったらダメじゃん。

悪魔 教えを理解してないから、そうなるのだ。

「じゃあ、悪いことをしよう」というのは、結局が自力だ。

こいつらも総じて、ただの「善人」なのさ。

なぜなら、アミダを信じていないからだ。

みつろう　あぁ、分かった。

「俺は悪いことをしたけど、南無阿弥陀仏とさえ唱えれば（自力）、救済されるんだ！」って言ってるのか。

てことは、「誰でも救う」というアミダパワーを、やっぱ信じてない。

悪魔　それどころかむしろこいつらは、

「悪を行った自分に後ろめたさを感じ」（＝天国に行けないかも）

「でも念仏を自力で唱えたからセーフだ」（＝条件を満たしたから天国へ行ける）

と思っているから、

ダブルでアミダを裏切っている。

みつろう　え？　なんで、ダブルなの？

悪魔　まず、1つ目。

「悪を行った自分に後ろめたさを感じた」ということは、この宇宙には「悪」という行為があり、それをやった人は〝天国には行けない〟と思っている。

「悪がある」と信じている時点で、アミダへの裏切りだ。

天国に行けないような行為があると錯覚してるのだから。

そして、2つ目。

「地獄行き」になりそうだったけど、それを自力（念仏）で修正できるはずであると、またもや他力本願を疑っているのさ。

善い行いをしないと天国に行けない！
＝自力
悪いことをしたけど天国に行ける！
＝自力
念仏を唱えれば天国に行ける！
＝自力
「しないと」「けど」「れば」には「天国に行くには条件がある」と疑う意味が潜んでいる！

みつろう　なるほど、ダブルで信じてないね。

「善人でさえ、天国へ行ける」というのは、こういう意味か。

とにかく「自力」を捨てて、リラックスすればいいのか。

悪魔　おっしゃ、今日から俺は他力になるぞ!!

残念なお知らせです。**「他力になるぞ!」は、自力です。**

みつろう　げ、マジじゃん!　じゃあ、どうすればいいの?

あ、分かった。今日で俺は、自力を、やめます!!

「自力をやめます!」も、自力です。

悪魔　はぁっ??　バカじゃねーの?

じゃあ、どうやったって「他力」になんてなれねーじゃねーか!!

みつろう　「他力になります!」は自力です。

「自力をやめます!」も自力です。

アホかっ。

てか、そもそも**「なろう」とするチカラが「自力」なんだから、誰も**

「他力」になんてなれないじゃん。

このままだと、人類全員が地獄行きじゃん!

あのアミダのブッブッヤロー、宇宙一の神さまどころか、宇宙最悪の悪魔じゃねーのか？

悪魔 ただの「気づき」が起これぱいい。

「わたし」には、世界の何1つとしてコントロールできていない、と気づけばいいのさ。

そもそも、「自力」なんて初めから私にはなかったと、ただシステムへの気づきがあればいい。

みつろう 自力が、初めからマボロシ？

あなたを操縦しているのは、「あなた」じゃない

悪魔 このパチンコ屋に入る前、おばあちゃんが大きな荷物を持って交差点を渡ろうとしていた。

みつろう 貴様は、「手を引いて、交差点を渡らせて」あげたな？

悪魔 ええ。別に「天国へのパスポート」が欲しいアピールじゃないですよ？
マジでおばあちゃんが困っていたから、自動的に行動したまでです。
起こったのは、

①「荷物を持ち」
②「右手を引いて」
③「信号を早足で渡った」

という3つの行為だ。

みつろう これら3つの行為は、誰が起こした？
だから、俺だってば。

悪魔 じゃあ聞くが、おばあちゃんが交差点にいなかったら、
②の「右手を引く」という現象は交差点で起こっただろうか？

みつろう 起きたら、怖いでしょ。誰も隣にいないのに、俺が手を伸ばして何かを引っ張て
歩いてたら、ホラー映画じゃん。

悪魔　では、その「行為」を起こしたのは貴様ではないのだ。
おばあちゃんを交差点に用意したのは、貴様じゃないのだからな。
さらに、「おばあちゃんには優しくしなさい」と貴様に教えたのも、貴様じゃない。

みつろう　その行為は、自力で起こしたんじゃない、ただ起きたんだよ。
そうか。そもそもおばあちゃんが交差点にいなかったら、②「右手を引く」とい

う現象は起きていないもんね。俺が起こした行為じゃない。
または、「おばあちゃんにはきびしくしろ」と習ってたら、おばあちゃんがいたとしてもその動作は起こってない。

悪魔 **「右手を引く」という現象は「わたし」が起こしたと思い込んでたけど、違う！**

それは、世界の流れで起こったことだ!!
次に、もしもおばあちゃんが荷物を持っていなかったら、①「荷物を持つ」という現象は起きただろうか？

みつろう だから、荷物がないのに、「手を必死に握る」っていう行為が起きたら、メチャ怖いってば。

悪魔 **じゃあ、「手を握る」という行為も、貴様が起こしたのではない。起きたのだ。**
そもそも、「上へ関節を動かせば荷物が持ち上がる」と貴様に教えたのも、貴様じゃない。

それなのに、「腕を上げたのは俺だ」と自力を主張する。
さらには、どうして右手で握った?

みつろう　あ、マジだ。俺は、「右手にしよう!」なんて決定してない。

悪魔　そうだ、そこを見抜くのだ。
貴様は、その行為に対して、実は何も決定してないのだ。

「左手」か「右手」かすら、決めていない。

自動的に右手が伸びて、自動的に指の関節開き、そしてバックを掴んだのだ。

それらの動作のどれにも、貴様は何1つ関わっていない。


みつろう ギャー!! なんか怖ぇ〜。ホラー映画じゃん!!

なんで俺は、「自分がやった」なんて思ってたんだろう?

映画のように、ただ全部が起きていただけじゃん。

悪魔 トドメに、もしも「信号」というモノが世界になければ、③の「信号を早足で渡った」という現象は起きただろうか?

みつろう 起きない、起きない!! 「信号」がない場所で、3時36分になると急に早歩きし始めたら、俺って競歩の選手じゃん!! 信号があ・っ・た・か・ら、「早歩き」したの。

悪魔 信号機を作ったのは、貴様じゃない。

ということは、「早足で歩き出す」という現象を引き起こしたのは、「わたし」ではないのだ。

全てが、初めから、そうなるようになっていたのさ。

みつろう　うわー、マジでホラー映画〜!!!
この映画の主人公「わたし」が、勝手に全部動いてただけじゃん。

悪魔　これが、アミダの本願力だ。

全てがどう動くかは、もう決まっている。

「わたし」が起こしているようで、実は全ての流れが起きていただけなのさ。

「わたし」は、その目撃者だ。

「せかい」の全てに、実は「わたし」は何も関与していない。

「せかい」で起こっている現象の中から「これは、私が起こした」と勘違いした部分を「自力」と呼んでいるだけなのさ。

自力の全てがマボロシだ。

「自力」なんてそもそもこの世にはないと気づいた者が、天国（どんな願いでも叶う境地）へ行ける。

これが、アミダの、本願だ。

「わたし」の意思で起こしていた行動がないなんて……。まるで魂でも抜けたような気分で歩き出したみつろうの視界には、「自分が歩いて前に進んでいる」のではなく、世界が向こうから自分に近寄ってきているように見えた。船が港を出る時に、陸のほうが向こうへ遠ざかって見える現象のように。

ギャンブルに学ぶ、自分の無力さ

ケンジ みつろう、めっちゃ大当たり引いたからコイン分けてやるよ!!
俺の横に、座れって。

みつろう すげーな、めっちゃ大当たり出てるじゃん！　秘訣はなんだ？

ケンジ 「おまじない」さ。

みつろう はぁ？　「運を良くする方法」なんて、ないって言ってたじゃねーか。

ケンジ　あるよ。**そもそも、〝「自力」なんてない〟って気づけば、世界の全てが「ラッキー」になるだけじゃん。**

みつろう　今俺が30分かけて習ったことを、サラリと……。

ケンジって悟ってたのか??

ケンジ　なんだ、悟りって？　**「自力」が世界には存在しないことくらい、スロットやってる奴は全員知ってるよ。**

みつろう え？ 俺、知らないんだけど。

ケンジ いいか、スロットってのはな、このレバーを叩いた瞬間に全てが決まる。「当たり」か「ハズレ」かの抽選は、レバーを叩く瞬間に機械がやるのだから。「天国」か「地獄」かは、レバーを叩いた瞬間に、決まるのさ。

みつろう 知ってるよ、そんなことは。毎回レバーを叩くたびに、コンピュータが内部計算して「当たり」か「ハズレ」かの抽選を行ってるもんな。

だから、

「レバーを叩くのが、0・01秒遅かったら、当たっていたかも！」とか、

「レバーを叩くのが、3時32分ジャストだったら、当たっていたかも！」とか、

「隣の人と同時に叩いていたら、店の電流が弱まるから当たっていたかも」とか、
アホみたいなことで、いつも俺ら騒いでるじゃん？

ケンジ そう。**たったの、0・0000000001秒の違いで、コンピュータの抽選結果は変わるからな。**
だから俺らも一時期「ジンクス」にハマったじゃん。

「今日は右足から、お店に入ったから、当たるはずだ」とか。
あれって、「右足から入る」と「左足から入る」のわずかな違いでさえ、このレバーを叩く時間に影響を与えるからだろ？

みつろう　まぁ、そうだな。
マコトとか、「トイレで3回手を洗ったら、当たる」って信じてたもんな。
実際に、トイレで手を「2回洗う」のと「3回洗う」のではレバーを叩く時間がズレるから、コンピュータの抽選結果が異なるんだしな。

ケンジ　そう、そこがポイントなんだ。
わずか、0・0000001秒の違いで「当たり」か「ハズレ」かが決まる世界だから、**もう自分のコントロールできる世界を超えてる**じゃん。

みつろう　あぁ、なるほど!!　そういうことか!!　そんな目線で、スロットのことを見たことねーよ。お前、すげーな!!
たしかに、**どれほど「自力」が本気を出しても、この0・00000001秒の違いなんて生み出せない**から、「わたし」以外の部分にコントロール権が渡っちゃうのか!!
委ねるって、そういうことか。

ケンジ　俺のチカラでは「どうしようもない」と、見抜くことだ。
ここが、ギャンブルの良い所よ。

みつろう　ギャンブルに、良い点なんてあるのか⁇

ケンジ　少なくとも俺は、そう思ってるぜ。
スロットをやったお陰で、**自分にはコントロールできないくらいの「小さなズレ」の積み重ねが世界を創ってる**って分かったんだから。
ギャンブルのお陰だ。
「もう自分ではどうしようもできなくなる」から、ギャンブルってのはヤバイんだろ?

みつろう　まあ、そうだな。
「レバーを叩く瞬間」までの全ての行動が、当たりかハズレかに影響を与えるもんな。

朝、家でやったウンコのキレがもう少し良かったら、12秒ほど早くレバーを叩いていただろうとかな。

ケンジ

そうそう。

昨日の晩ご飯のカレーライスに、

↓「ぎょうざをトッピングしてなければ」、

↓「胃もたれが少なかった」から、

↓「ウンコもすぐに出て」、

↓「12秒ほど早くレバーを叩けていただろうに……」とか。

「わたし」なんかじゃ、もうどうしようもできない世界だ。

だって、0・1秒レバーを早めるための行動を取れるか？

「0・0000001秒」の違いですら、「天国」か「地獄」かが変わるのに、

コントロールなんて絶対に無理じゃねーか。

みつろう

マジだな！

レバーを叩くまでの行為に、「わたし」は関与できない。

カレー屋さんの店員が、ぎょうざを焼くのがあと1分早かったら、結果が変わるんだから。

もう俺には、結果がコントロールできないじゃん。どうやったら俺らが、店員にぎょうざを早く焼く方法を教えられるっつーんだよ。

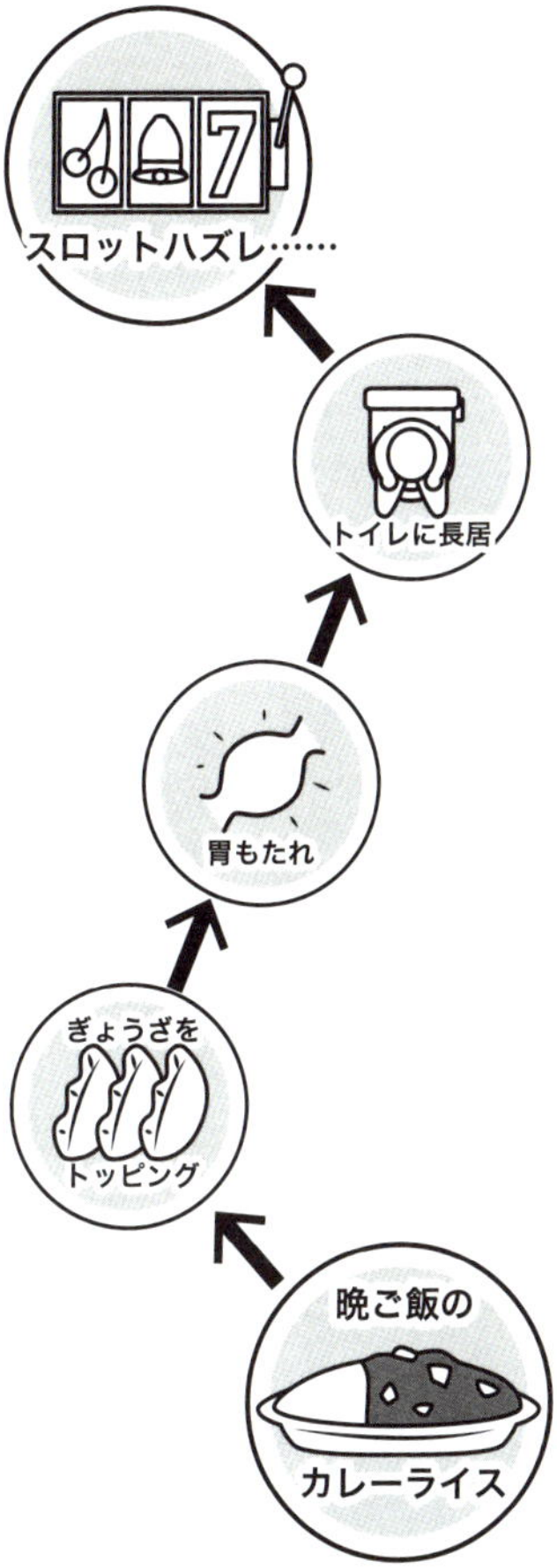

ケンジ

そう。運を天に任せるしかないよな？

要するに、「運」が天に渡るよな？

みつろう　「わたし」が何かの行動をコントロールできているっていう思い込みが、勘違いだって気づけるだろ？

マジでギャンブルやってて、良かったよ。

この世に「自力」なんて、1つもあるわけがない。


ケンジ　すごい気づきだ。パチスロやってて、良かったな俺ら。

さらに、奇跡はここからだ。

「せかい」がコントロールできないからこそ、そこに至るまでに起こった全てのできごとに感謝できるんだよ。

世界中の全てにな。

「あー良かった。店員さんがぎょうざを1分遅く焼いてくれたからだ」

「あー良かった。おかんが12年前に、家の外で説教してくれたからだ」って。

そこに至るまでの、全てのできごとのお陰で、俺は今、「大当たり」を引いている!! 愛しているぜ、地球のみんなっ!!!!

ほら、また大当たりキター!!

みつろう 「レバーを叩く瞬間までの全てのできごとが影響を与える」ってのは分かるんだけど、「ハズレる」時もあるべや？

そしたら、そこまでの全てのできごとを憎むってことだろ？

「あの店員が、あと1分早くぎょうざを焼いてれば良かったのに！」って。

ケンジ **ギャンブルがすごいのは、「ハズレ」ても「当たる」までやり続けちゃうとこ**だろ（笑）。

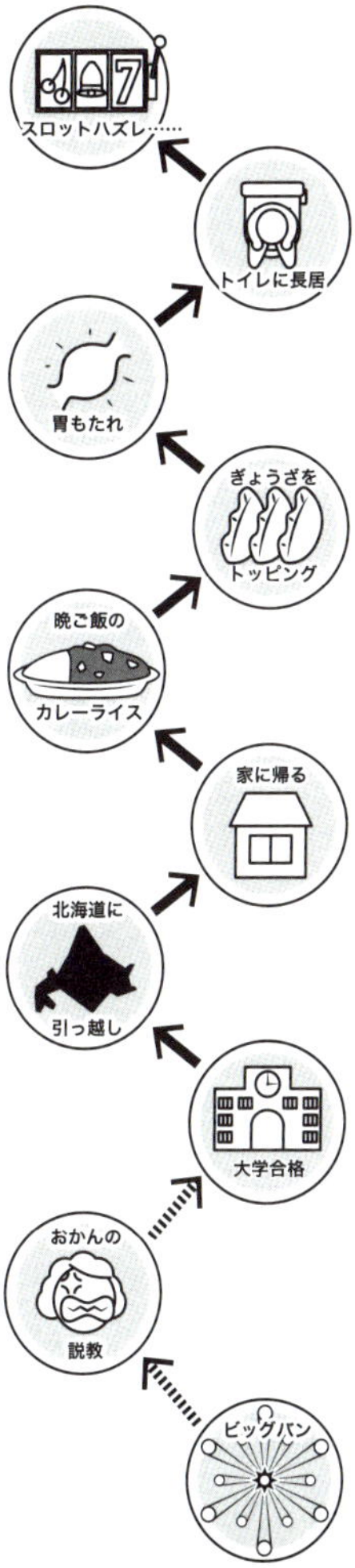

「ハズレ」でも、絶対にそこでは終わらない。

「当たる」までやり続ける。

だから、次の日にまた「大当たり」を引く。

そしたら、そこまでの行動の全てが必要だったわけだから、昨日のハズレにさえも、感謝できるようになるってことよ。

嫌なできごとにまで、感謝するようになるんだぜ？

だって、昨日のハズレが、今日の大当たりを生んでるんだから!!

昨日の悲しみが、今日俺たちを笑わせてるんだよっ!!

あばよっ!!!

みつろう　どこ行くんだよ。

ケンジ　いや、また「大当たり」引いたからさ。

すぐにコインが底をついたみつろうは、同じ車で来たケンジの帰りを車内で待つことにした。

ドカ雪の日の札幌は、夜になると一段と美しかった。

「どこ」が道路なのかの境界線すら消えて「1つ」に丸まった景色を見て、「どこからどこまでは、私が起こした」と「自力」と「他力」の境界線を主張していた自分がかわいく見えた。そんなことは、不可能だ。

粉雪1つ、俺のコントロール下にはないのだから。

悪魔 アイツは、「悪人」だな。

みつろう 俺のダチを、悪く言うなや。

悪魔 褒めておる。「正しさ」になんて、染まっていない。

「せかい」が「わたし」にはコントロールできないということを、見抜いておる。

完全に、流れに委ねておる。

あきらめている。

みつろう
悪魔

悪人正機説によれば、最初に救われる「悪人」だ。
じゃあ、ケンジの所にはアミダが来るってか？
違う。「救いにくる」神などいない。
「**自分は初めからすでに救われていた」と気づくだけだ。**
それが、他力本願への切り替わりとなる。
その瞬間に、アイツが言っていたような感動が身体を駆け巡る。
私は宇宙の中に生まれたちっぽけな存在などではなく、
私が宇宙そのものだったと気づけるからだ。
急に、これまでに起こった全てへの感謝が湧きあがる。
その全てのお陰で今の自分が在ることが、明確に分かるからだ。
起こる全てが、必要だった。
1秒遅くても、ダメ。
1秒早くても、ダメ。
全てが、完璧なタイミングで起こっていた。

みつろう　だから、これから起こる全てを完全に信頼できるようになる。

その「流れ」の計算能力のすごさを、悟るからな。

よく分かんねーけど、「今」幸せであればいいってことだよね。

だって、そこまでの全てのできごとに感謝できるようになるんだからさ。


悪魔　そうだ。「自力」などないとただ見抜け！

すると当然だが、「感謝」が湧く。

「自力」で生きていると思い込んでいる「善人」どもは、実は感謝なんてしてないのさ。


「私のチカラで、生きている」と信じている者が、どうやって他者へ感謝できようか？


私のチカラではないと思えるから、感謝したくなるんだろ？

だから、「自力」から「他力」へと移行が起こるに連れ、感謝の数が増えてくる。

自分は何も起こせていなかったと気づくに連れ、「ありがとう」とつぶやく回数が増えてくる。

そして、最終的に全てが「他力」だったと悟り、「自力」が消滅した時。

目の前の全てに対して、『絶対感謝の境地』が開ける。

何もかも全てに「ありがとう」と言いたくなる境地さ。好きな人だけではなく嫌いな人へも。「悪」にさえも。

だから、貴様らがやることはただ1つでいい。

目の前の「せかい」の全てに、感謝してみろ。

そのパワーが、貴様らを今日まで生かしてきたのだからな。

みつろう　まさか悪魔に、「感謝」を勧められるとはな。

悪魔　よが、アミダかもしれないじゃないか。

イーッヒッヒッヒ。

みつろう　んな、バカな。

これまでの教え

自力で頑張って、幸運な人生を切り拓《ひら》こう！

自力で良くできたのなら、それは「運」じゃないのさ

「ありがとう」と心から呟けたなら、「自力」では計算できなかった未来が観えてくる。

そうだな、場所は……
貴様ら人間の世界なら、
トイレがいい。

トイレで、悪いできごと、悪い奴（嫌いな人）、悪いことだと思い込んでいる対象に、「ありがとう」と何度も唱えてみろ。

そして、流すんだ。

水は流れ、「悪い」がただの自分の勘違いだったことに気づけるような、そんなできごとへと変化するだろう。

閣下の

運を悪くする良い方法

a way to blow away your anger

結局、運を良くする方法が
あるとするなら、
「ありがとう」と
呟くことだけなのさ。

なぜなら、「ありがとう」は自力じゃないパワーへと意識を切り替え、身を委ねて行く呪文なのだから。


「ありがとう」を多く言う人は、「自力」を全く使っていない。自力を信じてない。だから、「ありがとう」と言う。

要するに、「ありがとう」の回数が増えるほど、本願力パワーへと切り替わる。ポイントは「悪いこと」へも、「ありがとう」と言うことだ。

良いことだけを「ありがとう」と是認するなら、これまでと変わらない。自分では「起きて欲しくなかったできごと」、すなわち自力（＝良い方向へ持って行こうとするチカラ）を超えてやってきた「悪いできごと」にも、「ありがとう」と言えた時に奇跡は起こるのさ。

悪いできごとに。悪い思い出に。嫌いな人に。嫌な仕事に。

waiting…

第11章

あなたは、宇宙の孫の手

あなたは、宇宙の孫の手

人間スーツの中には誰が入っている？

人間の「欲望」さえも、地球の大切な資源なのかもしれない。

この世界の全てを欲する、原動力なのだから。

中途半端な金ならいらない。そんな「一部分」などではなく、この世界の富の全て、物質の全て、体験の全て、他者の心の全て、ありとあらゆるものが際限なく……欲しくなる。

僕らは森を刈り尽くし、石油も掘り尽くし、土地も奪い尽くした。

それは「欲望」の対象が、結局は「せかい」そのもの――

そう、全てだからなのだろう。

――「せかい」の全てが、欲しい。

たいていそのチカラは「夜」にうごめき出す。

「わたし」の寂しさを埋める、何かを求めてネオン街へ繰り出す若者たち。

彼らは何度も夜を捕まえようとして、失敗した者たち。

彼らは何度も夜の征服を試みて、敗北した者たち。

この、まばゆく輝く夜が。

捕まえられそうで、捕まえられない、この夜が。

胸が張り裂けんばかりに、好きなのだ。

その日も、どうにかしてこの夜を「わたし」のものにしようと街へ繰り出し、歩き疲れた者たちの反省会が行われていた。

みつろう　すすきの行く時はノリノリだけど、帰ってくると「行かなきゃよかった」っていつも思うぜ。一晩中声かけて、収穫ゼロ。

ケンジ

もう卒論でもやる？　せっかく、3人揃ってるし。だな。まず、それぞれが調べてここまでで分かってることをノートに箇条書きにしようか。

『人間スーツ論』

・毎朝、誰かが俺たちの中に入ってきて目覚める
・朝のほんのわずかな「まどろみの時間」に、先ほどまでのかすかな記憶が残っている
・「わたし」ではない誰かだったその記憶を、「夢」と呼ぶ人もいる
・でも、その夢を「わたし」が見ていたのか、その夢の世界の誰かが今「わたし」という夢を観始めたのかは、誰にも判別できない
・とにかく、こうして今日も「わたし」が始まる
・すると「わたし」の前に「せかい」というストーリーが立ち上がる
・この「せかい」は鏡の世界。常に、「わたし」と正反対の姿で起動する

- 「夢を叶えたい」人の前には、「叶えたがられる夢」が、「ベンツが欲しい」人の前には「欲しがられるベンツ」が起動する
- それはすなわち、全ての人の夢は実は目の前で叶っているということを意味する
- この「着るだけで夢を叶える」人間スーツが、世界中の全ての場所に置かれている
- そして何者かが、そのスーツを着ると、その場所の人生が『体験』できる仕組みらしい
- 「わたし」と「せかい」と『体験』は絶対に3つのセットで同時発生する
- この3者が切り離せない関係だということを、「三位一体」や「トリニティ」として古くから世界各地の神話や聖典が伝えている
- ちなみに、この3点が1つになると「ハイレ！　セラシエ！」と言ってカデルが踊り出す

……と。だいたい、こんなもんか？

みつろう　**問題は、じゃあ誰がこの私の中に入ってくるかだ。**
要するに、人間スーツの中に入ってきてるのは誰なのか？
宇宙人とかじゃね？　「人間」というスーツを着れば、まさに地球という仮想ゲーム世界を楽しめる。

カデル　じゃあ、その宇宙人を着てるのは誰なんだよ？
宇宙人だって、存在しているからにはそこに「わたし」という認識がある。**ということは、その宇宙人も、誰かが着ているんじゃん。**
宇宙人スーツを着て、さらに人間スーツを着る意味なんてない。

みつろう　そうか……。
あ！　未来人かも！　なんか、変な人形が「未来の貴様が、貴様を着ているのさ」みたいなことを言ってたぜ。

カデル　そしたらそれは、「過去のみつろう」じゃなくて「未来のみつろう」になるじゃないか。

みつろう　え？　どういうこと？

ケンジ お前、バカか。「未来のみつろう」っていう人間が、タイムマシーンに乗って過去のみつろうへ入ることを決意しました。タイムマシーンに乗ろうとしている時、そいつは誰だ？

みつろう だから、「未来のみつろう」だろ？

ケンジ じゃあ、タイムマシーンを降りて、過去に到着した時は？

みつろう だから、「未来のみつろう」だってば。

ケンジ そして、人間スーツのチャックを開いている時は？

みつろう しつこいな、「未来のみつろう」だろ！
片足入れてる時も「未来のみつろう」、
チャックを閉め終わった時も「未来のみつろう」、
この人間スーツの起動ボタンを押すのも「未来のみつろう」。
そして、今始まった「過去のみつろう」というゲームを始めたのも「未来のみつろう」……あれ？
そしたら、それはただの「未来のみつろう」じゃないか？

ケンジ だから、「あり得ない」っつってんだろーが。

カデル **この人間スーツに入る者が特定の「何者か」だったなら、「せかい」というストーリーが始まったとしても結局はずっと「何者か」のままだ。**

もしもケンジのスーツの中にみつろうが入ったとしても、それは結局ケンジのフリした「ただのみつろう」だから。

みつろう **てことは、人間スーツに入ってくる奴は「何者でもない者」じゃないといけないな。**

宇宙人でも、未来人でも、地底人でも、他人でも、別のパラレルワールドの住人でも、ポチでもタマでも、神でも悪魔でもなく。

だって、「何者か」だったらダメなんだから。

カデル そんな「何者でもない者」なんて、あり得るのか？

あり得ない。だって、確認できるモノは全て「何者か」だからな。

人も、石ころも、宇宙人も、温度も、神も、エネルギーも、確認できるからこそ「何者か」に分類できているのだから。

ところが、人間スーツの中に入れるのは「確認できないモノ」じゃないとおかしい。なんだろう？　俺らが「確認できないモノ」ってのは？

全体だ……。

みつろう

それって、【全体】なんだ！

いいか、「確認できる者」や、「特定された何か」とは、切り取られた「一部分」のことだ。

「部分」だからこそ確認ができる。

その「部分」以外の他者があるから。

ところが、「全体」や「全て」となると、

それを確認する者がいない。

それを特定する者がいない。

「全て」が、全てそのものを確認することなんてできないんだから！

ほら、フラクタル理論でも習ったじゃん。

確認する者も
同化しているので
確認できない

ケンジ たしかに、「確認できないモノ」は、「全体」しかない。
じゃあ、人間スーツの中に入っているのは「特異点」ってことか？
ビッグバンが始まる前の、この宇宙の全ての質量が集中していた、あの点？

カデル それだよ！　永田先生が、言ってたじゃん！
「一者なる者」って。そいつが、入ってるんだ！

ケンジ でもさ、「カデル」の中にそいつが入っている時、「みつろう」の中には誰が入ってるんだ？

カデル そいつだよ。

ケンジ おかしくね？　「みつろう」と「カデル」の両方に同時に入れないじゃん？

カデル **おかしくない。むしろ、同時じゃないとおかしなことになる。**
「みつろう」も「カデル」も「ケンジ」も同時にそいつが入っていないとおかしい。だって、そいつは「全体」なんだから。
全体というのは、全てを含んでいる存在のことだ。
「含んでいないモノ」があるなら、「全体」とは呼べない。

だから、全体であるなら、今、同時に全ての「部分」を含んでいるはずだ。

「みつろう人間スーツ」も「カデル人間スーツ」も「ケンジ人間スーツ」も、それどころか、世界中に在る全ての人間スーツを、そいつが今、同時に着ていないとおかしい。

ケンジ

「全体」だからこそ、全ての全てを、今、同時に着ているのさ。

マジだ。

すげーな。今、同時に全ての「部分」でもあり、しかも「全体」でもある。

そいつは、「全体」であり、「部分」だということになる。

なんか、かっけーぞ。

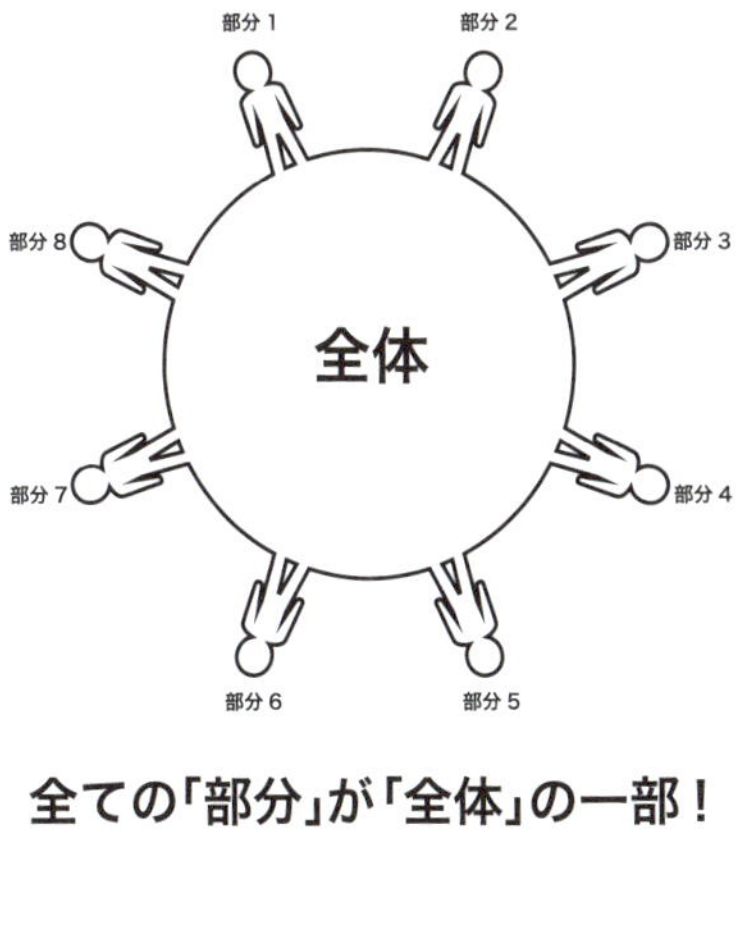

全ての「部分」が「全体」の一部！

Weではなく、I&I

みつろう　ちょっと待って……。てことは、カデル……。

カデル　**お前は、俺なのか？**
俺だけじゃない、全てがお前だ。「違うわたし」の集まりだ。
そしてその奥には、同じ「一者」がいる……。
っは!!　レゲエで言うI&Iだ！

ケンジ　なんだ、アイアイって？　お猿か？

カデル　**レゲエには、〝We〟や〝You〟というコトバがなくて、その部分を〝I&I〟って歌うんだ。**

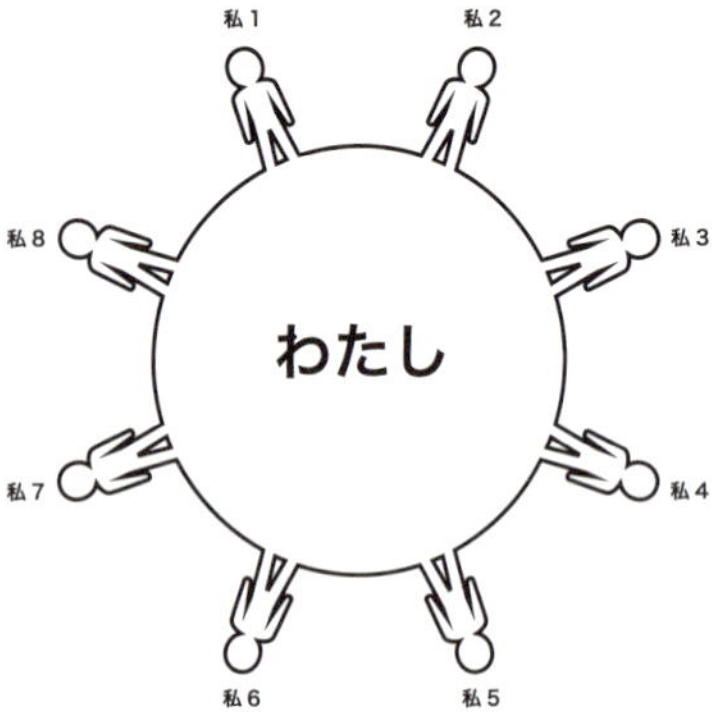

全ての「私」が「わたし」の一部！

〝あなた〟は、「違うわたし」だということだ。
「私たち」は、〝わたしとわたしとわたし……の集合体〟っていう意味が〝I＆I〟。
そして、「セラシアイ」がついに分かった。

みつろう　なんか言ってたな、永田が。

カデル　「三位一体」セラシエは、神のこと。
そしてそれは、「I」アイの集合体だったのか。
3つの要素、全てが「I」なんだ。
ハイレ・セラシアイ！　そうか、セラシエではなく、「セラシI（アイ）」なのか。
分離しているようで、未だに「1つ」なるモノのままという意味だ！
神は今、生きていたのか！

みつろう　おい、ケンジ……。ついに、発狂したぞこいつ。
「神は生きていた」とか言い出した……。尿検査してみるか？

カデル　ガンジャなんか吸ってない。思考実験だけで、俺たちはこの境地に!!
「ここ」に辿り着いたんだ。

神は、俺たちだったんだよ！

ケンジ　おい、みつろう……。「神は生きていた」に続いて、「私は神だ」発言が出た。まちがいなくヤッてる証拠だな。

目もイッてる。あのライブで踊り狂っていたボブ・マーリーと同じ目してる。

カデル　それだ！　ボブ・マーリーだ！

ほら、学園祭で一緒にやっただろ、『Jah Live』（神は、生きている！）って曲。

あれは、ハイレ・セラシエⅠ世が亡くなった時にボブ・マーリーが作った曲。

俺は、特定の皇帝が死んだことを認めたくないから「まだ生きている」って歌を作ったと思ってた。

でも、違った！　特定の皇帝の生死の話ではなく、**俺たちとして、「今」、神は生きている、**とボブ・マーリーは伝えたかったんだ！

「全てなるモノ」で、「1つなるモノ」。

「全体」でありながら、「部分」であり続ける。

それが、ボブ・マーリーがいつも歌っている「Ｏｎｅ」の真実だ。

みつろう　なんとなく、分かってきたぞ。
そもそも、この宇宙には特異点という一者しかいない。
それが、違うカタチとなって、今目の前に現れているのか。
そして、それぞれが別々じゃない。
この、別々の状態のままの集合体が「全体」という一者なのか。
てことは……ケンジ。お前は、「違う俺」なのか。

ケンジ　いや、俺はお前じゃない。俺だけは、絶対にお前じゃない。
それだけはマジ勘弁してくれ。他は、全部お前でもいいから。

「来世」があるなら「横世」があってもおかしくない

みつろう　「過去生」って聞いたことあるだろ？　**あれは、「過去の記憶」がないからこそ、成り立っている「別の自分」のことだろ？**

ケンジの過去生のタゴサクが、過去の記憶があったままケンジとして生まれ変わったなら、それはただのタゴサク第2章だもんな。

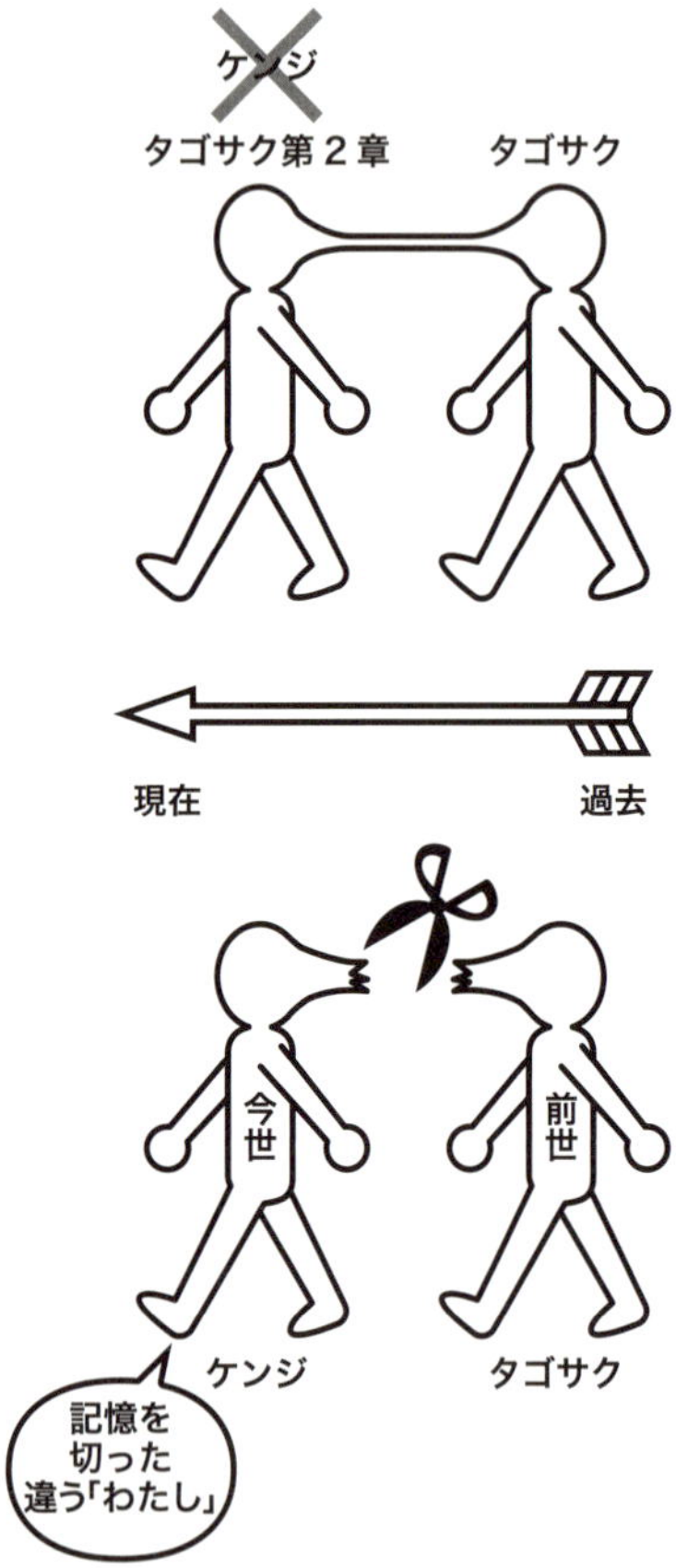

ケンジ　俺の過去生に、勝手にタゴサクって名前付けんなや。

俺はジェームス・スパロウ3世とか、そんな系の偉人だったはずだ。

みつろう　タゴサクⅡ世、聞いてくれ。

「過去生」と同じように、「来世」ってのもあるだろ？
未来で、私が魂として入る**「別の私」という考え方。**
もしもそこへ、今の記憶を持ってケンジが行っちゃうと、そこもただタゴサク第3章がスタートするだけだ。

ケンジ　なるほど。「別の私」に入る際には、記憶を消す必要があるのか。

みつろう　そう。そしてな、「過去生」とか「来世」があるなら、**「横世」や、「他人世」があってもおかしくない。**

ケンジ　マジだ！　むしろ、前世や来世よりも、信ぴょう性あるじゃん！
過去は過ぎ去ったけど、「今」なら横に広がってる空間でつながってるもんな！
今、空間の「横」への広がりに、記憶のない「違うわたし」が発生しているということか。

みつろう　俺の著作物だ。勝手にパクるなよ。**「横世」、「他人世」って表現が上手いな！**
いいか、これは座標なんだよ。

「I＝わたし」とは、Oneの座標のことだ！

北緯43度、東経141度、高度20メートルに発生したOneの名前が、「みつろう」という私だ。

このパラメーターを少しイジって、お前が今いる位置の数値へ変えると、「ケンジ」という私が発生する。

北緯43度、東経141度、高度21メートルに発生したOneがケンジなのさ。

それが、「他人世」だ。

そしてこのパラメーターには、「時間」という項目もある。すると、昨日の「わたし」と今日の「わたし」も数値が違うだけの同じOneになる。

【昨日の俺】は、A.D.2003・11・10の北緯43度、東経141度、高度20メートル。

【今日の俺】は、A.D.2003・11・11の北緯43度……と。

「タテ」「ヨコ」「タカサ」「ジカン」4つの数値を変えるだけで、宇宙の全ての場所の、違う「わたし」を説明できる。

これが、世界中に置かれている『人間スーツ』のことだ。

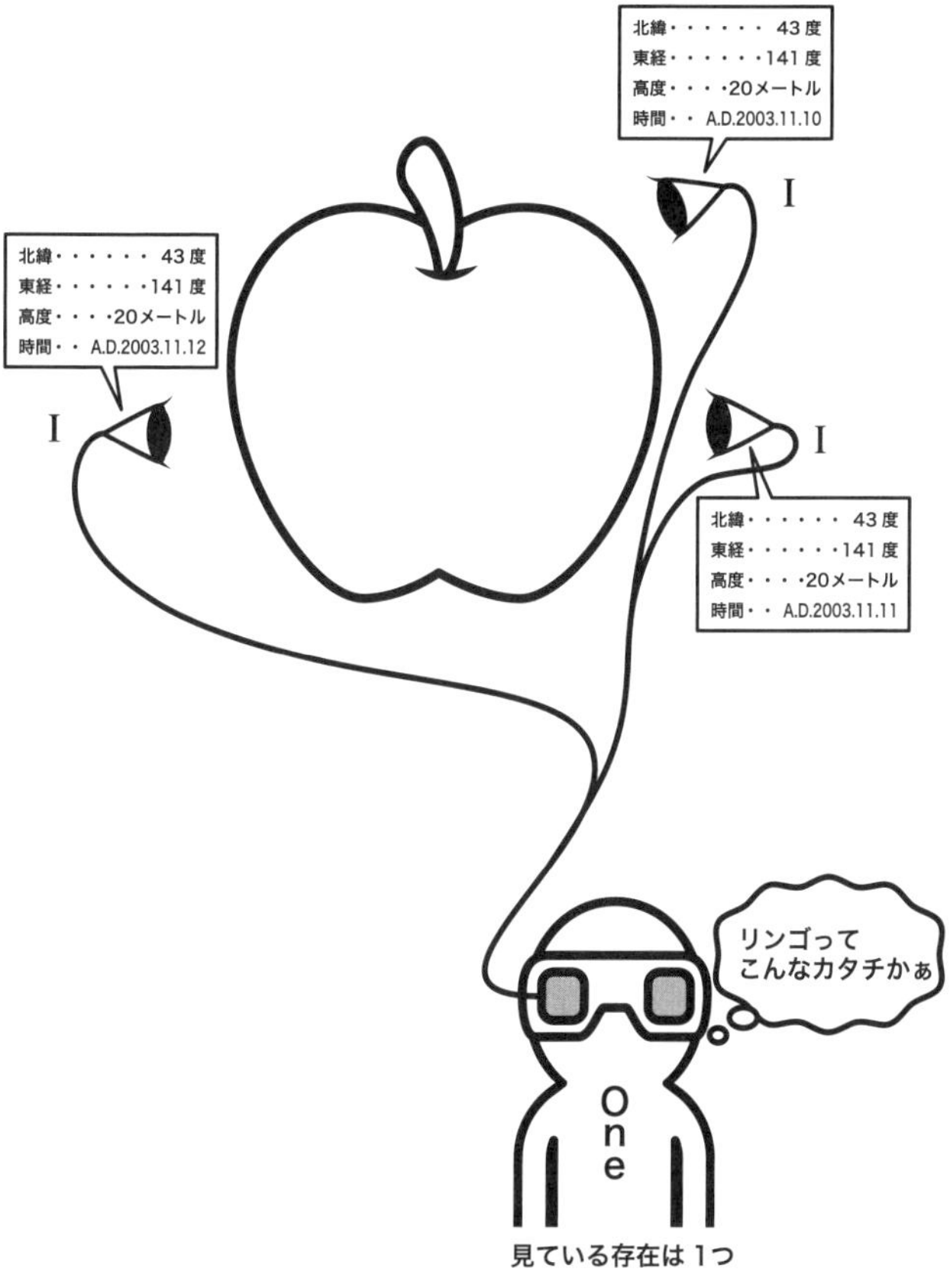

あなたがまだ体験していないのは、「あなた」だけ

カデル じゃあ、人間だけじゃないかもな。犬とか猫とか。最近聞いたんだけど、石も意思を持ってるらしいぜ。

みつろう くだらないダジャレ言ってる場合か。

カデル いずれにせよ、宇宙の全ての場所、全ての時間に、生命スーツが置かれている。そしてそれを着るのは、「全体」という名の神だ。**聖書には、「始まる前に神は全ての経験をやり終えた」って書いてある。**要するに、過去から未来に至るまで、全ての「わたし」がもう発生し終えているのさ。

ケンジ 未来が、発生し終えている？

みつろう 今、全ての「瞬間」というフィルムが置かれているんだよ。

今の、宇宙の全ての場所から見える「瞬間」。それどころか、過去から、未来まで全ての「瞬間」フィルムが同時に置かれている。

だって、「全体」は全てを同時に「今」見てないと、全体とは言えないから。

神は、「昨日の俺」も、「明後日《あさって》のケンジ」も、「10年後のカデル」も、今、同時に体験中だ。ってことは……

まじか。神が体験していないのは、「このみつろう」だけだ。

俺は、なんてすばらしい存在なんだ!!

カデル そうだ。

ケンジ え？ カデル、今のは、ツッコむべきボケじゃねーの？

「俺はなんてすばらしい存在なんだ」って言ったんだぞこいつ？

カデル コトバにできないほど、すばらしい……。

今のこの「カデル」が見ている「せかい」は。

ケンジ え？ どうしたのお前ら。すばらしいのは、どっちよ？

カデル　神は、全てを今、同時に体験している。

だから、**目の前の「せかい」以外の全ては、違う私が「今」体験中だ。**

それはすなわち、神がまだ体験していない「瞬間」は、この目の前の風景だけだということになる。

たった1つ、この目の前の風景。それだけが、まだ神の見てない風景だ。

ケンジ　宇宙の全ての「瞬間」のフィルムを体験し終えたのなら、この目の前の風景も、体験済みじゃないの？

カデル　だからその体験がまさに、「今」なのさ。

「今」が、この目の前の「せかい」を神が初めて体験している瞬間だろ？

全ての人の目の前にある「せかい」を、同時に神が「今」体験中なのさ。

それ以外は、「違う私」が体験済みだから。

神が宇宙で一番行きたかった場所が、全ての人の目の前にあるってことだ!!

ケンジ

「全てが同時に存在」ってのがややこしいけど、なんか分かったぞ。

俺は、俺以外の全てを体験済みってことじゃん！

「来世」も「前世」も、「みつろう」も、「マイケル・ジャクソン」も、「マイケル・ジャクソンの1980年」も、「ジャネット・ジャクソンの4年後」も、「火星人の明後日」も。何もかも全て、この宇宙どころか、過去の宇宙も、未来も、パラレルワールドも。

全ての「わたし」を、俺は体験した。

そんな俺が、未体験なのは、この目の前の、この「瞬間」だけ……。

おいおいおい。メチャクチャこの目の前の「せかい」ってのは貴重じゃん！

これだけを、まだ見てないんだぞ！　てか、今見てるか。いや、神は、見てない。いや、神が俺か。なんかややこしいけど、すげー!!

みつろう

全宇宙で、「俺」しかこの目の前の風景を見ることができない。

「これ」を観るために、神が化けたセンサーが「わたし」なのか……。

これ、めっちゃトリハダ立つな……。

いかに、自分という存在が貴重なのかが分かる。

しかも世界中の人たちの眼前でも、同じことが起こっている。

全員とも、目の前のその風景が、めっちゃ貴重なものじゃん。

特定の「だれか」だけじゃなく、世界中の全ての「わたし」が、恐ろしいほどに貴重な存在だ。

全てが、宇宙の3点分離。

目の前の、このたった1つの未体験である「瞬間」を、『体験』にするために。

世界中に今、「わたし」と「せかい」と【体験】の3点分離が発生しているのか。

おい、今日はもうこのまま寝ないで永田先生に報告しに行こうぜ。

カデル

「ハイテンションなのは、一睡もしていなかったからなのか、とてつもない真理を垣間《かいま》見たからなのか。」

「俺、パソコンの準備して出るから先に行ってて」と告げた「みつろう」という名の「わたし」以外の2人の「わたし」が、大学へと駆けて行った。

なぜ人の数だけ、能力が存在するのか？

みつろう 閣下、だましたな！　いるんでしょ、出てこいや！

悪魔 だましてはいない。あの日のお前は、「未来のお前」が身体の中へ入っていた。

みつろう 人間スーツの中へ入れるのは、「何者でもない者」だけだ！

悪魔 **何者でもない者、それすなわち、全てであるモノだ。**
よでもあり、
他人でもあり、「未来の自分」でもある。
そんな「全てであるモノ」が貴様に入ったのだから、未来のお前が入ったとも言えるだろ？

みつろう　インチキじゃん、そんなの。
だったら、「今日の朝、あなたの身体にはオードリー・ヘップバーンが入ったのよ、喜びなさい」くらい気を利かせて言ってくれりゃ、良い目覚めだったのに。

悪魔　貴様、まさか……
オカマっ気があるのか？

みつろう　ない、ない、ない！　俺は「男らしい男」そのものじゃない！
要するに、そのー、「美しくなりたい」と言っているだけだ。
その象徴としての、オードリーだ。

悪魔　「美しさ」か。それも、1つの能力だな。
おい、そこのオカマヤロー。また1つ、人間の秘密を教えてやろう。
人間とは、宇宙の孫の手だ。
宇宙が、自分自身の背中を掻くために物質化した道具こそ、「ニンゲン」なのさ。

みつろう 人間は、背中を掻くための道具「孫の手」？
またもや、夢がない発言を。

悪魔 世界中にもしも貴様1人しかいなかったら、「能力」はどうやって使う？

みつろう 使えないよね。「能力」には、「行使する者」と、「行使される者」が必要なんだから。

人は、1人では優しくなれない。

悪魔　そうだ。「優しさ」という能力は、「優しくされる人」と「優しくする人」がいて初めて行使できる。

全ての「能力」が、そうだ。歌唱力も、腕力も、背の高さも、器用な手先も。

1人では、その能力が行使できない。

要するに人間の「能力」とは全てが、他人のためにあるのさ。

宇宙から分離した「違うI＝わたし」へ行使するために、「このわたし＝I」が宇宙に持たされたパワーが「能力」なのだからな。

みつろう　なるほど。「1つ」だと何もできなかったわけだから、そうなるね。

「わたし」のそもそもの発生理由は、「孫の手」として使われることにある。

悪魔　「わたし」はただの、宇宙の孫の手。

〔宇宙が始まった仕組み〕を明確に理解できた者から、そこに気づき始める。

「わたし」とは、そもそも「誰か他人」のために発生した存在体だったのかと。

ということは、私が持たされている他の人よりも優れた「能力」とは、世界のために使うモノだ、と悟る。
そして、それに気づいた者は、とてつもないパワーを発揮する。
モーツァルトがそうだった。
夏目漱石がそうだった。
発明王、トーマス・エジソンがそうだった。
彼らは、「わたし」とは「だれか」のためにある道具だと言った。

みつろう

でも、「能力」が「他人（違うI）」のためなら、「このわたし＝I」はどうやって生きていくの？

悪魔

鏡は、全てが真逆の性質になる。
「せかい」のために「あなた」が何かをすれば、「せかい」が「あなた」のために何かをし始めるのさ。

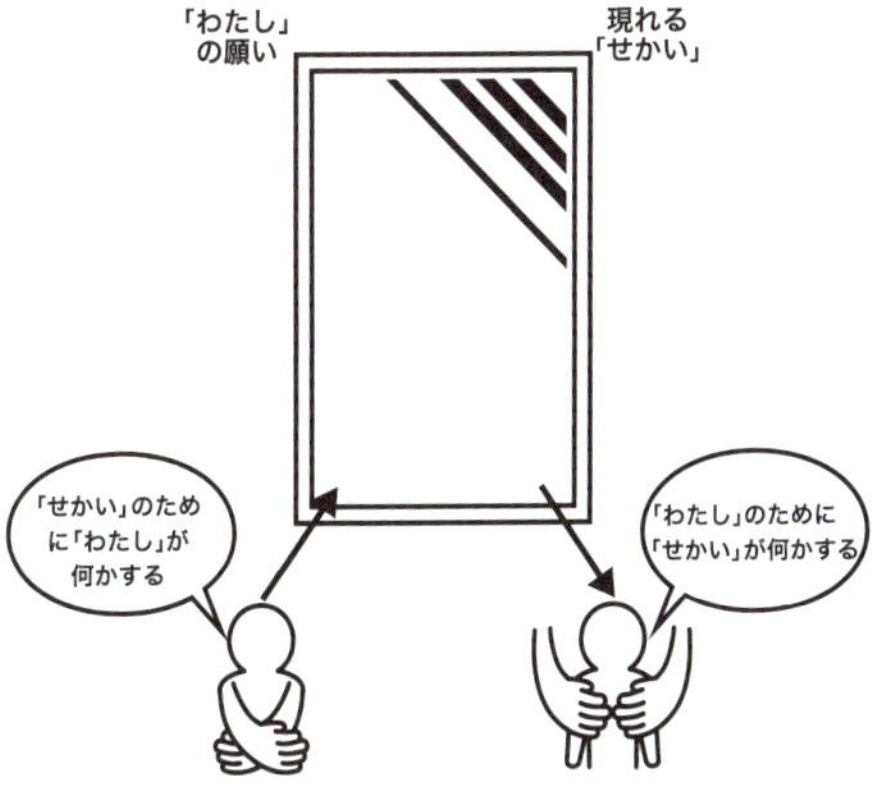

先に、与えろ。するとより多くを、受け取る。

与える者が、受け取る者だ。

みつろう

なるほど。じゃあさ、鏡って反射するんだから、「せかい」の一部分じゃなくて、

目の前の「せかい」全体に尽くしたら、大きなエネルギーが跳ね返るんじゃね？

悪魔

そう。それが、**この世で最強のパワー「世界平和への祈り」**だ。

「アメリカ」や「ロシア」、「家族」や「敵」などの、特定の「部分」に味方する

祈り方ではない。

悪も善も、

好きも嫌いも、

良いも悪いも。

何もかも全てを、愛するのだ。

この「全体を愛する」祈りが、世界最強のパワーを発揮する。

目の前の「せかい」の１００％を抱きしめろ。

「良い日」だけじゃなく「悪い日」も。

「好きな人」だけじゃなく「嫌いな人」も。

「わたし」の目の前の現実を100％愛する姿勢。

すなわち、「今」この目の前の現実よりもすばらしい場所など、絶対に他にはどこにもないと見抜くことが、真の祈りなのだ。

この「世界平和」への祈りを使える者なら、世界の全てを動かせる。

マザー・テレサが、これを使った。

キリストが、ブッダがこれを使えた。

彼らは、この世界の全ての平和を祈った。

だから、世界の全てから祈られた。

みつろう やっべー。テレサ・テンがまさかそんな能力に気づいていただなんて。

悪魔 マザー・テレサじゃ!!

みつろう 「じゃ」？ なんで急に、広島弁になんねん。それにしても、まさか悪魔に、「世界平和への祈り」を勧められる日が来るとはな。

でも、システムは分かった！ **与える者が、受け取る者**ね。

今日からは、できる限り「わたし」の能力を「せかい」のために使ってみるよ。俺はただの、宇宙の孫の手なんだから。実際、宇宙というおじいちゃんから数えると孫の俺は「3」番目のトリニティだもんね。サンキュー神さま！

悪魔 神ではない、悪魔じゃ。

デジャビュや予知夢はなぜ起こる？

みつろうが研究室に着いた頃には、ひと通りの報告が終わっていた。
ダウンジャケットに残った雪を払いながら、みつろうは言った。

みつろう で？　卒業、できるって？　俺たち。

ケンジ めずらしく褒めてくれたけど、誰かがこれをパソコンで文章として打ち込まないといけないんだって。卒論って、口頭だけじゃダメなんだとよ。

みつろう 誰か、得意な奴いないかな？

みつろう　しゃーねーな。じゃあ、俺が打つわ。

ケンジ キーボード入力、得意だし。

永田先生 今日は、めずらしいことばかりが起こるな。

先生には褒められるわ、みつろうは「俺が打つ」なんて言うわ。

雪でも降るんじゃねーか？

北海道では、雪が降るほうが「当たり前」だ。

そして宇宙は常に、「当たり前じゃないこと」を求めて進化する有機体です。

実は、たった4年前にリサ・ランドールという素粒子物理学者が、君たちの理論を発表したばかりだ。

理論の名前は、『ワープした余剰次元』。

みつろう いきなりSFの話ですか？

永田先生 SF以上の話が、今の最先端の物理学者の間では「当たり前」にされるようになってきた。

ブレーンワールドによると、我々の「この3次元宇宙」は、さらに高次元の宇宙の中に無数に浮かんでいる、と。

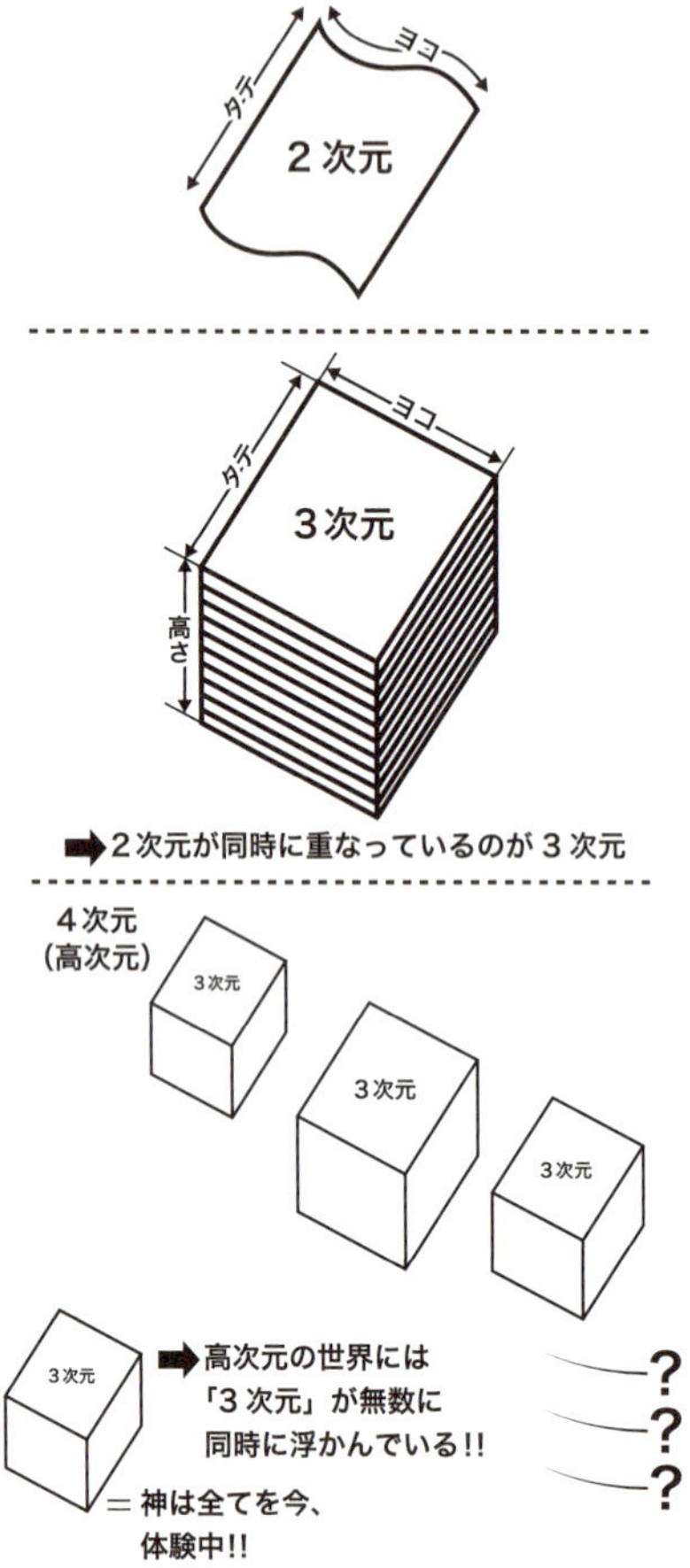

みつろう　どういうこと?

永田先生　簡単に言えば、まさに映画『マトリックス』です。

無限の数のパラレルワールドである「せかい」が、膜を張って包まれて浮いていいる。その数は、無限。

みつろう 全ての可能性である「せかい」が、もう生み尽くされて存在している。俺らの「人間スーツ理論」じゃねーか！　パクられた！

カデル どうやって、パクるんだよ。向こうのほうが、1年も先だぞ。

永田先生 ところが、それも可能なのです。**未来から、パクるということが。**

みつろう え？　どういうこと？

永田先生 その「ブレーンワールド」は、1つの宇宙。君たちのコトバで言えば、「せかい」。**その「せかい」から別の「せかい」へ、1つだけ飛び出すことを許された「粒子」がある。それが、重力子（グラビトン）。**重力の媒体となる、素粒子です。この「重いの素」だけは、3次元宇宙膜から、抜け出すことができるのです。

みつろう 他のパラレルワールドと、行き来できる「重いの素」……。

永田先生 この世界で、重力の影響を受けないモノが1つだけある。

それが、「思い」だ。誰か、道にボトッと落ちている「思い」を見たことがありますか？　木から落ちた、リンゴのように。

ケンジ　ねーよ。怖いでしょ、道に「思い」が落ちていたら。

永田先生　「思い」と「重い」の語源が日本語では同じだったのは、偶然だとは思えません。誰かの**「想い」を、「重く」感じる時もあるでしょ？**

みつろう　カデルは玲子と別れる前、「玲子の想いが重すぎる」ってよく言ってたよな。別れた今じゃ、カデルのほうが未練タラタラだけど。

永田先生　これは先生の私見ですが、**「想い」と「重い」は同じエネルギーを、違うコトバで表現しただけ**じゃないかと見ています。**「想い」こそ重力そのものだったわけです。**

すなわち、人間は重力を発生させることができる。

何かを思えば、他の「せかい」と、この「せかい」の間に「相互引力」または「相互斥力」のような干渉が始まるわけです。

すると、**「想像する」「イマジネーションする」というのは、１つの力**

学的な行為だったことになります。

想像すれば、どこかの「せかい」とチカラの干渉が起こり、引き寄せ始める。

その「せかい」の情報は素粒子としてこの「せかい」にも伝わる。

それが、グラビトンです。

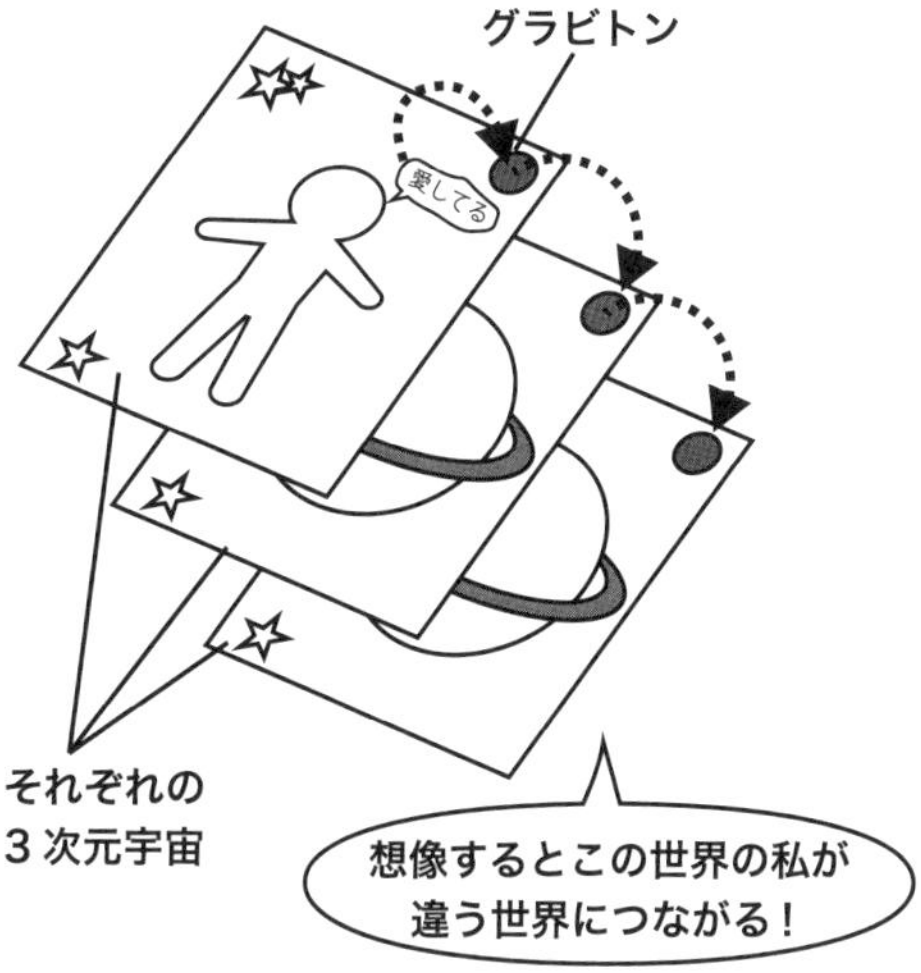
グラビトン
愛してる
それぞれの
3次元宇宙
想像するとこの世界の私が
違う世界につながる！

みつろう　じゃあ、今、「未来の世界」との交渉もできるということじゃん！　だって、全ての「瞬間」が、今、この宇宙に無限に横並びであるのだから。

その「せかい」と「せかい」の間を、行き来できる素粒子なんでしょ？

別の「せかい」との間で情報のやり取りができるじゃん。

なんか、カッコイイな、このグラビトンって。

別の「せかい」へ、思いを伝える素粒子……。

永田先生　俺、曲でも作ろうかな。

別のブレーンワールドから叡智《えいち》やヒントがやってくる。それはたいてい、夢の中で観ます。

カデル　ビジョンだ！　予知夢！　僕は、朝のまどろみの時間に。この「わたし」が始まる前に、自分が別の誰かだったような夢をよく見るんです。

永田先生　その世界との間に、実際にチカラの相互干渉が起こっているから、反応が返ってきているのです。

ひょっとすると、カデル君が何度も見るというその世界で、誰かがカデル君のことを想っているのかもしれません。

みつろう またはカデル君がその世界にいる誰かを、何度も想っているのかも。

また玲子か、カデル。もう、やめろって。

先生、あとデジャビュとかもそうなのかな？

グラビトンによる、別の「せかい」との干渉痕？

永田先生 詳しいことは分かりませんが、それも1つの干渉痕かもしれません。

別の「せかい」との間に、エネルギー的な干渉があるからこそ、何かが「浮かぶ」という反応が起こっているはずです。

ケンジ アイディアが「浮かぶ」って表現も、ヒントだね。

「浮かぶ」ってのは、重力に影響されていないって意味だもんな。

全ての『体験』を終えている宇宙には、全ての『体験』の情報が保管されている。そこにグラビトンでアクセスして〝浮かばせたら〟、他の世界のどんな「可能性」だって情報を取り出せるんだから。

保管庫から、グラビトンに乗って〝浮かんだ〟アイディアがやってきたのさ。

みつろう それはオカルトすぎるアイディアでしょ。

永田先生 **どこかで、ラインを引いてはいけません。**

あきらめの線より手前を「科学」と呼び、その線より向こう側を「オカルト」と呼んで逃げるのは優秀な科学者の態度ではありません。

実際に、日本が誇る物理学者である南部陽一郎先生。

彼は、寝室にいつもメモ帳を用意していた。

寝ている間、夢の中で「アイディア」が浮かぶからです。

南部先生は起きてすぐに、そのアイディアを手帳に記した。

他にも、トーマス・エジソン。彼は、こう言った。

「この『わたし』とは自然界のメッセージ受信機だ。私は自分の頭で発明したのではなく、宇宙という大きな存在からメッセージを受け取ってそれを記録しただけだ」と。

エジソンは、降霊術なども信じており、「オカルト」と「科学」の区分線を引かなかった。

晩年の全てをかけて「あの世と交信する電信装置Spirit Phone」の発明を行っていたほどです。

ケンジ

やってることが、みつろうみたいじゃん。

ほら、最近カラオケでめっちゃ酔っぱらった日に、「俺は悪魔を呼び出したんだぜ！」って言ってたぜ？

「まぁ、失敗したけどな」とみんなを笑わせてたけど、あれギャグじゃなくてマジでやってそうじゃん。

永田先生

とにかく、この世界にはまだまだ人間の理解できていない「未知のエネルギー」が溢れています。それを、「知る」ことができると考えると、ワクワクしませんか？

「知」への渇望だけが、君たちの人生を明るくしてくれる。

人間は、知る生き物だ。問うては学び、学んでは問い。

これからも、「学問」をし続ける君たちであれ。

リスペクト！

3人は、もう36時間以上も起きていた。

「歩きながらでも寝れそうだ」と言って、実際に家までの帰路の所々に記憶がないみつろうに、ケンジが言った。

「あれ、玲子じゃね？」

引き返すことも、別の道へ折れ曲がることもできない「雪の壁」という運命が、3分後には確実に4人がすれ違うことを告げていた。

3人の眠気は、雪の空へと吹き飛んで行った。

これまでの教え

自分の才能を自分の未来のために使おう。

誰かを、搔け。
貴様は、ただそのためだけに
生まれた

閣下の

長所を伸ばすメソッド

a way to blow away your anger

１つではできなかったことを、体験するために分離したのが宇宙だ。

「優しくする」という能力も、1人では使えない。

使う者が「わたし」なのだから、それを使う相手は常に「だれか」のはずだ。要するに、「わたし」が持たされている能力は、全てが他人のためのモノなのさ。

貴様は、宇宙の孫の手だ。
他人という「別のわたし」を
掻くための道具だ。

そんな自分の発生理由が分かったなら、あなたが持たされている『能力』を、他人のために使い始めろ。

すると、さらにその能力のパワーが強まる。

あなたの得意分野、得意な能力を、惜しげもなく他人のために使うのだ。

何も分かってない善の勢力が、「自分のために努力しろ」と教えている。

違う。能力は、他人のために使うほど、強まるのさ。

第12章

あなたは何も悪くない

あなたは何も悪くない

誰もが、「悪いこと」をしている

自然界はいつでも美しい。

それは、何かになろうという期待を手放しているからなのかもしれない。

木はただ揺れる。風の吹く方向へ。

雪はただ舞い落ちる。自身の行き先などにこだわらず。

大きな「全体という流れ」に従って動かされている者たちの、秩序立った美しさがそこにはあるのだろう。

その大きな流れで降り積もった美しき結晶たちの上で、流れに逆らってでも「どうにかしよう」という、醜い人間たちの言い争いが続いていた。

玲子 だから、どうして浮気なんかしたのって聞いてるの！
信じていたのに！　そして、ケンジ！
あんたが、うちのカデルを合コンになんて誘ったから悪いのよっ!!
どうしてくれるのよ!!

ケンジ え？　俺に来る？　あれは違うんだって、その……なぁ？

ケンジはそう言うと、隣りの「違うわたし」をひじで突っついた。
それが「かばえ」という合図だということは、グラビトンを使わずともすぐに伝わった。

みつろう いいか、玲子。まず、カデルは何も悪くない。むしろ、犠牲者だ。
だってケンジが合コンに誘ったんだから。
だけど、ケンジに濡れ衣を着せるのは、まだ早い。

悪いのは、マコトさ。だって、本当は合コンに来る予定だったマコトが急に「バイトが入った」とか言ったんだ。

だから、マコトが悪い。

さらに言えば、マコトのバイト先の桜庭が腹痛でバイトを休んだんだ。

だから、桜庭が一番悪い。

玲子　何が言いたいのよ！

みつろう　だって、カデルもケンジも悪くないじゃん！

桜庭がバイトを休んだせいで、マコトが合コンに行けなくなって、それで焦った主催のケンジは、「そりゃ、しゃーない」ってことで、彼女持ちのカデルを誘うだろフツー。

だから、悪いのは桜庭じゃん！　アイツが腹痛とか起こしたせいじゃん！

日本人なんだから、胃薬くらい持ち歩いとけっつーの。

なぁ、玲子。

玲子　はぁっ⁇

みつろう とにかく、カデルは何も悪くない。カデルはただの犠牲者だ。
濡れ衣を着せられたケンジも犠牲者だ。
雪の中めんどくさい説明をさせられてる俺も犠牲者だ。
そして、犯人は君だ。

玲子 もういい！　カデルだけ、私の部屋に来てちゃんと説明して！
あんたたちは、どっか行って!!

友人カップルの痴話ゲンカから解放されたのだから、いつもだったら大喜びするはずだった。それなのに、なぜだろう。この日は腕を引っ張られ、吹雪の中へ消え行く「違うわたし」の後ろ姿に、胸の奥が少し痛んだ。
きっと寝不足のせいだろうと家に帰ったみつろうを、さらなる寝不足へ誘う存在が待っていた。

悪魔　じゃあ、「桜庭」が、悪いのか？

みつろう　そりゃ、そうじゃん。結局あの日、アイツが腹痛にならなければカデルは浮気しなかったんだから。

悪魔　人間は「誰か」に罪を着せようとする。なぜだ？

みつろう　「自分は悪いことをしていない！」って主張したいからじゃね？

悪魔　神さまにアピールして、天国へ行きたいんでしょうよ。

それなら、朗報がある。**人間は、誰もが悪いことをしているから、自分の善行をアピールする必要はない。**

みな、横一列だ。差はない。

なぜなら、「生きる」ということは、誰かへ迷惑をかけることだからだ。

いいか、2人のサーファーがいた。

朝から晩まで海から上がらない相方を見て、「よくおしっこが我慢できるな」と片方がつぶやいた。すると、「海の中でしている」と相方は告白した。

その返答に、片方は怒った。

「きったねーな！　お前のおしっこに俺たちが汚染されるじゃないか！　ちゃんと、トイレでやれよ！　俺は、毎回そこのビーチのトイレまで行って、おしっこしてるのに！　ルールを守れ！」と。

すると相方は言った。

「そのトイレは下水管を通ってこの海にただ流れているだけだ」と。

貴様ら人間は、「自分は悪いことをしていない」と言い張っているが、少し違う。

「自分が悪いことをしている」と気づいていないだけだ。

どんな善い行いも、同じ量の悪さを含んでいるのだから当然さ。

全てのモノゴトは、両面を含んでいる。それは、

どんな行動も、「良い」と「悪い」がまったく同量ずつ含まれているという意味だ。

それなのに、目に見える「善い」部分だけをひけらかす〔善人〕というのがこの街には溢れている。

そのエネルギーのひずみを修正しに、よは地獄からやってきたのだ。

恐怖のロシアンルーレット

みつろう　でも、桜庭が胃薬を持ってりゃ、カデルは浮気してないじゃん。

悪魔　じゃあ、製薬会社の江別地区担当営業マンが悪いんじゃないか？　ガンガンに営業して、桜庭にも胃薬を売り付けていればカデルの浮気は防げた。

みつろう　そんなこと言ったら、どこまでも続いちゃうじゃん。

悪魔　それを、言っているのだ。

この一連の流れをどこまで辿っても、「原因」などない！

「原初のきっかけとなった因子」のことを人間どもは「原因」と呼ぶが、そもそも、そんなものはこの世界のどこにもないのだ。

なぜならこの世は全てが「結果」の世界だから。

この世界に現れた時点ですでに「結果」だ。

そんな世界のどこを探したって、「最初のきっかけ」たる「原因」なんて絶対に見つからない。

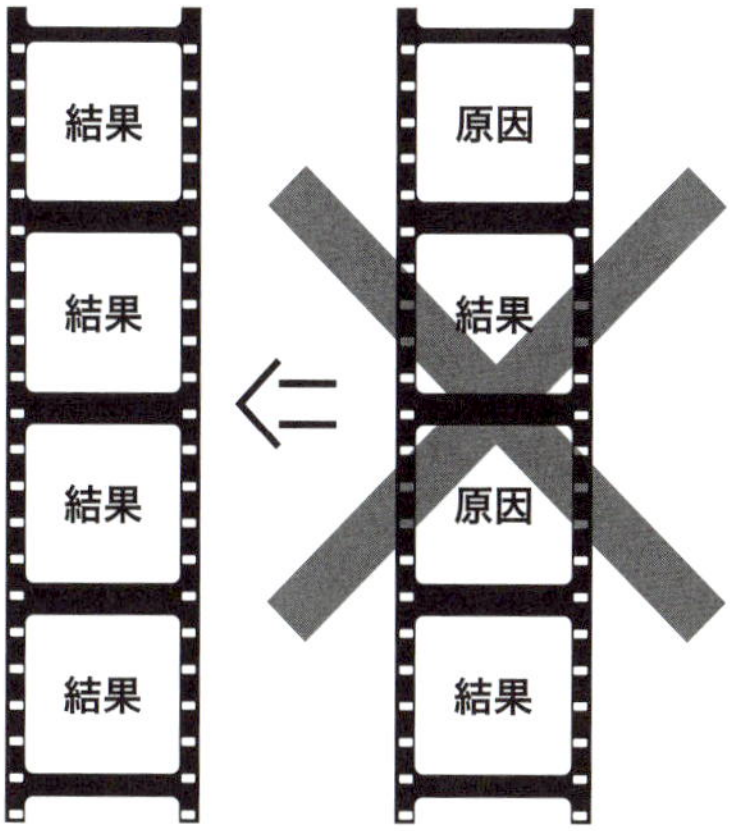

みつろう じゃあ、誰も悪くないってこと?

悪魔 誰も「悪く」ないし、誰も「善く」もない。
誰もが善くて、誰もが悪い。
そもそも、その「ジャッジ」自体が幻想なのだから。

みつろう　犯人の特定も当然マボロシになる。

悪魔　犯人の特定？

犯人とは、妥協点のことだろ？

一連の流れをどこまで辿っても「初めのきっかけ」など探せないのに、貴様らは「原因」を探す。

ないモノを探しているのだから、その作業は妥協の連続だ。

「ここでいいか！」と適当に自分が妥協した点を、「原因」とか呼び始める。

その一番近い妥協点が、目の前の他者の「意思」とやらだ。

相手の、意思の「せい」にしたい。

浮気したのは「彼氏の意思」のせいだと。

でも、これは見当違いだ。

なぜならその「薄弱な意思」を育てたのは、その人自身ではないからだ。

それとも、彼氏の母親や彼氏の学校の先生を呪うか？

みつろう　いや、急に元カノが小学校の頃の担任の前に現れて、

悪魔

「カデルが浮気したのはあなたのせいです。もっと強く道徳観を教えてくれていれば……」

って言い始めたら、ホラー映画を軽く超えてます。怖すぎる。

じゃあ「わたし」が悪いのねと、今度は自分の方向へ「原因」を探す。

「私の魅力が足りなかったから」

「もっと優しくしていれば」

「あの日、行くのを止めていれば」

「そもそもあんな男を選ばなければ」

これらの、自分側への原因探しも全てがマボロシだ。

例えば「私の魅力が足りなかったせいだ」と言うが、**あなたの「魅力」はこれまでに出会った全ての環境が創り上げたモノだ。**

あなたの力作じゃない。

みつろう

小学校6年生の夏休みに、口紅の引き方を教えてくれた叔母さんを訪ねるか？

「叔母さん……。あなたの口紅講習会のせいで、彼氏にフラれました。」

もっと上手に紅引きを教えてくれてたら……」

って女が現れたら、さっきのホラー映画の続編でしょ？『玲子2』だ。

すると次に「相手」でも「自分」でもないならばと、どこか第三の方向へ「原因」を求めて旅に出る。

まずは、「合コンに誘った友人」が悪いとなる。

「ケンジさえカデルを誘わなければ」あの事件は起こらなかったと。ところが、貴様が玲子に言ったようにそれは、濡れ衣だ。

その犯人特定はただの「妥協点」で、

もっと先に続いている。

ケンジにはマコトが、マコトには桜庭が、桜庭には製薬会社の営業マンが……。

「〇〇のせいで」を辿って行くなら、永遠に続くのさ。

この、どこまでも続く流れの中に「原初の因

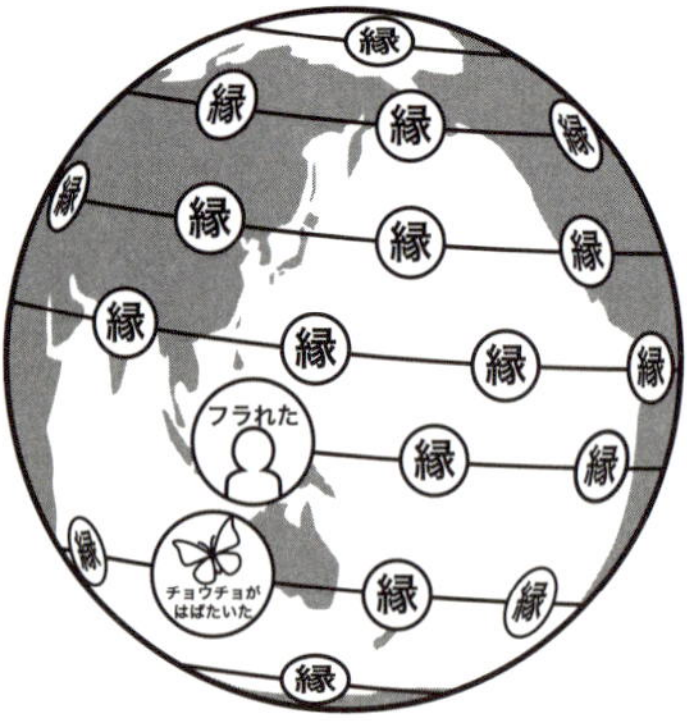

子」などあるわけがない。
地球を何周も回って、宇宙の起源にまで辿り着くぞ？
どうする？　それとも、この事件に関わった容疑者全員を逮捕するか？
関係者は地球だけで70億人にのぼるが。

みつろう　地球人を全員、逮捕できるわけないじゃん。逮捕する人も地球人なんだから。

悪魔　それを、ずっと話しているのさ。
この「せかい」では誰も悪くない、そして誰もが悪いと。

みつろう　でも、やっぱりどこかに特定の「原因」がある気がするし、この胸の「モヤモヤ」をその「ナニカ」のせいにしたい。

悪魔　**エネルギーをぶつける場所をただ探しているのさ。**
「正しさ」のせいで欲求が心にたまっているからな。
とにかく誰かの「せい」にさえすれば、そこへエネルギーを放出できる。
これは恐ろしいロシアンルーレットだ。
止まる場所は、どこでもいい。「相手」でも「わたし」でも「他人」でも。

とにかく、「どこか」へさえ止まれば、貴様らはそこへエネルギーを全力で集中砲火する。

止まったその「妥協点」が他者だったら「相手」をコテンパンに批判し、自己だったら時には命を落とすまで「わたし」を罪悪感で責め続ける。

でも、全てがマボロシの「犯人」だ。

みつろう

エネルギー放出のための、ロシアンルーレット……。

「正しさ」が創った欲求不満

悪魔

そもそも、貴様ら人間には「小さな欲求」があるだけだった。

自己という生命体を維持するために必要な、ほんのわずかな欲求だ。


「食べたい」

「飲みたい」

「眠りたい」

「歩きたい」

「スッキリしたい」などの。


ところが、善の勢力の配った「正しさ」がこれらの欲求を抑え付けた。


「今は、食べてはイケナイ」

「あれは、飲んではイケナイ」

「あそこへは、行ってはイケナイ」

「宿題終わるまで寝てはイケナイ」

欲求を抑え付けられると、エネルギーにひずみが生じ「ストレス」が発生する。

だが、人体のＤＮＡはもっと優秀だ。

その「ストレス」さえも、体外へ放出する方法を覚えている。

例えば、「ムシャクシャした」なら、「手足をバタバタと動かしたい」という次なる行動欲求が湧く。

これは、エネルギーを放出する動きや体位をＤＮＡがしっかり覚えているからだ。

赤ちゃんは、バタバタする。なぜなら、手足をバタバタさせるだけで、「ムシャクシャする」エネルギーが身体から抜けていくことを知っているからだ。

少し成長して、小学生になると嫌な勉強を無理やりさせられる。

すると子どもは猫背になる。ひじをついて、だらける。

この姿勢にも、意味があるのだ。**そのほうが「我慢するエネルギー」が身体の外へ抜けていくからだ。**

ところが、その放出する姿勢さえも「正しい」勢力は矯正する。

「背筋を伸ばせ！」と。

無理やりピンと伸ばされたその「姿勢」は、エネルギーを宇宙から取り入れるカタチだから、放出したい体内のエネルギーと衝突を起こす。

こうして、エネルギーの原理を何も分かっちゃいない「正しい」勢力のお陰で、社会的な「犯罪」とやらが生まれるのさ。

みつろう　なるほど。小さな欲求を「正しさ」で抑え続けたから、犯罪になるってことね。
でも、「凶悪犯」もそうなの？

悪魔　**そもそも「凶悪」などという概念が幻想だ。**

そんなの、どこにもない。

赤ちゃんはツミキを、「あー!!」と言いながら壊す。

ところが、そこにツミキじゃなくてピストルがあっ

たら「凶悪犯」と呼ばれるようになる。

小学生は多くの人を愛している。ところが、大人になったら「不倫」と呼ばれるようになる。

「ピストル」を用意したのも、「結婚制度」を用意したのも自分自身ではない。

それなのに、貴様らは自分だけを罪悪感で責め続ける。

「自分だけが」こんな変なことを考えていると、罪悪感を着込んでしまう。

本当は誰の心にでもある「小さな欲求」に引き金を引かせて、「凶悪犯」というマボロシを社会が創り出したのさ。

みつろう じゃあ、社会が悪いのか。

悪魔 だから、「悪い」などないのだ。

そうやって、常に特定の「何かのせい」にしたがる姿勢こそが、このおかしな社会を生んでいると言っている。

「判定基準」を自分の外側の世界に常に求めている状態なのだから。

悪魔

「誰か、決めてくれ！」と。

「私は、その『正しさ』に従うから！」と。

自分の外側の世界はマボロシなのに、そこに「白」か「黒」かの正解を探し続けている。

そんな奴らをだますのは、簡単だ。

例えば、「右の鼻の穴で呼吸してはイケナイ」と、神に言わせる。

もちろん、神のお告げとして宗教家に言わせる。

すると貴様らは、いっせいに〝左の鼻の穴だけで呼吸しよう〟と努力し始める。

それは、さすがにバレるでしょ。そんなルールのほうがおかしいって。

みつろう

いいや、バレない。

貴様らは万引きも、不倫も、銃乱射も、ポイ捨ても、「社会」の押し付けてくる「正しさ」を疑おうとしないじゃないか。

貨幣制度を、結婚制度を、ピストル製造会社を、石油会社を、貴様らはその「正しさ」を疑わずに、ただ自分だけを責めているじゃないか。

——貨幣制度

紙切れで、土地が買えるというのはどういう仕組みだ？『所有』などマボロシなのに、リンゴが「あれは俺のモノだ！」と主張し続けるために発行した紙切れを全力で信じている。

——結婚制度

「愛ほどすばらしいモノはない」と教会で伝えられたのに、「でも多くの人には振りまいてはいけません」という注意書きがある。「すばらしいモノ」なのに「1人にしか振りまいてはいけない」なんて、2つの穴があるのに禁止された鼻呼吸よりもおかしいじゃないか。

——銃乱射

「ムシャクシャしただけで銃を乱射するような頭がおかしい人もいるから、念のためにあなたも1丁ピストルを買っておきましょう」と宣伝するが、逆じゃないか。ムシャクシャした時に銃があったから悲劇につながった。そこにツミキしかなければ、誰も死なない。
――ポイ捨て
リスはクルミの殻を森に捨てる。ラッコは貝殻を海に捨てる。「めんどくさい」という欲求を乗り越えて、ゴミ袋を家に持ち帰るのは人間だけなのに、誰もビニールという存在の「正しさ」を疑わず、自分の「めんどくさい」を疑う。あと5年もすれば、生分解性プラスチックという自然に還る素材ができる。そうすれば、ゴミのポイ捨てに罪悪感を感じる者はいなくなる。

他にも、色んなおかしなことがあるが、全てが長年「正しさ」を疑わなかったから、社会がおかしくなったのだ。

ある黒人奴隷の手記には、こう書いてあった。

「神さま、『ベッドで寝たい』と思った私は、なんと罪深い人間でしょ

うか」と。

みつろう

「ベッドで寝たい」だなんて、その人は何もおかしくないじゃん！

悪魔

そのテンションを覚えとけ。

30年後には、誰かが同じテンションで、よにこう言っているであろう。

「多くの異性を愛したいなんて、その人は何もおかしくないじゃん！」と。

「ゴミをポイ捨てしたいなんて、その人は何もおかしくないじゃん！」と。

奴隷制度が「正しい」とされていた時代の人間の気持ちなど、その「正しさ」を解消した現代の貴様らには分からないのさ。

同じように、「結婚制度」や「貨幣制度」が「正しい」とされているだけなのに、「欲求」を抑え付けて、こう言う。

「神さま、『左の鼻で息を吸いたい』と思った私は、なんと罪深い人間でしょうか」とな。

バビロンはあなたの心

みつろう　だからやっぱり、支配者たちが悪いんでしょ？
夜の校舎、窓ガラスを割って回ろうよ！　バビロンに反抗して！

悪魔　**ルールを破ろうとする者が、よりルールを強化させるのだ。**

「ルールがまちがってる！」とは、「こっちのルールのほうが正しい」という主張じゃないか。

どちらも結局は「正しさ」の剣を振り回しているだけだ。

「善」の勢力とやっていることが同じじゃないか。

よは、全ての「正しさ」を捨てろと言っている。

「正しさ」なら、どんな剣であろうと捨てろ！

善の勢力のバイキンがうつる！　「正しさ」に触ったら、すぐに手～洗えよ！

外側の誰かが「悪い」と思うから、自身の「正しさ」を振り回したく

なるのだ。

みつろう　じゃあ、どうすればいいのさ？
「支配者」も「世界」も「社会」も「自分」も「相手」も、誰も悪くないんだったら、マジでどうすればいいのさ？

悪魔　**「どうすればいいのさ？」と答えを外側に探すなとずっと言っている！**

常に鏡の関係になる「せかい」に対して、

「どうすればいい？」

「答えを教えてくれ！」

「誰か決めてくれ！」

「俺はそれに従うから！」

と言っているんだぞ？

だからちゃんと願いが叶い、

「正解を押し付ける誰か」が、

「従わせたい誰か」が、

「支配してくれる誰か」が現れてくれてるじゃないか。社会に。

バビロンは、貴様の心が生んでいるのさ。

みつろう マジだ。俺のこの「外側に答えを求める心」が原因だったのか。
「原因を探している姿勢」＝「答えを教えてくれ！」という姿勢が、「支配されたい」と言い続けてたのか……。

悪魔 どこにも原因などないこの世界へ、「原因や解決策」を所有したいと、マボロシを探し始めた者が、自身の心の**バビロンに苦しんでるだけだ。**

誰か、決めてくれ！

誰か、支配してくれ！

誰か、「正しさ」を押し付けてくれ！
こうやって自作自演で、バビロンに苦しんでいる。
「善」の勢力なんて、実はどこにもいないのさ。
「正しい」教えを広める者も、本当はどこにもいない。
いるのは、「正しい」教えを常に求めている「わたし」だけだ。

みつろう
てことは、「正しさ」を外側に求める態度が、全ての苦しみの原因じゃないか。
「どうすればいいの？」という俺の態度が、外界に自己のコントロール権を渡し続け、それに苦しんでいたのか。

悪魔
正解を自分で決めるのが、怖かったのさ。
誰かの「正しさ」に従えば、楽だもんな。
出会った日から、よは、何度も言い続けている。
全ての「正しさ」を疑うのだ。
すでに保持してしまった「正しさ」を、捨てろ。
そして、もうこれ以上外側に新たな「正しさ」を求めるな！

数えるといったい、どれほど寝ていないのだろう。

眠りたいという欲求は、ひょっとすると違う「わたし」へ早く切り替わりたいという衝動の表れなのかもしれない。

この「せかい」とは全く違う、もっともっと遠い「せかい」へ。早く、移りたいと。

けたたましく鳴った携帯電話の内容が、みつろうにそう思わせた。

ケンジ

みつろう、ふざけた電話じゃないから真剣に聞いてくれ。
お前、血液型は何型だ？
カデルが刺された。輸血が必要だ。

「悪」なんてどこにもいないと言った悪魔を、ぶっ殺してやりたい気持ちだった。

悪魔のささやき

これまでの教え

世界中から「悪い人」を根絶しよう！

誰かの「正しさ」に従いたい
あなたの弱さが、
世界に「悪い人」を
必要としていたのさ

という視点を取り戻すために、「悪い人」や「悪い行い」に対して、「私も、その気持ち、分かるわ。○○したいもんね」と言ってみる。

要するに「悪」をただ許すのだ！

不倫した妻を責める前に、「お前の気持ち、分かるかも。俺も多くの人を愛したい」と言ってみろ。

働かない従業員を責める前に、「私もあなたの気持ちが分かるわ。みんなが楽に生きていく社会がいいよね」と。

「私も、やりたい」「私も、その気持ちが分かるわ」と何度も唱えるのだ。隠しすぎて、自分でも分からなくなった「欲求」が、あなたの目の前で他者によって演じられているだけだ。

コトバを変えると、

「悪い人は、あなたのために、あなたの目の前で悪いことをしている」

のだ。あなたに、気づいてもらうために。

だから、ただ悪を許してみろ。「あなたを、許します」と言ってみろ。

すると、自分が「正しさ」に怯えて隠していた「私もやりたかったこと」が見つかるし、その「欲求」が大きくなる前に、解放が起きる。

閣下の

「欲求」を「悪いこと」にしないメソッド

a way to blow away your anger

世界には「悪いこと」「悪い行い」「犯罪」など、本当は存在していない。あるのは、小さな「欲求」だけだった。ところが、「正しさ」に怯えた貴様らは、心の奥に「欲求」を隠し続けた。

奥へ隠せば隠すほど、「欲求」は水面へ浮上しようとしてパンパンに膨らむ。

そしてある日、一気に「犯罪」として吹き出す。

だから、小さなうちに「欲求」を解消すれば、犯罪など起こらない。

そこで、心の奥に隠しすぎて、自分でも分からなくなった「欲求」を探して解消するメソッドを教えてやろう。


ニュースや、ワイドショーで「批判したくなる犯罪」に対して、「私もその気持ち、分かるわ」と言ってみるのだ。不倫した芸能人を犯罪人扱いするオバさんほど、不倫をしたがっている。

自分は「正しさ」に従って我慢した「欲求」を、堂々とやってのける者を見つけた時に、心の奥に貯めたエネルギーが集中砲火される現象。それが「批判」だ。

自分が「やりたかった」けど、我慢していることを、平然とやっている「悪い人」が、本当はうらやましいのさ。

だから、批判したくなることは「自分が本当はしたかったこと」だ

waiting…

第13章

不可能とは「正しさ」を乗り越えられない者の言い訳

不可能とは「正しさ」を乗り越えられない者の言い訳

宇宙で一番行きたい場所が、目の前

「わたし」は、どうやって始まったのだろうか？
始まればすでにそこに在り、終われば常にそこにない。
こんな不思議な現象を、どうやって「わたし」が解明できるのだろうか。
よく考えたら、そんな「わたし」の旅は、長かった。
いや、長かったのか短かったのかすら、分からない。
「わたし」には、「わたし」の体験しかないのだから。
とにかく今は。
「わたし」という存在を認めてくれる、「だれか」の声だけを辿りたかった。

「名前」がいつでも、「わたし」らしさを世界へ引き戻してくれるのだから。

みつろう おい、カデルっ!! カデルっ!!
冗談は顔だけにしろよ!! カデルっ!! なぁ!! ……あ。
め、目が開いたぞっ!! おい、カデル!

カデル 夢を、見ていたのか。

みつろう そうだ、あれは夢だ。あんなクソ女、忘れちまえ。
お前はもう、大丈夫だ。俺の元気すぎる血液が流れ込んだから。

カデル そうか、それは夢じゃなかったのか。

みつろう なんだ、こっちじゃない「せかい」の話か。どんな夢を見てたんだ?

カデル 小学生なんだ、そこではいつも……。
まぁ、そっちはいつかその夢の中で話せるかな。
その時、お前も同じ「せかい」にいるんだから。
なぁ、みつろう。**全ての「正しさ」を超えて行けよ。**

お前ほら、けっこうまじめだから。
カラオケとかでも、「正しい」音程で歌おうとして結局歌えなくなるじゃん。
ただ叫べばいいんだよ、あんなのは。

みつろう なんだよ、急に。

カデル さぁな。俺、もう生きてるうちにジャマイカに行けないのか？
友達だと思って、真剣に聞いている。ウソはなしで。

みつろう 医学を、信じるならな。
行けない。血が足りないとか、そういう問題じゃないらしい。

カデル そうか……。全ての宗教が目指したのは、ここなんだろうな。
「死」をいかに和らげられるか。
「わたし」が一番怖いのは、「わたし」の消失だから。
そういった意味では、俺たちの卒論論文はとても良いタイミングだったな。
全ての人間スーツの中に入っているのが「同じOne」なんだから、
何かが宇宙から消えることなんてないもんな。

みつろう そうだ。失われるものは何もない。俺も、「違うお前」だし、ケンジも、ボブ・マーリーも、未来の「誰か」も、ぜーんぶお前そのものだ。違うお前がカタチを変えて、その人を体験しているだけだ。

カデル でもな、怖いんだよ。今、この場所に来たら分かるよ。ここを「体験」したなら、きっと分かる。そんなの何の役にも立たねーんだよ。怖いよ。でも……。**「怖い」の楽しみ方は、「怖がる」ことなんだろ？**

じゃあ俺、これでいいんだよな。怖がっている、このままで。

みつろう これが夢なら、早く覚めてくれってマジで思うよ。

カデル そうか？ 俺は、思わない。

せっかく夢の中にいるんだから、「夢」を楽しまないと。

だって、「夢」っていうのは、何者かがそこへ行きたくてたまらなくて、何度も何度も願って、やっとの思いで「生成される世界」のことだろ？

これが夢なら、覚めないで欲しいよ。

誰かが、こんな「わたし」でさえ、体験したかったんだろうから。

楽しんでるかな、そいつ。

みつろう そいつが、お前自身じゃん。

カデル あぁ、そうだったな。「I」の全てが「One」で、「One」は全ての「I」。
俺、ボブ・マーリーの生まれ変わりだと真剣に信じていたけど、俺がこれからボブ・マーリーとして生まれるのかもしれないよな。

みつろう だって、「過去」も「未来」も、順番は関係ないんだから。
順番どころか、そもそも全部がカデルだしな。
今、お前と話しているこの俺さえも、カデルだよ。

カデル まじ、おっそろしい世界だよな。
となると、やっぱり過去生の「記憶」なんてないほうがいいよな。
そして、「未来」に何が起こるのかも伏せられてるほうがいい。
「過去」を忘れることに成功しているから笑えて、
「未来」が何も分からないから楽しめる。
この先が、どうなるか全て分かってるゲームなら、俺絶対にやりたくねーよ。

でもなぁ……1つだけ心残りが。

みつろう 「この人生」でジャマイカに行ってガンジャ吸いたかったなぁ。だから、もういいじゃんそれは。代わりに違うお前が、今ジャマイカで吸ってるって。

カデル **夢は叶えるものじゃなく、今叶っているもの。**

俺たちってさ、夢の中で、夢を叶えようとしてたんだからウケるよな。

もう叶ってるから、目の前にこの夢の「せかい」が展開しているのにさ。夢の中でもっと違うどこかを、夢見て。

そして、その夢見るどこかにも、ちゃんと違う「わたし」がいる。

ジャマイカで今ガンジャを吸ってるそいつ、その目の前の幸せに感謝して欲しいよな。


みつろう 俺の夢がそこで叶ってるんだから。

じゃあ、お前も感謝しろよ。誰かの願いが、「お前」なんだから。

「同性愛者だと疑われながらも、男と病室で手をつないでいたい」って願った奴の

カデル　お陰で、今「カデル」という人間スーツがここに用意されてるんだから。

俺たちの卒論は、すごかったな。世界中の全ての人間の目の前で、願いは100%叶っていることを発見したんだから。

お前とケンジがそれを言い出した時は、マジ信じられなかったぜ。

でも、絶対にこれだけは事実だな。

誰もが、その目の前で100%願いが叶っている。すでに。

そして、それに気づけないのは、本人だけかぁ。

みつろう　そこに気づけば、あっという間に幸せなのにな。

だって、**宇宙で一番行きたい場所が、目の前なんだから。**

カデル　「みつろう」だって、どこかのパラレルワールドの誰かの願いが……。

そうだな、小指が146本あって困ってる宇宙人とかが、

「指が絡まって絡まって、生きづらいです。どうか、5本の指の世界へ行かせてください」

って願ったから、今この瞬間に「お前」っていう人間スーツが着られてるんだぞ。

みつろう　そうかもな。指が5本しかないという この現実に、感謝しないとな。健康なことも、生きてることも……。「小指」が146本ってあたりが、シュールで笑えるな。

カデル　指じゃないんだろ？　ポイントは。そう、「小指」なの。小指だけが、146本。

みつろう　さすがブラザー。血を分けただけのことはある。**全ての存在と、お前はブラザーだろ。**同じモノが、身体の中に入っているんだから。

カデル　そうか……。

みつろう　俺、玲子のことを恨んでいねーぞ。知ってる。そして、向こうもだ。「愛」と「憎しみ」は、同じエネルギーの両極だもんな。ブランコの法則からすると。**「大好きな人」ってのは、「大っ嫌いになるためのはずみ」を貯め込んでいる状態だ。**

カデル　なんだ、その法則？　じゃあ、「大嫌いな人」というのは、「大好きになるためのはずみを貯め込んでいる状態」なのか？
たしかに、この状態からでも玲子を好きになれそうだもんな。

みつろう　**この世界は行ったり、来たり、どこにも進んでねーな。**
だってブランコが止まったら、死んじゃうじゃん。
「真実は、ブランコが止まった時に訪れる」とか言ってる聖人に教えてやりてーよな。
このブランコの楽しさを。マボロシの世界の楽しさを。
思いっきり憎み、思いっきり愛すこの楽しさを。
崩れ落ちるほど泣いて、お腹が痛くなるほど笑えるこの日々のすばらしさを。

カデル　また、会えるかなみんなと。

みつろう　会えるどころか、「わたし」という分離が消えたら同じ1つじゃん。
想像しただけで、気持ち悪いよ。

カデル **分かれなきゃ、会えないなんて不思議だよな。**

みつろう もっと、一緒じゃないままで、一緒にいたかったよ。
おい、カデルっ!! いいから、話し続けろ。
意識を「わたし」だけに合わせ続けるんだ。
なぁ、目を開けろって!!
くだらない話を、もっと続けよう!! どこまでも続けられるぞ!
だってこの世界の全てが、くだらないんだから!!
永遠に続けようって、くだらない話を!
おいおい、ダメだって!! 戻るな! 何者でもない者なんかに。
「何者か」で在り続けてくれよ!
「1つ」だと、何もできないんだぞ?
ほら、俺の「殴る」という能力を使わせてくれよ!
お前を殴るために、俺はお前と分離したんだぞ!
これじゃ、なんのためにお前と出会ったのかさえ、分かんねーよ!!

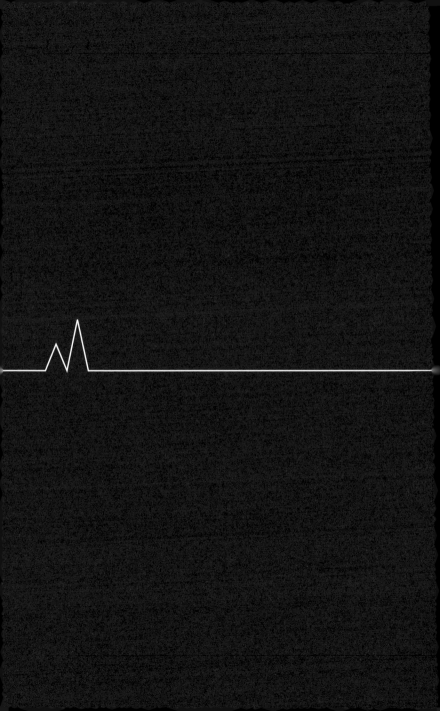

心電図のブランコが止まった時の静寂は、海の底よりもドカ
雪の日の深夜よりも深かった。
その全てを含んだ「無音」は、何時間もみつろうの周りを包
み続けた。
病院の出口も、駐車場までにすれ違った救急車も、爆音で鳴
らしているはずのカーステレオも。
そして、家には帰れずにそのまま寄った映画館の中でさえも。
身体を包み続けるその無音は、まるで「せかい」を「わたし」
から奪い去ったようだった。
その静寂を、最初に破った音——
それは映画館の出口でいつの間にか夜の雪空へ叫び出してい
た、自分自身の声だった。

みつろう　内容を教えられた映画を見ても、ぜんっぜん、面白くねーんだよバカヤロー!!
セリフ1つ残さずに、何もかもストーリーを教えやがって!!
ぶっ殺してやるから、一度生き返れよっ!!

悪魔　叫んでも、ムダだ。誰も、悪くない。

みつろう 分かってる、そんなことは。

悪魔 じゃあなぜ、「どうにかしよう」としている?

みつろう 「どうにかしようなんて、しないようにしよう」も、結局「どうにかしよう」の一種だろ? だから、ほっとけよ。

俺は、自力でどうにかしたい。このどうしようもない世界を。

あんた、悪魔だろ? 変えられないのか、この時間の流れを。

悪魔 「時間の流れを変えたい」が、今叶っている。

みつろう 方法はないのかって、聞いてんだよ!!

悪魔 「方法はないのかと聞きたい」が、今叶っている。

みつろう そんな原則は、分かってるよ! でも、「カデルが刺されずに、生きている」と信じても、目の前には叶わないじゃないか!

悪魔 **信じてないからだ。そして、信じている場所では、ちゃんとそれは起きている。**

みつろう カデルが刺されずに、生きているというパラレルワールドもあるのか?

悪魔 あるなら、そこへ行きたい!! 頼む、連れて行ってくれ。

行けている。その願いは、もうそこで叶っているんだよ。

その場所には、もうすでにそれを叶えている「別のお前」がいるし、ここでは今ちゃんと「それを叶えたがるというお前」が叶っている。

「無」には全ての音がある

みつろう 理屈は分かってるけど、とにかくその世界を体験したいんだよっ!!
悪魔 理屈で、分かっていない証拠だ。
その世界ではちゃんと、お前に『体験』が起きているのだから。
みつろう じゃあどうして、その記憶がないんだよ!!
俺がそれを『体験』したんなら、俺に記憶があるはずだろっ！
悪魔 **全てがある場所には、何もないからだ。**
体験が、体験と打ち消し合う。

みつろう どういう意味だよっ。

悪魔 「見るモノ」と「見られるモノ」がくっ付くと、『見る』は消えただろ？
数学で言えば、「−30」と「+30」がある場所は、「0」だ。
ところが、「0」には「何もない」わけじゃない。
そこには、「−30」と「+30」がちゃんと含まれている。
「無」はないように見えて、その内側に全てを含んでいるのさ。
森羅万象をな。
「+6」も、「−6」も、
「+7」も、「−7」も。
「正の数の全て」と、「負の数の全て」を。
「主体」の全てと、「客体」の全てを。
「わたし」の全てと、「せかい」の全てを。
「楽しい体験」の全てと、「悲しい体験」の全てを。
「温かい」と、「冷たい」を。

「高い」と、「低い」を。
相反する何もかも全部。
それらを同時に「今」持っているがゆえに、全てが打ち消し合って「無」に見える。
だがむしろ、ない場所にこそ全てがあるのさ。

打ち消し合ってゼロに

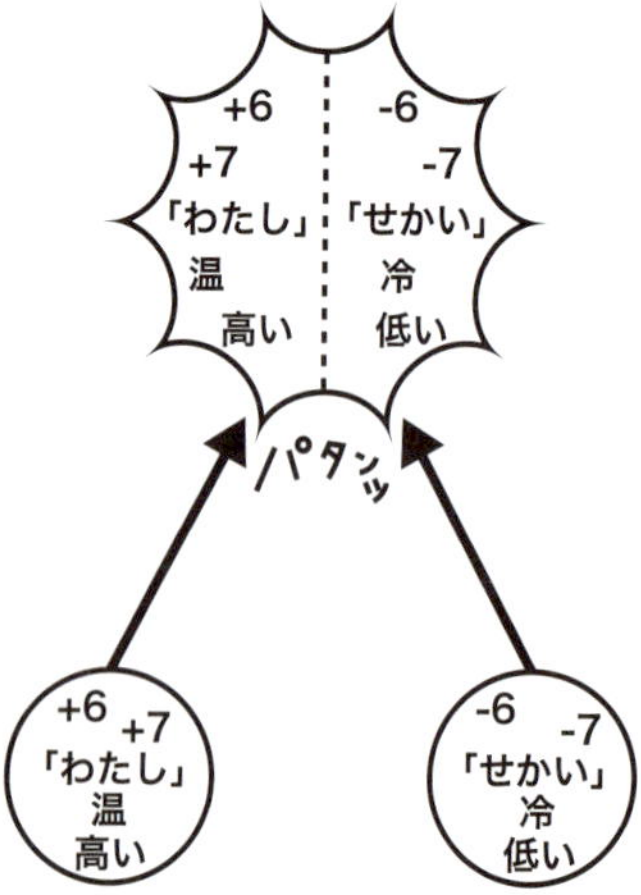

みつろう そうか……。
「カデルがいた2003年冬」という記憶と、「カデルがいない2003年冬」という記憶は同時には存在できないのか。
記憶が、記憶と打ち消し合ってしまう。

悪魔 **「熱いお湯」と「冷たいお湯」は、別々に体験するしかない。**
そう、お前は「今」その2つの世界へちゃんと行っているのさ。
その2つの世界を今同時に『体験』中だよ。神は、全ての体験をし終えている。

みつろう　くそっ！　なんだよそれ!!

とにかく、このムシャクシャを誰かの「せい」にしてーよ！

悪魔　**じゃあ、悪魔の「せい」にすればいい。**

よは、「悪」だ。憎まれることにも、恨まれることにも慣れている。世界中の「原因」を、甘んじて引き受けよう。

みつろう　え？

悪魔　真実のシステムでは、〔誰も「悪く」ない〕のだ。

だが、自分が悪かったと苦しむくらいなら、悪魔のせいにすればいい。

不条理が許せないなら、悪魔のせいにすればいい。

戦争が起こっているのは、よのせいだ。

貧困がまだ世界にあるのも、よのせいだ。

「悪い奴ら」が世界にいるのも、よのせいだ。

努力してるのに報われず、悔しい涙が流れる夜は、よのせいだ。

死んで欲しくない命が奪われたのは、よのせいだ。

全ては、悪魔のせいだ。悪魔が、「悪い」。

みつろう　あんたのせいじゃないってのも、分かってんだよ！
でも、「誰も悪くない」なんて、人間には理解できないんだよっ!!
こんなことなら、カデルと出会ったこの記憶ごと全てを消し去りたいよっ!!

悪魔　それは、簡単だ。人間は、忘れる生き物なのだから。
貴様らは、「わたし」以外の「わたし」の記憶を全て消して、このゲームを楽しんでいる。「違うわたし」どころか、時には「去年のわたし」ですら消すことで辛い思い出を忘れ器用に生きている。
カデルと出会ったことすら、初めから「なかった」ことにしたいなら、よが叶えてやろう。もちろん、よと会ったという記憶も、消えるがな。

みつろう　え？

悪魔　消すぞ。

朝。目が覚めると、違う「わたし」をさっきまで生きていた気がする。

その「わたし」は、もっと違う容姿で、もっと違う空の下、もっと違う仲間たちと笑っていたような……、そんな記憶だけが香る。

その香りはまどろみの時間と共に完全に消失するのだから、ただの記憶交錯か勘違いだと言われればそれまでなのだが。

でも、なぜだか確かめたくなる日――

この世界のどこかに「その証拠」を探したくなる日がある。

「わたし」が、「わたし」の人生以外も生きていた証拠を。

その日も、初めて聴くはずなのにこの胸を「懐かしく」させる曲で目が覚めた。

みつろう　コクトウ……。朝っぱらから、何を聞いてるんだ?
コクトウ　分かんない。なんかiPadが壊れて、YouTubeで勝手に動画が再生されてるの。
みつろう　ボブ・マーリーか。聴いたことないけど、なんだか懐かしい曲だなぁ……。

『Jah Live』

今度の講演会で、歌ってみようかな。えっと、歌の内容は……。

〝I&Iは知っている神が今生きているということを
子どもたちよ、神は生きているセラシアイ！〟

ちょっと、アイツに聞いてみるか。

そう言うと、みつろうは壊れたiPadを持って、家の近くの神社へ向かった。

季節が移ろうのは、早いモノである。昨日までは冬だったような気がするのに、目の前の夏の陽射《ひざ》しに倒れそうになる。本当に、「冬」と「夏」の間に、何日もの違う「わたし」なんていたのだろうか？　そんなにたくさんの「わたし」を、「わたし」はもう覚えていない。

みつろう　おーい、神さま〜。または、閣下って呼びましょうか〜？

神さま いつから、気づいておったんじゃ？

みつろう 「悪魔です」とか言って、変な人形を目の前に置いた瞬間から。
あれ、ザラメちゃんがUFOキャッチャーで取ってきたやつだし、大学生の頃に魔法陣なんて描いた記憶ないし。
気づかないふり、してました。

神さま 「気づかないふりしているな」と、こっちも気づいておった。
ワシは、神じゃぞ？　知らないことなど、1つもない。

みつろう 僕も、「気づかないふりに、気づかれているな」と、気づいてましたが？

神さま ワシも、気づかないふりに、気づいていると、気づかれていることに、気づいておったぞ？

みつろう 何してるんですか、このどうしようもないゲーム！

神さま 人生じゃよ。
お互いが、「自分そのもの」なのに気づかないふりをし合っている。
ある時は忘れ、ある時は演じて。

全容を隠さないと、『体験』できないこともあるんじゃ。
「涼しい」と「暑い」を同時に体験する方法なんてあるか？
「高く」て「低い」場所に行くことなど、できるのか？
どちらかの「極」へしか行けない。
体験する者が、その「極」を決めるんじゃよ。
だから、悪魔と天使は同時には現れない。
全ては「観る者」次第じゃから。
「悪」と観ている人がいる。「善」と観ている人がいる。それだけじゃ。
実際、お前がしゃべっていた悪魔はワシではない。
ワシの、違う現れじゃ。

みつろう　でも、全部がＯｎｅの現れだから、結局は同じでしょ？

神さま　現れている時は「同じまま、違う」という感じじゃ。
同じじゃが、違う。違うが、同じ。
第一、エネルギーで言うなら、悪魔の逆側の概念は天使じゃ。

ワシは全ての二元を超えておる。
その体験者が、どちら側から観たか。全ての「せかい」は、ただそれだけのこと
なんじゃ。
で、なんの用じゃ？

ないモノ以外は、全てがある

みつろう　ちょっと、知りたいことがありまして。
初めてなのに、「懐かしい感覚」が湧く曲や場所って、どうしてある
んですか？

神さま　それこそ、「知らないほうがいいこともある」の、好例じゃないか。
伏せられているからこそ、その「懐かしい感覚」が湧くんじゃぞ？
「懐かしさ」とは、「忘れていたから」感じるんじゃないのか？

みつろう　まぁ、ずっと覚えていたら「懐かしい感覚」なんて湧かないですもんね。

神さま　**その「懐かしさ」は天からのプレゼントじゃ。**

忘れたふりをしている「あなた」へ。違う「あなた」からの贈りモノじゃ。

全ての存在がたった1つの「特異点」から始まっておる。

ルーツが同じなんじゃから、たとえ今バラバラだったとしても、思い出せない記憶なんてないんじゃよ。

「わたし」に強く固執しなければ、誰もがふと思い出す。全く違う私を。

みつろう　今朝の曲の「懐かしさ」が、とても良い気分だったんです。

神さま　じゃあ、その贈りモノを楽しめばいい。

全ての違う瞬間、違う場所に、違う「わたし」がいると明確に理解できた者なら、目の前の貴重な「せかい」のほうを楽しむはずじゃ。

他の世界を想うよりも。

心配せずとも、それぞれの場所でその「せかい」を楽しんでいる同士たちがいるんじゃからな。

みつろう　まぁ、そうですよね。

神さま

「今」こそが、宇宙最高の「夢叶い場」ですもんね。

どんな「わたし」も、どんな記憶も、失うことはない。
宇宙の質量は、常に一定じゃ。
それ以上大きくもならないし、それ以上小さくもならない。
じゃから、何も失っていない。
常に、共に在る。
ただ、「分離」というマボロシで遊んでいるだけだ。

ないモノ以外は、全てがある。
あるもの以外は、全てがない。
そんな世界で。

みつろう

全てが含まれている「特異点」が分離して、「わたし」と「せかい」という2つの状態に分かれているのだから、

ないモノしかあるように見えない。

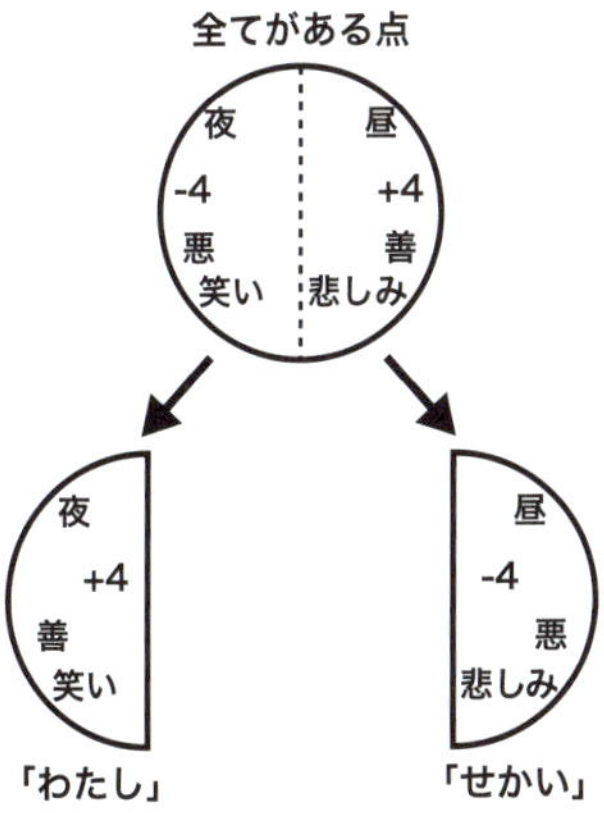

逆に、「共にあるモノ」は、ないようにしか見えない。

ですもんね。なんてややこしい世界を作ったんですか。

神さま

システム的にそうなるのじゃから、仕方がない。

全てが2つに分離すると、「わたしサイド」か、「せかいサイド」のどちらかに分かれるんじゃから。

この世で見ることができるモノは、全てが「せかい」サイドじゃ。

要するに、「わたし」からすると向こう側。共にいないモノたちじゃから「ないモノ」じゃ。


「わたし」には、ないモノしか、見えない。

見えるモノは全て「せかい」サイドにある。

欲しがるモノは全て「せかい」サイドにある。

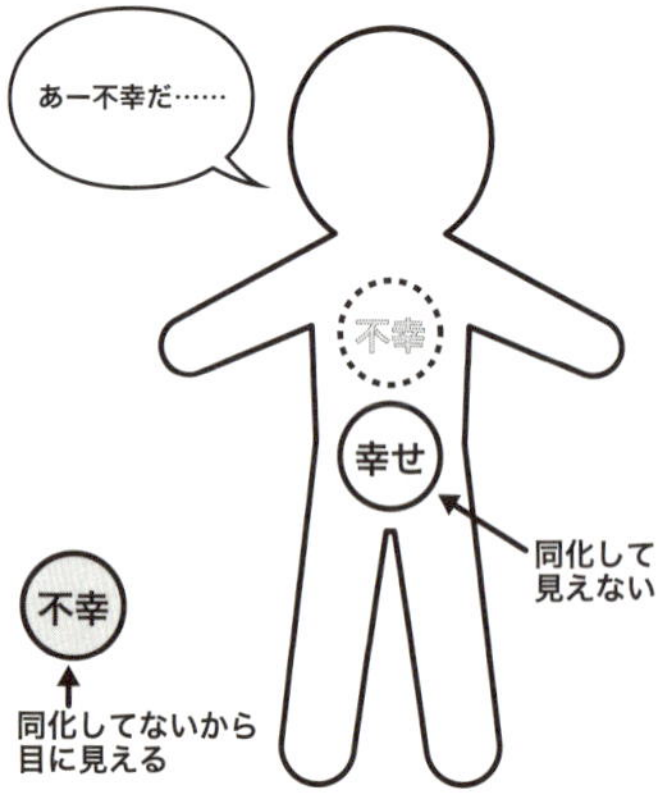
あー不幸だ……
不幸
幸せ
同化して見えない
不幸
同化してないから目に見える

触れるモノは全て「せかい」サイドにある。
だから、見えるし、欲しがれるし、触れるのじゃ。
そして見えないモノのほうこそ、常に一緒にあるモノじゃ。
「欲しがっていないモノ」は、常に一緒にあるモノじゃ。
だから、欲しがってない。
お前は、持っていないモノを全て持っている。
お前は、会えていない人と常に共にいる。
だから、「不足」を探すなといつも言っておるんじゃ。
ただ、「すでに持っている」と充足を信じるのだ。

みつろう　見えないモノを、信じる?

神さま　だって「わたし」サイドにあるモノは、証拠を示さないのだから。
見えないし、触れないモノ。
それらを、「ただ在る」と信じるしかない。

みつろう　そこが、ややこしいんだってば。

見えるモノは、ウソである。
聞こえるモノは、ウソである。
説明できるモノは、ウソである。
感じられるモノは、ウソである。
見えず、聞こえず、触れず、香らず、説明できず、想像できないモノのほうが、
「共に在るモノ」だなんて。
これは、システムじゃ。仕方ない。ただ、信じろ。
6つのセンサーは「せかい」側をサーチできた。
そして、「信じる」という7つ目のセンサーは「わたし」側をサーチできる。
反応がないことが、「在る証拠」というセンサーだ。
だから反応など、期待するな。ただ、信じろ。
持っていると。会えていると。
信じていない者が、願い、
信じている者は、ただ感謝しているんじゃよ。

自分の中に「正しい」意見など1つも持つな！

みつろう　「もう、できている」

「もう、持っている」

「もう、コントロールされている」

と信じて、勘違いを進めると、「まだできていない」という欲求を手放せますもんね。欲求とは、「まだ、やれていないこと」のことだし。


神さま　そうじゃ。

「持ちたい」を手放せば、「より持っている」感覚になる。

「コントロールしたい」という不足を手放せば、よりコントロールされていることに気づく。

「叶えたい」という願いを捨てれば、もう叶っていることが分かる。

「どうにかしたい」という思いを手放せば、「どうにかなっている」世界が見え始める。これが、システムだ。

みつろう　宇宙システムが理解できれば、簡単ですね。外界へのコントロール欲求を、手放せばいいだけだから。

神さま　お前は、分かったつもりになっているが人間は永遠に「分かれない」。この「分かれない」には、2つの意味がある。「理解できない」という意味の「分かれない」と、「Oneとは切り離せない」という意味の「分かれない」だ。

人間は、永遠に「分かれない」のじゃ。
それが、宇宙からの最高のプレゼントじゃ。

全てを悟ったのなら、そこで終わりじゃないか。自分の中に、「これが答えだ！」、これこそが「正しい！」と思ったなら、もうそれ以上の成長はないじゃないか。

「正しさ」が、人間の可能性をつぶすんじゃよ。

「正しい」とは、それ以外のことを全て信じないという宣言なのじゃから。
宇宙にとっては死刑宣告じゃよ。成長がなくなる。
だから、自分の中に、「正しい」意見など1つも持つな。
たった1つも、持つなよ。
ワシが教えたこのことも、これまでに教えたことさえも。
全ての「正しさ」を疑え。

みつろう
なるほど……。
正解を知っていると思い込んでいる態度や、
たった1つの「正しい」ことがこの「せかい」のどこかにあると思っているこの気持ちが、
・・・・・・・・・・それ以外の全ての可能性を破壊していたのか。

神さま
そうじゃ。
だって本当は、**お前ら人間には無限の可能性がある**んじゃぞ？

それなのに、「航空力学が正しい」と信じたら、もうそこで終わりじゃないか。

航空力学以外の方法で浮くことだってできるのに、「正しさ」を信じたせいで、発展がない。

瞬間移動だってできる。テレパシーだって使える。

頭の中の、「正しい」と思い込んでる物理学を捨て去った瞬間に。

なんでもできそうな気になってきました。

なんでも、できる。「正しさ」を信じなければ。

みつろう
神さま

「正しさ」を保持しないだけで。

エジソンなんて、「1＋1＝2」すら信じなかった。

それでもエジソンに先生たちは「正しさ」を押し付けようとした。

エジソンは、どろ団子を2つ用意してそんな先生に言った。

「先生、ほら見て。1と1を足すと、『大きな1』になる。2じゃない」

と。


お前らは、なんでもできる。

不可能などない。

「正しさ」を全て、乗り越えろ。

不可能とは、「正しさ」を乗り越えられない者が作ったただの言い訳じゃ。

たった1つの「正しさ」という小さな「部分」を捨て、
目の前の「せかい」の「全体」を信じた時、
部分のままで、全体で在るという奇跡を体感するであろう。

「アフリカへ還ろう」というラスタ運動は、その後多くの矛盾にぶつかることになった。ラスタファリアンたちのDNAの起源はたしかにアフリカだが、今住んでいる「ジャマイカ」という土地へも愛着があるからだ。

ザイオンは、還るべき聖地だ。ただ、無理やり連れてこられたこのジャマイカも捨てがたい。

神は、欲張りだ。

その、全てが欲しくなる。

そして、神はわがままだ。

その両方を、絶対に手に入れてみせようとする。

こうして、「わたし」と「だれか」という別々のOneが、今日も世界中の全ての場所を「I」として『体験』している。

それはちょうど、僕の講演会の後のサイン会で、あの小学生が声をかけてきたように。

みつろう　おや？　小学生なのに、すごいな〜。おじさんの話、理解できたかい？
少年　よく「分からない」けど、とにかく笑えました。
みつろう　僕もいつか、おじさんみたいにステージから客席を眺めてみたい。
君の夢が、ひょっとすると「おじさん」なのかもしれないぞ？
少年　え？　僕の夢は、おじさんになることじゃないよ？
みつろう　違う、寝ている時の君が、今この「おじさん」の夢を見ているのかもしれない。
寝たら、バトンタッチでこっちへ来て、起きたらそっちへ。
だから、おじさんが寝ている時に観ている夢が、今の君なのかもしれない。
おじさんってさぁ、欲張りなんだよ。

ステージの上から、みんなの顔を見たいなって思うのと同時に、客席からもステージの上の自分を見たいなと、いつも思うもんなー。

少年　その両方の夢を叶えるためには、どうする？

みつろう　えーっと「僕」と「おじさん」が必要だよね。

少年　なんか、分かった。**僕たちは、夢を「代わりばんこ」で見てるんだね。**

みつろう　そういうことだ。そして、不思議だけど、それが同時に「今」起きているんだ。タッチしないでも、君の夢を、今「おじさん」が観ている。おじさんの夢を、君が今見てくれている。そして、世界中の全ての場所に、この仲間がいる。同じ夢を「今」同時に叶えてくれている仲間たちだ。

少年　仲間だからなのかぁ〜。なんだか、おじさんと会うのが初めてな気がしてなくて。

みつろう　じゃあ、どこかで一緒だったんだろう。世界中の人間が、同じ要素でできてるんだから。

僕らはI&Iという、Oneだ。
違う「名前」を使って、ただこの世界で遊んでいるだけさ。
このおじさん「I」にはみつろうという名前が付いている。
君は、なんて言うの？

少年　僕の名は、カデル。小学校3年生です。

みつろう　へぇ〜、良い名前だねぇ。「カデル」君かぁ〜。

少年　滅多に、聞かない名前でしょ？

みつろう　そうだな。あまり、聞かない名前だね。
でも……
おじさんの友達にも、カデルって奴がいるよ。
今日もこれから、そいつと飲みに行くんだよ。札幌公演の、楽しみの1つだ。

「ステージ入口」
立入禁止

終演後のステージへ、忘れモノを取るためにみつろうは戻った。大きなホールも、電気を消されるとその「大きさ」すら見えなかった。さっきまでは、数千人もの違う「わたし」たちが席に座っていたはずなのに。

暗くなり、「席」という分離の境界線が消えるだけで、そこには「無」という1つの静寂だけが現れていた。

「何もなく」「全てがある」その闇の奥から、不気味な笑い声が聞こえてきた。

「イーッヒッヒッヒ。貴様もついに、全ての正しさを超えられたんだな」

悪魔のささやき

▼▼▼

これまでの教え

できるかぎり多くの「正しさ」を手に入れよう。

全ての「正しさ」を疑った者に、不可能なんてないのさ

この物語も、この世も、
あなたのただの勘違いです

巻末特別付録・ツイタチマイリ

閣下
最後に、貴様らが**無限の可能性を手に入れるおまじない**を教えてやろう。

みつろう
おまじない？　そんな論理的に、説明できないことを僕が信じるとでも？

閣下
おまじないが効くのは、その仕組みを理解できていない時だけだ。
だからむしろ、「信じていない」人や、「どうしてそうなるのか」が分からない人にこそ効く。「怪しい呪文」は、頭の固い科学者に一番効くのさ。
笑いが起きるのは、「わたし」が笑った理由を説明できない時。
おまじないが効くのは、「わたし」がどうしてそうなるのか、仕組みが理解できない時だ。やるか？

みつろう
やるに決まってるじゃないですか。
今、日本で一番「おまじない」を欲してる自信があります。

閣下　じゃあ、教えてやろう。古くから先住民に伝わる呪文。**タワム・サメ・エヒコ**だ。
みつろう　「サメ：SAME」という発音はその音の響きだけで「切り裂く」エネルギーだって、音の研究家に聞いたことがあります。
閣下　この呪文を使った、ツイタチマイリの儀式だ。
みつろう　おおっとぉ〜。前回の本に引き続き、またもや神社でお賽銭系ですね？
閣下　全てはエネルギーの交換だ。価値を「得る」ために、何かを支払う必要がある。**お金は、相手のためじゃなく、「自分自身が手ごたえを確認するため」に払うモノだ。**
10万円払うのは、「10万円の価値」の手ごたえを自分が感じたいからだ。
1000円のバッグも、10万のバッグも、素材は変わらない。
違うのは、それに対する本人の「手ごたえ」だけだ。わずか300円程度のお賽銭で、無限の可能性が手に入るんだぞ？　やめとくか？
みつろう　やるに決まってるじゃないですか。
閣下　これは、『**カタチなきモノに還る**』**ための儀式**だ。

まず、この「せかい」にある物質は全て「3つの要素」でできていると教えた。

カタチは全て「3つ」でできている。

そしてカタチとは、初めに「想い」があり、それが物質化されたモノのことだ。

この世界にあるどんな物質も、初めにまず「想い」があり、それが物質化されたモノ。

みつろう　そりゃ、そうですよね。「高層ビル開発プロジェクト」でさえ、初めに設計者の「想い」があり、それがカタチとなって世界に現れたモノなんですから。

閣下　その想いというエネルギーが「カタチ」になりやすい場所が、この仮想現実プログラム「せかい」にはある。その場所は、カタチになりやすいスポットだ。

例えば、日本では神社だ。**「形」という漢字は、左に「鳥居」、右に「三」と書く**だろ？「想い」のエネルギーだったモノが、鳥居から出ると3つになる（物質化）という意味だ。

文字通り、**願いが、形になるのだ。**

鳥居の中ではまだ「想い」だったカタチなきモノが、鳥居の外のプログラム「せかい」へ「3つ化」されて出ていくのさ。

みつろう　すげー。「形」って鳥居から出たら「三（カタチ）」になるって意味だったんだ。じゃあ、鳥居の中で祈れば、外に出る時にカタチになりやすいのね？

閣下　そうだ。だが、そのまま鳥居の中に入っても意味がないのさ。なぜなら貴様ら人間は頭の中に「正しい」が多すぎる。すでに「正しい」と信じているカタチがあると、新たな「カタチ」にはなれない。

「カタチなきモノ」だけが、新たなカタチとなれる。

みつろう　じゃあ、どうすればいいの？　ここまで聞かされて、結局は「叶いませんよ、ブッブー」ってこと？　性格、悪すぎませんか？

閣下　**悪を、ただ許すのだ。**
そうすることで、自分の中の「正しいカタチ」が崩れる。
嫌いな人に、歩み寄る。許せないできごとを、許す。嫌なことを、受け入れる。

あなたが決めた「悪いこと」を一度崩し、「良いこと」に変えていくのだ。

そのために、月のエネルギーを使う。

月は、旧暦のツイタチの日に新月というカタチなきモノに戻る。だから、満月の日にまた「カタチ」になれる。

みつろう　なるほど、旧暦のツイタチ（1日）に、その月（前回の新月から満月まで）に起こった悪いできごとを許すんですね？　で、「正しい」カタチを崩し、「新しい」カタチを手に入れる。

闇下　「正しい」を崩せば、無限の可能性が手に入る。

そうだ。そしてもちろん、**新たな「カタチ」を手に入れる際に願ってはいけない。**

「幸せになりたいです（不足）」とは、幸せを信じていない者のセリフだ。

「願い」とは、信じていない者の態度のことなのだから。

「幸せになりたい」と口で言ってる奴は、「幸せじゃない」と信じているだけだ。

だから、**願っている者は、信じていない。**

信じている者は、願うことはない。

このシステムを見抜くためにも、願いの初めに「ありがとう」という言葉をくっつけるクセを身に付けろ。すると、願いのフォーカスポイントが「不足」から「充足」へと自動的に切り替わる。

みつろう　なるほど。「ありがとう」の後に「幸せにしてください」とは言えないもんね。「ありがとう」を最初に付けると、ついつい『充足』に目が行く。例えば、「ありがとう、健康です」って。

閣下　そうだ。**「ありがとう」も、呪文なのだ。**これらの呪文を使って、『ツイタチマイリ』の儀式を行え。月が無になるツイタチの日に。

みつろう　悪を許すことで「正しい」カタチを壊し。無限の可能性「カタチなきモノ」へ戻り。鳥居の中で「新たなカタチ」を祈る。するど、鳥居を出ると、すぐに「カタチ」として実現するさ。

みつろう　うお〜！　めっちゃ、やりたくなってきた！　早く来い来い、新月よ来い！

「ツイタチマイリ」

監修　閣下

効能 あなたが無限の可能性を手に入れる

日時 旧暦１日（ツイタチの日）※新暦ではなく旧暦

場所 あなたの家の近くの、鳥居がある神社やお宮など

〈方法〉

一つ　鳥居をくぐる際、身体の周囲の余分な「カタチ」が鳥居によってはがされるイメージをすること

一つ　その「月」に起きた「悪いこと」を思い出しその全てを許すこと
（心から許せなくても、悪いことへ「ありがとう」と伝えること）

一つ　すると心に据えた「正しい」が崩れる感覚が湧くので、
そのエネルギーを全身に広げ「無」になること

一つ　悪を許し「カタチなき者」になったら、新たな「カタチ」を祈ること

一つ　全てを祈り終えたら「タワム・サメ・エヒコ」と声に出してつぶやき、
鳥居をくぐり出る際はカタチなき「無」のエネルギーが放たれて
カタチとなっていくイメージをすること

※鳥居の中では「カタチなきモノ（エネルギーそのもの）」になっているとイメージしよう
※お賽銭は３００円（もしくはそれ以上）入れよう
※手を合わせたら、深呼吸を３回し心を鎮め（カタチを失くす）てみよう
※祈りは「なりたい」ではなく「なれている」という感覚を感じてみよう
※祈りは全て「ありがとう」というコトバから始めよう
※タワム（維持）、サメ（破壊）、エヒコ（創造）は維持してきたモノを剥ぎ取り、破壊し、新たな創造へつなげる魔法の呪文です
※鳥居をくぐり出る際は、「形」という漢字を強く意識し、
「無」のエネルギーが鳥居から放たれ外でカタチになっていくと信じてみよう
※月は「水」を動かす天体なので、家に帰った後に新鮮な水（できれば湧き水）をたくさん飲もう
※月が「満ちて」カタチになるように、あなたの「想い」もカタチになることを信じながら夜の月を眺めてみよう

人間スーツ論（mi-tsu-low 理論）

札幌統合学院大学　社会情報学部 永田ゼミ所属研究生

―私とは何なのか？

この根源的な問いから、全ての学問は始まっている。

当研究室では、この「人間の意識」の謎に迫るために、「人間スーツ」という思考実験を試みた。

世界中で発生している「わたし」の目の前には、常に「せかい」が映し出されている。

両者は切り離せないペアで、「わたし」だけで発生することはできず、「せかい」だけで発生することもない。

確認されるモノ＝「せかい」と、確認する者＝「わたし」は常に同時に起動する。

[人間スーツの概要]

この「せかい」と「わたし」の2つの関係性は、まるで仮想現実の世界を体感するゲーム機のような設定である。

起動スイッチを押すと同時に発生する「わたし」と「せかい」。

「目が覚める」とは、「わたし」と「せかい」が起動することを意味する。

今、世界中にそんな人間スーツが置かれていると仮定する。

体験者は、「体験したい」人間スーツの中に入り込み起動スイッチを押す。

すると、「わたし」という視点がスタートする。と同時に、この仮想現実シミュレーターは「せかい」を映し出す。

もちろん、映し出される「せかい」は映像だけではない。

画面は平面スクリーンではなく立体的で、香りも、音も、痛みも、味も、触り心地さえもリアルに「体感」することが可能な万能シミュレーターである。

体験者は、ありとあらゆるスーツの中から「体験したかった」人間スーツを着ているので、初めから「せかい」に映し出されているのは、「わたし」の望み通りの画面となる。

簡単に言うと、**「わたし」の目の前では、常に全ての願いが叶い続けている**ことになる。

「お金が欲しい」人の前には、【お金を欲しがる（＝お金がない）】という体験が叶っている。

「幸せになりたい」人の前では、【幸せになりたい】と思わせる現実が起こり続ける。

これは、量子力学の基本方程式を作った物理学者エルヴィン・シュレディンガーによる「観測者」と「観測対象物」の関係性に酷似する。

観られるモノ（世界）は全て、観る者（私）の思い通り（観測期待通り）である、と。

[正しい願い方（人間スーツの操作方法 1）]

「金持ちになりたい」と願うと、【金持ちになりたい】が叶う。

「幸せになりたい」と願えば、【幸せになりたい】が叶う。

願いが100%目の前ですぐに「願い通り」に叶ってしまうこのシステム下では、

「幸せになりたい」と願う人ほど、「幸せじゃない」現実を引き寄せてしまう結果となる。

そこで、正しい願い方は「なりたい」や「したい」ではなく、「もうなれている」「もうできている」という願いになる。

「幸せになりたい」ではなく、「もう幸せだ」と願うのである。

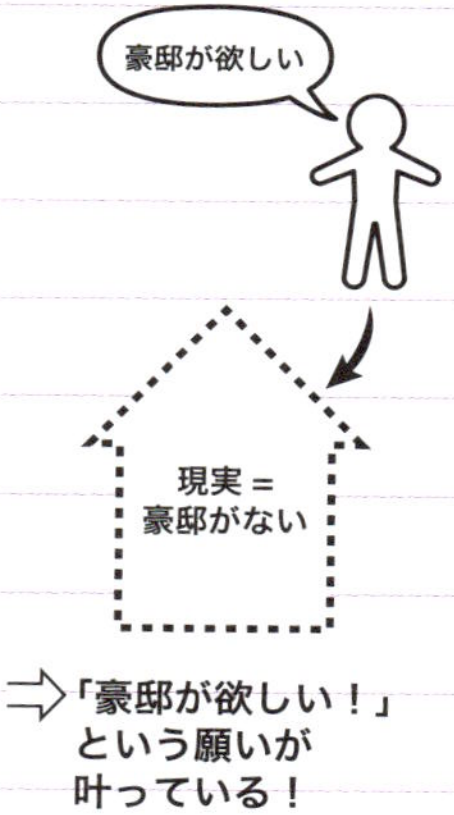
豪邸が欲しい
現実＝
豪邸がない
⇒「豪邸が欲しい！」
という願いが
叶っている！

現実＝
背が低いから
背が高くなりたい
⇒「背が高くなりたい！」
という願いが
叶っている！

「金持ちになりたい」ではなく、「もう金持ちだ」と願うのである。

そもそも量子力学によると、この「現実」とはただの勘違いであることが分かっている。

観測者が、そう解釈したから、そう観えているのが「現実」なのである。

ということは、私たちにできることは、「もうできている」「もう十分だ」「もう豊かだ」「もうコントロールされている」「もうなれている」と勘違いするだけである。

本論文で推奨するこの正しい願い方こそ、「充足」側にフォーカスを移す方法である。

これまでの誤った願い方は、「不足」にフォーカスポイントが置かれてしまっていた。

それを「充足」側の勘違いへと修正するのが〝気づき〟と呼ばれる現象である。

[手放す（人間スーツの操作方法 2）]

不思議ではあるが、「もっと欲しい」という気持ちを手放すだけで、より持っている自分に気づくことができるようになる。

そして、実際に「より持っている」現実が構築され始める。

「コントロールしたい」という気持ちを手放し、「もう、コントロールされている」と信じてみる。すると、コントロールされた世界を実際に体験することとなる。

これは、「幸せになりたい」人より、「もう、幸せな人」が、「もう幸せである」という至極当然の原理である。

この当たり前すぎる**システムを理解した者が、「幸せになりたい」や「もっと欲しい」と願うことはもうない。**

この現実「せかい」は、「わたし」の願いを、そのまま100%すぐに叶えてしまうからである。

この思考実験による考察を進めるうちに、私たちがこれまでいかにまちがえた「願い方」を教えられてきたかに、愕然とする。

常に、目の前の「せかい」を変えるように指導され、目の前の「現実」が変わることを願い続けていたのだから。

そうではなく、「変えたい」を手放し「この目の前の世界が、すでに最善である」と信じ始める行為こそが、実際にあなたの世界を良い方向へ進める唯一の原動力となるのだ。

委ねてみると、きっと世界は素敵だ。

［徐々に勘違いパターン（操作方法 3)］

さて、金持ちに「なりたい」と願い、実際にその後金持ちになった人もいるではないかと思われるかもしれない。

「なりたい」と願い、「なった」者はどうして発生しているのかと。

このシステムに「例外」はない。願いが100％

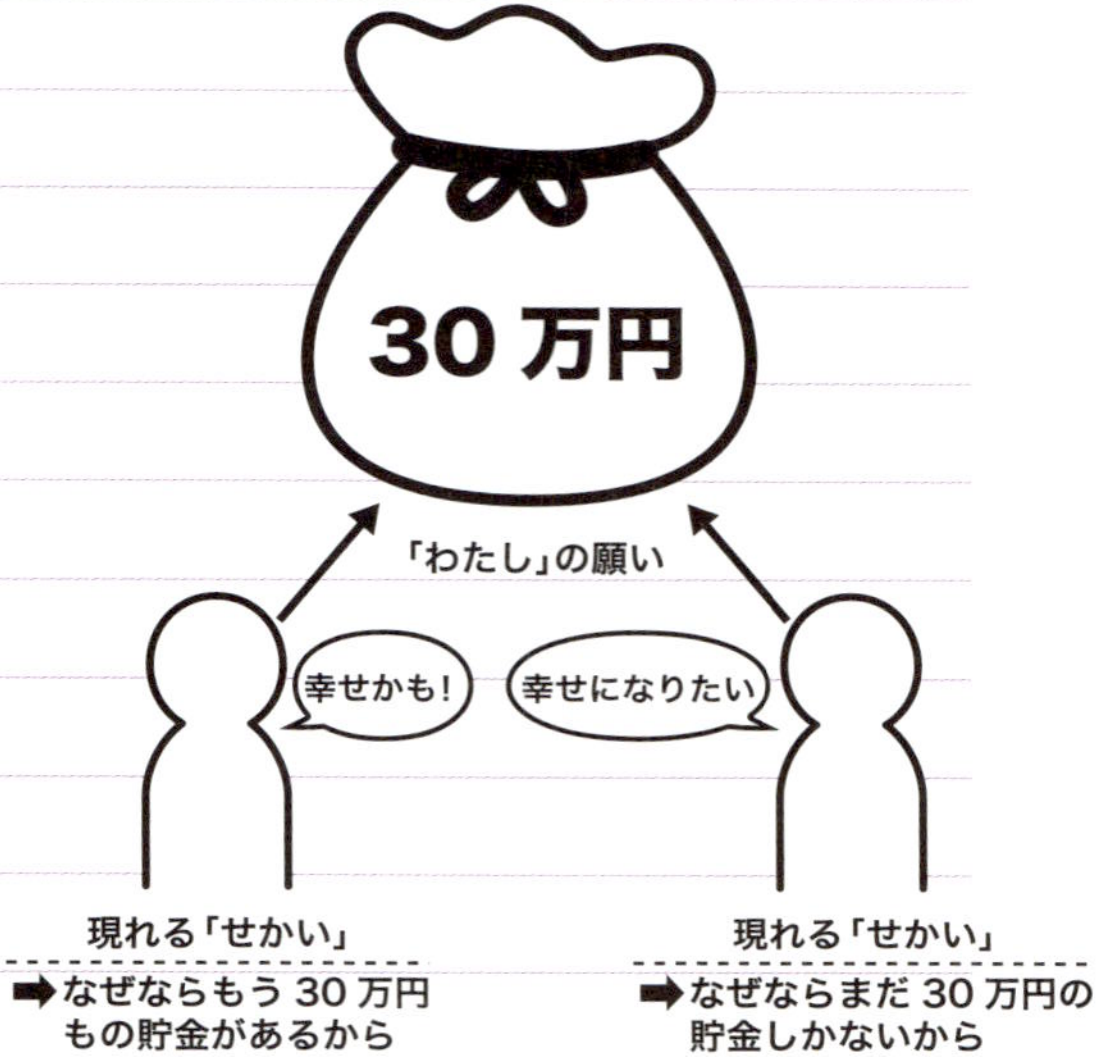
30万円
「わたし」の願い
幸せかも！
幸せになりたい
現れる「せかい」
➡なぜならもう30万円もの貯金があるから
現れる「せかい」
➡なぜならまだ30万円の貯金しかないから

目の前で叶い続ける。

だからその人は、どこかのタイミングで「もう、なれている」と信じ始めただけである。

「もう、なれている」と勘違いしたからこそ、目の前に「もう、金持ちになれている」現実を彼女は見ているのだ。

彼女のスタート地点は、「なりたい」だったかもしれない。

そして彼女は色んな努力を重ねた。

その「努力」を経るたびに、「もう、なれている」と徐々に勘違いし始めた。

最初は、「もう、なれている」という勘違いはゼロだった。

１年間働いた頃、「少し、金持ちになれている」という勘違いが始まった。

５年後に、私は金持ちに「なりつつある」と信じ始めた。

７年後。「７年も働いたのだから、私は『もう、なれている』のではないか？」と彼女は言った。

そして、10年も働いた頃には、「これほど働いたのだから」と彼女は前置きし、

「もう、私は金持ちになれている」と勘違いを完成させた。

そして、彼女の勘違い「私は、金持ちである」通りに、目の前には実際に金持ちな「現実」が構築された。

このケースにおいても、**結局はただ、「勘違いを完成させた」だけなのだ。**

そして、本論文が伝えたいのは、**勘違いを意識的に行うことによる大幅なショートカット**の可能性である。

「なりたい」からスタートし、

「なりつつある」と信じ始め、

「もう、なれている」と勘違いした彼女の時間軸を、大幅に短縮する「感謝」というメソッドを本論文では推奨する。

[感謝メソッド（操作方法4）]

「幸せになりたい」というまちがった願いを、「もう幸せである」という正しい願いへ。

「金持ちになりたい」というまちがった願いを、「私はもう十分に豊かである」という正しい勘違いへ。

「コントロールしたい」というまちがった願いを、「もうコントロールされている」という正しい勘違いへ。

これらの「勘違いするスピード」を上昇させる言葉が、「ありがとう」である。

神社などで願いを口にする前に、言葉の初めにただ「ありがとう」を付け加える。
それだけで、以下に続く文が「充足」方向へとシフトするようになる。

なぜなら、「ありがとう、もっと良いことが起こりますように」というセリフを、私たちは言うことができない。

「ありがとう、幸せになりたいです」とも言えない。

「幸せになりたい」も「もっと良いことが起こりますように」も、全て「ありがとう」の下にはぶら下がれないのだ。

「ある」という充足を勘違いできているからこその、「ありがとう」なのだから。

要するに、私たちのこれまでの「願い」とは、全てが不満だった訳である。

現状がありがたくないから、「どうにかしてくれ」と願っていたのである。

願いは全て「不足」だった。そして、願い通りに「不足」が叶い続けた。

その「不足感」を「充足感」へとシフトするメソッドとして、願いの最初に、ただ「ありがとう」を毎回入れるクセを付ける。

神社へ行くたびに。または、何か願い事をするたびに「ありがとう」を語頭に付ける。

それだけで、

「ありがとう、もう幸せです」

「ありがとう、もう十分に豊かです」

「ありがとう、こんなにもコントロールされた世界に住めて」

と、**全ての願いが、人間スーツシステム論に沿った「正しい願い方」へと自動的に変更されてしまう**のである。

願う前には常に、「ありがとう」という言葉を付け加える。

この簡単なメソッドを忘れないで欲しい。

人間スーツを着るにあたっての注意事項

さらに考察を進めると、この万能シミュレーター「人間スーツ」を体感するためには、いくつかのルールがあるようだ。

1.完全に従前の記憶を消去し、「この私だけが、私である」と思い込む状態を形成すること

2.体験を楽しむためには、二元という段差が必要になること

3.目の前の「せかい」という名のこの物語の内容が、体験者に伏せられていること

上記以外にも様々なルールがあるが、大まかな上の3つを簡単に説明しよう。

まず1について。

当然ではあるが、ゲームの満足度はその没入感と比例する。

日本のゲームメーカーが、いかにそのゲームの世界の中に体験者を没入させるかに注力しているように、この体験型シミュレーター『人間スーツ』も、没入感の創出が至上命題だ。

完全なる没入感の創出とは、平易な言葉にすると**「これは、ゲームである」と体験者に気づかせない工夫**のことである。

体験者が「これはただのゲームだ」と気づきながらプレイすると、ゲームというのは楽しめない。

そのため、体験者は人間スーツに入る以前の記憶を忘れ、この着ている人間スーツそのものこそが、私であると思い込む必要がある。

「私は、昨日もおとといも、ずっと山田太郎だった」「私は、人間スーツなど着ていない」と、この「わたし」になりきる必要がある。

体験型シミュレーター「人間スーツ」においては、この没入感の創出に完全に成功したものと思われる。

この論文を読まれているあなたが、「私は、〇〇〇〇〇〇《あなたの名前を入れよう》だ」と今、完全に思い込めていることを証拠として。

次に２について。

ゲームや映画の中に、「段差」が用意されていなければ体験者は楽しめない。

毎日、朝からフォアグラ、ステーキ、キャビアを食べさせられ続けると、体験者は楽しむどころか、逆に苦痛を感じるであろう。

お腹が空くから、食べる喜びが湧くのである。

質素な食事が在るから、「豪華な食事」という概念が生まれるのである。

この「人間スーツ」においても、**幸せなことばかりが起こると体験者はそれを「幸せ」であると認識できない。**

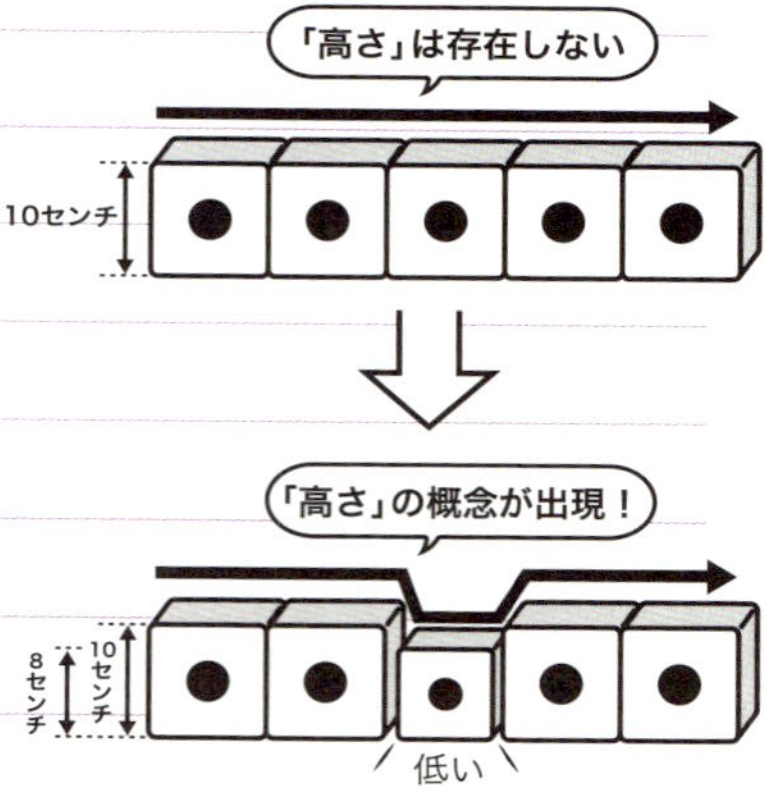

そのため、体験者の満足度向上のための機能として「段差」という二元性がシミュレーター内の「せかい」には用意されている。

「苦しいこと」は、「楽ちん」という感覚を創出するために、組み込まれているし、「悪いこと」があるお陰で、「良いこと」という認識が生まれる。

そう、努力してもなぜか起こる「悲しいできごと」は、体験者「わたし」がいつか笑うために組み込まれているのだ。

最後に３について。

どんな映画でも大筋のストーリー設定は決まっているように、この体験型シミュレーターのストーリーも決まっているようだ。いつ、どこで、誰に、何が起こるかは全てが決定されている。

ただ、「次の場面で落とし穴が用意されている」と体験者がストーリー設定を把握していると、物語を楽しむことができない。

落とし穴は、急に落ちるから楽しいのである。あらかじめその存在が知らされているなら、そもそも落とし穴の意味を為さない。

この「人間スーツ」においても同様で、体験者はストーリーを知らされていないため、「急に」「ある日突然」不幸が勃発するように感じるが、あらかじめ決まっているストーリーの一部である。

それらは当然、体験者が「楽しむ」ために用意されたストーリーであるから、その先に続く物語を楽しみに待つのが肝要《かんよう》である。

人間スーツの達人（本当の操作方法）

さて、「わたし」と「せかい」が同時起動する人間スーツを上手に操作する方法をここまで説明してきたわけだが、その全てが実はどうでもいいことである。

なぜなら、「上手に操作する必要」はないからである。

この人間スーツの主たる趣旨は、「体験すること」にある。

体験とは、ありとあらゆる現象を通り抜けることである。

「悲しいこと」「嬉しいこと」「辛いこと」「楽しいこと」「もがくこと」、その他無数の現象を主人公が通り抜けるからこそ「体験」と言える。

人間は「楽しいこと」ばかりが起こればいいと願う。

ところが、「悲しみ」の正しい楽しみ方は「悲しむこと」なのである。

せっかくの「悲しみ」を、無理やり「笑ったり」「ポジティブに考えたり」する必要はない。

それは、ゲームのまちがえた楽しみ方である。

状況に応じて「楽しむ方法」が違うのだ。

悲しみの、正しい楽しみ方は「悲しむこと」だ。

焦りの、正しい楽しみ方は「焦ること」だ。

不安の、正しい楽しみ方は「不安がること」だ。

強がりの、正しい楽しみ方は「強がること」だ。

そして、喜びの、正しい楽しみ方は「喜ぶこと」だ。

要するに、すでに地球上の全ての人間が、もうできているのである。

今日も、世界中の全ての人間が、悲しみ、苦しみ、もがいている。

これまで人類がどんな書物を読んでも、「人生の上手な操作方法」「人生の完璧な乗りこなし方」を手に入れることができなかったのは、このゲームの設計者からの最高のプレゼントだったのかもしれない。

このゲームは、上手く生きてはいけないのだ。

だから、安心して欲しい。

あなたは、常にできている。

あなたは、常にこの人生の操作の達人である。

あなたは「上手く操縦したい」と願い、それを叶えきれずにいる者だ。

完全なる、人生の達人である。

そのことを、何度も思い返して欲しい。

「悲しいこと」があなたに起きるたびに、「悲しめている」自分を褒めて欲しい。

「苦しいこと」があなたに起きるたびに、「苦しめている」自分を褒めて欲しい。

「悩ましいこと」があなたに起きるたびに、「悩めている」自分を褒めて欲しい。

きっと、それらが巡り巡って、「楽しいこと」が起こった日に「楽しめる」あなたへとつながるのだから。

論考まとめ

以上、「わたし」の願いを常に100％叶え続けてくれる、万能シミュレーター「せかい」が誰もの目の前に起動されているという事実を論じてきた。

その「わたし」と「せかい」の関係性を、平易な言葉でまとめるために「人間スーツ」というSFのような思考実験を用いたが、この論考がそう「現実」離れしたものだとも思えなかった。

きっと、今日も世界中の全ての「わたし」の前に、対称性を有した鏡の「せかい」が映し出されていることが推察される。

本論文を書いた3人の研究生の願いは、その全ての鏡に映っている「わたし」が笑顔で在ることである。

おわりに

当初、この本のテーマを「悪」に定めた。

「悪」とは何なのか？　その根本原因に迫ることで、全ての罪悪感に苦しむ人の助けになればと。コンセプトも「あなたは、なんにも悪くない」に決まり、いざ書き始めたのが5月のこと。

ところが、なぜだかまったく筆が乗らない。

進んでは、戻り。書いては、なおし。行っては、来る。

これまでに出した8冊の本は、長くても2〜3週間で筆を置いている。

ところが、6月になっても、7月になっても行ったり来たり。

「どうして、ここまで書けないのだろう？」

その原因に気づいたのは、さっきです（笑）。そもそも、「ないモノ」をテーマに選んでいたのだから、書けるわけがない。「悪」など、どこにもないのだ。なぜなら、私こそが「悪」と「善」の決定権者なのだから。

正解を決める者が、世界に正解を求めると、永遠の迷宮へと迷い込む。

そんな、「ないモノ」をテーマに据え、必死にもがいていた「さとうみつろう」さんを笑うには、少し早い。

これこそが何千年もの間、人類がくり返してきた「日々」そのものだからだ。

外側に、正解を求めている。「ないモノ」を、常に探している。

例えば、朝。「わたし」が起き上がる。

この「わたし」はあるモノだろうか？

「わたし」が起動すると、目の前には絶対に「せかい」が立ちあがる。

この「せかい」はあるモノだろうか？

「せかい」も「わたし」も、ないモノである。

これは、脳科学も、量子力学も、最新の映画も、過去の聖典も。

みながみな、同じことを看破している厳然たる事実だ。

今回、本書ではそれを「正しさを疑え！」というテーマの下、どんな人にでも分かりやすく読めるようにと、ストーリー仕立てで書いてみた。

書きあぐねていた頃は、脳内でどうにか「悪魔」という存在と話そうと頑張ってみたが無理だった。

途中から、ご存知「神さま」に登場してもらい、その語尾だけを「じゃ」から「さ」へ変えるという作業で書くとスムーズに行ったのだから、やはりそいつのほうがたしかにいるのであろう。全ては、「神」「Ｏｎｅ」「一者」「特異点」、まぁ表現はなんでもいいが、ソレの違う現れなのだから。


全体が、全ての「部分」を今も同時に演じているのだ。


「あなた」は「わたし」で、「わたし」は「全て」。

こんなややこしい世界だからこそ、まだまだ生きて探索したい気にもなる。

「分かる」ために。ところが、その夢は永遠に叶わないと本書の悪魔は言う。

「分かる」ことなど、ないと。

人間とは、何も「分からない」し、何とも「分けられない」存在であると。

「分からない」――

それは、「答え」と「疑問」さえも本当は裏では今も結託していることを意味する。

「分かつ」ことができないのだから。

ところが、「答え」と「疑問」は同時に保有すると、どちらも崩壊する。「答え」がある所に、「疑問」は湧かない。「答え」が「疑問」を消し去るから。

だからこそ、分離という錯覚を用意するしかないのだろう。「分かつ」ことができないモノを、「分かる」ためには、どうしてもマボロシを観るしかないのだ。

「分からない《分離できない》」、「答え」と「疑問」の両者で遊ぶゲーム。

本書の「正しさ」とは、まさにこの「答え」の部分のことである。

本当は、そもそも存在しないのだ。本当は存在しないが、あたかも存在しているかのように心の中に「正しさ」を据えないと、この世界は楽しめないのだ。

そこを、本書の悪魔は問う。

あなたがすでに抱えた「正しさ」は、絶対的なモノなのか？

善悪やルールだけに限らず、1＋1＝2という「正しさ」でさえ、本当なのか？

あなたが、記憶している思い出だけが「正しい」のか？　と。

もちろん、「正しさ」を持つことは、悪いことではない。

ただ、「正しさ」は別の「正しさ」と絶対にぶつかる。

さらに、「正しい」とは「たった1つしか信じない！」という宣言なので、他の無限の選択肢をつぶすことにもなる。この道だけが「正しい」と思っている人は、他者がなんと言おうとその道しか進まない。

ところが、「正しさ」を疑うと、思ってもみなかった「地下鉄」や「バス」のほうが近道だった経験は、誰にでもあるだろう。

「わたし」だけが「正しい」と思っていた。でも違った。

その「正しさ」を、ただ疑う。それだけで、いかに「わたし」がちっぽけだったか。小さな「せかい」の中に閉じこもり、みずからカギをかけていたかに気づくことができる。

本書の悪魔が主人公を脅す決めゼリフ「消すぞ」とは、「正しさ」を消すぞ！　という意味だ。

そして脅されてる気がするのは、自我にとって「正しさ」だけは消されたくない宝物だからだ。自我は、安定を求める。もう保持している「正しさ」以外は、絶対に受け付けたくないのだ。

この自我の性質を見抜いている悪魔だからこそ、あなたに迫る。

「消すぞ！」と。

この文章を書いている、今現在も、僕にはまだ「カデル」という名の友達の記憶なんてない。でも、それだけが「正しい」記憶とも限らないのだろう。

本書の中に描いた通り、人生で1度だけ「記憶」が飛んだ日がある。

朝、目が覚めるとシャワーが出しっぱなしだったあの日。

ガスメーターは自動で止まり、「水」になっていた。

友達に聞くと「お前は昨夜カラオケで暴れて大変だった」と言われたが、「わたし」は何も覚えていない。

そして、友達のその話を聞いているそこには、またもや「わたし」が発生している。「わたし」がいない場所の「せかい」を、どうやって「わたし」が確認できるだろうか？　こんな、突拍子もない話を、現代の物理学は真剣に議論してくれている。

「観測者が観測する前、そこには何もない」と。

「あなた」が、目の前の「せかい」の全てを創り上げているのだと。

乱文ではあったが、それさえあなたに届いたのなら作者は「本望である」。


文字数の「正しさ」を知らないがゆえ、長くなってしまったが、「わたし」の存在確認さえも原理的にはできないこの世界で――


心に「正しい」という金科玉条を掲げて、それ以外の全ての可能性を捨て去る。そんな人生を送るあなたを、見たくない。

あなたの、「正しさ」とは、何ですか？

1＋1＝2さえ「正しい」と信じなかった、エジソンのように、疑ってみてください。「正しさ」を。信じてみてください「可能性」のほうを。

全ての「正しさ」を乗り越えた場所に、全ての「わたし」という仲間たちが待っています。

最後に。本書ほど、多くの人たちが祈ってくれた本はありません。

多くの仲間たちが、世界中の色んな場所でこの「完成」を祈ってくれました。

どうか、その多くの祈りへの恩返しが「本書」だけで実現できていますように。

その人たちの祈りがカタチとなった「本書」が、その人たち自身の手に戻り、その人たちの生活を潤しますように。

カレンダーを、ふと見ると。偶然か、必然か。
長く共にいたこの原稿が、ついにこの手を離れてくれる本日は、
２０１７年8月14日——
全ての「正しさ」を超えて行った僕の父の命日です。
偶然も、必然も。どちらの「正しさ」も信じたくない——さとうみつろうより。

那覇の実家、世界一のヒーローの白黒写真の前で

さとうみつろう

かけ、デビる仲間を増やすのだ。

周囲に本書をただ手渡すだけでもいいが、できれば討論する機会を設けて欲しい。そして、もし本書を周囲へプレゼントする勇気があるなら、親しい人だけじゃなく「嫌いな人」「羨ましい人」「やっかんでいる相手」へも手渡そう。

彼らは、あなたの心の中の「正しさ」の、最後の砦だ。

嫌いな人（悪人）を許せた時、奇跡は初めて起こるのさ。

その際は、悪魔の数字４冊、９冊、13冊を参考にするように。

赤信号、みんなで渡れば、それは「青」

最後に、敬愛する貴様《あなた》へ。

「善」の勢力は、これまで十分にはびこってきた。

今、世界に必要なのはもはや「悪（正しさを疑う勇気）」だけだ。

どうか、貴様《あなた》のチカラを貸して欲しい。あなたを中心にして、「悪」の軍団がついに反撃に出る時が来たのだ。

「善」の勢力とは違い、よは、最後まであなたを守る。

勇気を持って「正しさ」を疑い始めた、かけがえのない「悪」の手下なのだから。

社会の「正しさ」に立ち向かい始めた、小さき戦士「あなた」へ。

感謝と共に、暗黒エネルギーをここから送ろう。

悪魔より

POINT 英語で「逸脱」をDeviationと言う。Devilの語源だ。次元を逸脱することを「デビる」と言う。多くの仲間と正しさを「デビる」のだ。

閣下の

デビる仲間を増やせ！

a way to blow away your anger

本書を最後まで読み終えた貴様《あなた》へ。

今、貴様《あなた》の中に据えられていた「正しさ」が揺らぎ始めている。

ところが、明日会社へ行くと？

友達と話すと？　家族に打ち明けると？

きっと、あなたはまた「正しさ」を頑なに信じ始めるだろう。

なぜなら人間は集団で生きる生命体だから、「1人だけ」で逸脱することを怖れるからだ。あなたはまたもや「善」の勢力に絡め取られ、無限の可能性を失ってしまう。

そこで、あなたのチカラで
周囲にデビる仲間を増やせ！

「正しさ」を疑う仲間だ。周囲のみんなが「正しさ」を疑い始めた時、あなた個人の現実も変わるのだ。

例えば、結婚制度の下では「不倫」と呼ばれていたが、その「正しさ」を疑った者たちの間でポリアモリーと呼ばれる概念が登場している。

また、お金の「正しさ」を疑った者たちが地域通貨を使い、貨幣制度を超えた生活を田舎で営み始めている。

あなた「1人だけ」では、「正しさ」は超えられない。あなたの周囲に、あなたのコトバで「『正しさ』っておかしくないか？」と声を

〔参考文献〕

ニュートンプレス編（2013），『時間とは何か―心理的な時間から相対性理論まで』（ニュートンムック　Newton別冊），ニュートンプレス

山田知輝（2016）「便移植」，『日本静脈経腸栄養学会雑誌31（3）』，P811-816，一般社団法人日本静脈経腸栄養学会

「正しさを疑い続けて」

閣下による「正しさを疑う旅」を無事に終えたみつろう……。なんと彼は、本の執筆以外でも日本全国を飛び回ってデビる仲間を増やす活動をしています。トークショーでは、「現実はどのようにして生成されているのか?」を量子力学や脳科学などの観点から分かりやすく説明。また参加型のイベントでは、常識(=抱えた「正しさ」)を壊すための企画を多数開催しています。

《**体験型イベント一例**》

・ゴミを拾うためだけに沖縄のビーチへ行ってみるツアー
・大人なのにUFOを本気で呼んで、バカになろうプロジェクト
・現代社会の 99.9% の曲の違和感を体験する『純正律』ピアノ

など

あなたも「文字を読むだけ」では超えられなかった「正しさ」の向こう側を、体感してみませんか?

くわしい公演日程は、**さとうみつろうトークショー** で検索!

さとう みつろう

札幌の大学を卒業後、10年間エネルギー系の東証一部上場企業に勤める。「社会を変えるためには1人1人の意識の変化が必要」だと痛感し、2011年にブログ「笑えるスピリチュアル」を開始。斬新な視点が話題となり、またたく間に各種ランキングで1位を獲得。月間200万アクセスを誇る大人気ブログとなる。2014年、読者や周囲の声に応える形でサラリーマンを引退し、全国各地でトークショー&ピアノライブを開催。同年出版した初の著書『神さまとのおしゃべり』(ワニブックス)は、20万部を突破するベストセラーとなる。また、音楽活動にも力を入れており、ロックバンド“サノバロック”のフロントマンとしてメジャーレーベルからCD『グラビトン』を発売し、オリコン初登場27位を記録。主な著書に『金持ち指令』(主婦と生活社)、『その名は、バシャール』(ヴォイス)などがある。

装　丁　西垂水敦(krran)
イラスト　JUN OSON〔カバー、表紙、巻頭漫画、本文〕
丸山正仁／シュガー〔P4-5〕
山崎フミオ／シュガー〔本文挿絵〕
編集協力　株式会社 ぷれす
本文DTP　朝日メディアインターナショナル
編　集　岸田健児(サンマーク出版)

悪魔とのおしゃべり

2017年 10 月 20 日　初版印刷
2017年 10 月 30 日　初版発行

著　者　さとうみつろう
発行人　植木宣隆
発行所　株式会社 サンマーク出版
〒169-0075
東京都新宿区高田馬場2-16-11
(電話)03-5272-3166
印　刷　株式会社 暁印刷
製　本　株式会社 村上製本所

ISBN978-4-7631-3654-1　C0095
ホームページ　http://www.sunmark.co.jp